그들은 무엇에 집중하는가

성장 기업의 세 가지 조건

그들은 무엇에 집중 하는가

— 신경수 지음 —

21세기북스

최고의 조직은 원칙에 집중한다

2010년 봄, 내가 속해 있던 RMS_{Recruit Management Solution}의 부속 연구기관인 'RMS 조직행동연구소'에서 각고의 노력 끝에 의미 있는 책 한 권을 발간한 적이 있다.

『일본의 지속적 성장 기업에 대한 연구』라는 타이틀이 붙은 이 책은 '지식경영'의 대가로 불리는 노나카 이쿠지로 일본 히토츠바시대학 명예교수의 자문을 거쳐 당시 연구소에 있던 7명의 전문 연구원들이 참여하여 만든 연구 서적이었다. 이 책은 7명의 연구원들이 직접 기업 현장을 방문하여 설문과 대면 인터뷰를 거쳐 기업의 지속 성장을 가능케 하는 요인이 무엇인지를 규명한 귀중한 도서 중 하나였다.

그동안 탁월한 성과를 내고 있는 기업가에 대한 영웅담이나 오랜 기간 시장에 지대한 영향력을 미치고 있는 개별 기업에 대한 연구논문은 수도 없이 쏟아져 나왔지만, 지속적인 성장을 이어가고 있는 30년 이상 된 장수 기업들을 대상으로 이처럼 체계적이고도 과학적으로 분석한 책은 거의 없던 터라 이 책은 발간되자마자 큰 센세이션을 불러일으키며 화제의 도서가 되었다. 물론 여기에는 일본 경영학의 구루로 통하는 노나카 교수의 이름과 HR 업계에서 가장 큰 규모와 역사를 자랑하는 RMS의 연구소가 함께 조사하고 만들었다는 후광 효과도 큰 역할을 했다.

그럼에도 불구하고 260쪽 모든 페이지가 연구논문처럼 이루어져 있는 도서가 베스트셀러 반열에 오른 사실은 책을 집필한 나의 동료 혼고 아카시 박사조차도 고개를 갸우뚱하게 만들었다. 사람들은 왜 이 재미없는 책을 열심히 읽어준 것일까? 이유는 간단했다. 지속적으로 성장해온 기업들이 어떤 DNA를 가지고 있는지 궁금해서였다. 혹시나 그들이 가지고 있는 비밀을 습득하여 자신들의 회사에 도입시킬 수는 없는지 궁금했던 수많은 사람이 책을 구매해줬던 것이었다.

그렇다면, 이 책에서 제시한 '일본의 지속적 성장 기업의 비밀'은 과연 무엇이었을까?

요즘 기업 현장을 다니다 보면 솔직히 10년 전에 경험했던 뭔가를 다시 경험하는, 일명 '데자뷰 현상'을 경험하는 듯한 느낌이 들 때가 많다. 기업인들이 모이는 어떤 모임을 가도 항상 나오는 화두가 '지속 성장'이기 때문이다. '10년 위기설이 시작되는 2018년을 어떻게 마주할 것인가?', '지속 성장을 위한 해답은 어디에 있는가?'에 대한 주제로 여기저기서 세미나와 강연회가 그칠 날이 없다. 근거 없는 위기설로 불안감을 조장한다고 강한 거부감을 표출하는 이도 있겠지만, 그런 자리에 가면 대부분 1997년 12월의 IMF 외환위기, 2008년 9월의 리먼 브라더스 사태 등을 예로 들면서 우리 경제가 10년 주기로 계속 위기를 맞았기 때문에 2018년도 그냥 넘어가지는 않을 것이라고 주장한다. 심지어 우리 경제가 10년 불황기에 들어설 것이라고 경고하는 경제학자들도 적지 않다.

그들의 주장이 얼마만큼 신빙성이 있는지는 차치하더라도 지금 우리 경제가 '저성장'의 국면에 접어든 것만큼은 부인할 수 없는 사실이다. 반도체를 제외한 거의 모든 종목에서 성장세가 꺾이기 시작했으며, 그나마 반도체도 향후 5년 내에 중국에 시장을 내줘야 할지 모른다고 걱정하는 이가 한둘이 아니다. 반도체가 이럴진대, 그 외의 품목은 말할 필요도 없을 것이다. 중국 제품에 시장을 내주고 사업을 정리하는 기업은 매년 늘어나고 있으며, 서비스 산업에서 제조업에 이르는 그 어떤 분야도 낙관적인 전망으로 사업하는 기업이 거의 없는 상황이 우리들이 지금 마주하고 있는 현실이다.

이 책을 쓰게 된 문제의 출발점이 바로 여기에 있다. '어떻게 하면 우리 기업들이 주저앉지 않고 계속 전진하게 할 수 있을까?', '어떻게 하면 지속 성장을 방해하는 장벽들을 거둬내고 성장의 동력을 다시 불어넣을 수 있을까?' 등과 같은 고민에서 이 책을 쓰게 된 것이다. 나는 그 해답을 우선 일본 기업들을 조사한 자료에서 찾아보고자 했다. 잃어버린 20년을 지나 지금은 사상 최대의 호황을 구가하고 있다는 일본 경제에서 그 힌트를 얻고자 한 것이다. 그래서 8년 전에 나온 『일본의 지속적 성장 기업에 대한 연구』라는 책을 다시 한번 펼쳐보고 당시 집필에 참여했던 옛 직장 동료들과도 인터뷰하면서 일본인들이 '잃어버린 20년'을 극복해낸 비법을 탐구하고자 노력했다.

그러는 동안 한 가지 힌트를 얻을 수 있었다. 기업이 탄생하고 일정 시간이 경과한 후에는 외부 변수보다는 내부 변수에 의해 성장과 정체가 결정된다는 일명 '내부 책임론'이 그것이다. 기업 초창기에는 외부 변수에 의해 모든 것이 좌우되지만 어느 정도 성숙된 기업의 경우 외부 변수보다도 내부의 힘이 성장과 침체에 더 큰 영향을 미친다는 사실이었다.

그렇다면, 지속 성장을 가능케 하는 '강한 내부의 힘'은 구체적으로 어떤 것들을 의미하는 것일까? 도대체 어떤 DNA들이 성장하는 기업과 몰락하는 기업을 가르는 구분자가 되는 것일까? 앞서 소개한 일본 기업들의 연구 보고서와 오랜 시간 지속적으로 성장하고 있는 국내 기업을 관찰한 결과 필자는 '지속 성장을 가능케 하는 조건'으로 변화의 수용, 방향의 공유, 리더의 사명, 이 3가지 요소가 기업이 어려운 환경에 처했을 때, 그 난관을 뚫고 나가게 해주는 보이지 않는 에너지로 작용한다는 사실을 확인할 수 있었다.

이 3가지 요소를 자세히 설명하면 다음과 같다.

첫 번째 '수'는 '변화의 수용'을 말한다. 여기서 말하는 '변화의 수용'은 일종의 변화, 혁신과 관련한 은유적 표현이라고 할 수 있다. 개인도 마찬가지이지만, 특히 기업의 경우 변화에 대한 욕구나 새로운 외부 정보를 받아들이려는 의지의 표현은 매우 중요하다. 혁신을 이루기 위해서는 외부의 신선한 정보나 아이디어를 지속적으로 흡수하고 연결하고 부딪히게끔 유도하는 장치를 만들어놓아야 한다. '창조는 서로 다른 것들의 충돌에 의해 나온다'는 말이 의미하듯 끊임없이 기존의 것과 새것이 충돌하게끔 고안해야만 한다.

고여 있는 물은 절대 혁신을 불러일으킬 수 없는 것처럼 외부의 자극이 없는 조직은 자연스럽게 도태로 이어질 수밖에 없다. 이런 불행을 겪지 않기 위해서는 모든 구성원이 항상 열린 마음으로 뜨거운 학습의지를 불태워야 한다. PART 1은 이러한 변화와 혁신에 관련된 이야기로 구성해보았다.

두 번째 '방'은 '방향의 공유'를 말한다. 여기서 말하는 '방향의 공유'는 MVC의 공유와 내재화를 의미한다. 즉 '미션$_{Mission}$-비전$_{Vision}$-핵심가치$_{Core\ Value}$'가 조직 내부에 얼마만큼 잘 설정되고 내재화되어 있느냐의 문제다. 기업은 살아 있는 생명체와 같다는 말을 많이 한다.

"왜 존재하는가?" "존재의 의미는 어디에서 찾을 것인가?"를 끊임없이 고민하고 답을 구해야 한다. 더 나아가 이 모든 것이 조직 구성원들의 머릿속에 철저히 각인되어 있어야 한다. 사람들이 자신의 존재의 이유가 희미해질 때 방황하고 좌절하듯이 기업도 마찬가지로 자신들이 무엇 때문에 이 사업을 하고 있는지, 가고자 하는 방향이 어디인지, 그곳에 가기 위해 해야 할 것은 무엇이고, 하지 말아야 할 것은 무엇인지 등에 대한 명확한 가치관이나 규범이 마련되어 있어야 한다. 그리고 한 걸음 더 나아가 구성원 모두가 이 모든 것을 조직생활 내에서 공유하고 있어야 한다.

MVC가 모호하거나 핵심가치의 내재화에 실패한 경우, 조직은 어려운 상황에 직면했을 때 우왕좌왕하다 지리멸렬하는 모습을 보여주는 경우가 많았다. 반면, 위의 질문에 명확한 답을 내놓는 기업들의 경우는 구성원이 하나가 되어 똘똘 뭉쳐 있다는 느낌을 강하게 받을 때가 많았다. PART 2는 이와 관련된 현장의 사례 위주로 내용을 구성해보았다.

세 번째 '사'는 '리더의 사명'을 말한다. 여기서 말하는 '리더의 사명'은 책임감과 관련한 의미로 해석을 해보았다. 이 부분은 우리나라에서 특히 강조되는 영역이기도 하다. 우리는 특히나 윗사람의 솔선수범, 즉 책임감을 매우 중요하게 여기는 국가이기 때문이다. 이는 아마도 우리가 유교 문화권에 속해 있었던 역사적인 배경에 그 원인이 있지 않을까 생각한다. 어쨌거나 이는 조직의 리더인 관리자들에게 매우 강조되는 영역이라고 할 수 있다.

그렇다고 해서 조직의 하부계층에는 필요 없는 요소라는 말은 절대 아니다. 조직의 구성원인 이상 계층을 막론하고 자신에게 주어진 일에 대해 책임감과 사명감을 가지고 일에 임하는 것은 직장인의 당연한 도리일 것이다. 이런 의식이 희미한 조직들은 지속 성장을 이루지 못한 공통된 결과를 보여주었다는 사실에서 알 수 있듯이, 사명감과 책임감은 강한 조직력의 기본이 되는 중요한 요소라고 말할 수 있다. PART 3에서는 이와 관련된 에피소드를 몇 개의 통계를 활용하여 개진해보았다.

이 중 더 중요하거나 덜 중요한 것은 없다. 비중으로 따지면 각자 3분의 1의 무게중심을 갖고 있다고 말하고 싶다. 이 말은 우리 기업이 '지속 성장'을 진정으로 바란다면, 평소의 트레이닝을 통해 이런 습관이 조직 내에 고르게 내재화되어 있어야 한다는 말이기도 하다. 평소에 운동하면서 건강관리를 잘한 사람은 독한 감기에 걸려도 쉽게 쓰러지지 않는다. 약간의 휴식을 취하고 나면 자리에서 일어나 언제 그랬느냐는 듯이 평상시의 활동으로 돌아간다. 반면에 평소에 건강관리를 하지 않은 사람은 자잘한 감기에 걸려도 일어나지 못하고 병실에 실려 가는 경우가 다반사다.

기업도 마찬가지다. 이 책에 수록되어 있는 '변화의 수용, 방향의 공유, 리더의 사명'이 조직 내에 충실히 흐르는 기업은 어려운 환경에 부닥쳐도 문제없이 난관을 극복하는 강인한 조직력을 보여주는 반면, 그렇지 못한 기업들은 사소한 문제에도 쉽게 지리멸렬하고 마는 유리잔 같은 조직력을 보여주었다.

이 책에 실린 내용들이 작은 힌트가 되어 조직의 '내면의 힘'을 키우는 데 조금이나마 보탬이 되었으면 하는 마음으로 나의 두 번째 경영서 『그들은 무엇에 집중하는가』를 세상에 내놓는다. 첫 책과 마찬가지로 이 책 또한 사랑하는 나의 어머니에게 바치고 싶다.

어머니, 감사합니다. 그리고 사랑합니다.

2018년 7월 삼성동에서
신경수

차례

PART 1
변화의 수용

PART 2

방향의 공유

PART 3

리더의 사명

변화의 수용

'변화의 수용'은 일종의 변화, 혁신과 관련한 은유적 표현이라고 할 수 있다. 개인도 마찬가지이지만, 특히 기업의 경우 변화에 대한 욕구나 새로운 외부 정보를 받아들이려는 의지의 표현은 매우 중요하다. 혁신을 이루기 위해서는 외부의 신선한 정보나 아이디어를 지속적으로 흡수하고 연결하고 부딪히게끔 유도하는 장치를 만들어놓아야 한다.

01
창의력을
높이기 위한 방법

얼마 전, 어느 신문사에서 주관하는 조찬 모임에서 있었던 일이다. 내가 하는 일이 HR과 관련되었다는 것이 영향을 끼쳤는지 몰라도, 바로 옆자리에 앉으신 어떤 분이 자기소개가 끝나자마자 "신 대표님, 이렇게 아침 일찍 나와서 유익한 정보도 듣고, 같은 테이블에 앉아 있는 사람들과 친분도 쌓으니 이 얼마나 좋습니까? 그야말로 1석 2조의 효과가 있는 가성비 좋은 사회 활동 아닌가요? 왜 이런 좋은 활동을 마다하는지 정말 이해가 가지 않는다니까요?"라는 말로 말문을 열더니 거의 1시간 동안 쉬지 않고 자기 회사 이야기로 말을 이어갔다. 자신이 무슨 일을 하고 있고, 내부 직원들은 어떤 성향이며, 그중에서 홀

류한 직원은 또 누구누구이고 등등 이야기가 끊이지 않았다. 그런 와중에도 특정 인물에 대한 불만과 원성을 1시간 내내 끊이지 않을 정도로 토로했다.

이분이 말하는 요점을 대충 정리하자면 다음과 같다. 개인적으로 무척이나 아끼는, 상당한 기술력을 가진 후배가 연구소에 있어서 그 후배의 시야를 좀 더 넓혀주려고 여기저기 조찬 모임이나 포럼 같은 곳에 다녀보라고 추천도 하고 강요도 했단다. 하지만 그는 시간 낭비라면서 도통 움직이질 않는다는 것이었다. 자신이 보기에 그 후배는 갈수록 자기 고집이 강해지고 타협이나 의견 조율 능력도 점점 떨어져서 같이 일하는 동료들 사이에서 불만의 목소리가 조금씩 터져 나오고 있는 상황이라는 것이었다. 결국 그분의 말은 그 후배가 내부에 상당한 영향력을 끼치는 고위 직급에 있는지라 그런 상황이 매우 안타깝다는 하소연이었다. 말하는 목소리나 눈빛에서 진심으로 그 후배를 위하는 마음이 느껴져서 중간에 말을 끊기가 미안한 마음이 들 정도였다. 심지어 말하는 중간중간 "참 문제 있네요!"라는 말로 맞장구까지 쳐줬는데, 나중에 생각해보니 '이건 좀 오버가 아니었나?' 하는 생각도 들었다.

그 조직의 내부 상황을 모르는 상태에서 한쪽 말만 듣고 섣불리 조언을 한다는 것은 오판으로 이어질 가능성이 높았기에,

그날은 공감을 표하는 선에서 대충 마무리 지었다. 그러나 사람은 기본적으로 약한 연결고리를 많이 만들어야 살아가는 데 큰 도움이 된다는 사실을 알고 있었기에 그분이 말한 후배의 직장생활이 조금은 문제가 있지 않나 하는 생각도 조심스럽게 해보았다. 특히 연구소의 최고책임자라는 신분은 사장과의 개인적인 친분 관계를 떠나 조직 전체에 끼치는 영향이 상당한 자리이기 때문이다.

그 사장의 말만 들으면, 그 후배는 사회성이 상당히 떨어져 보이는데 그런 인물이 조직의 상층부에 앉아 있다는 건 조직 분위기에도 상당한 악영향을 끼칠 것이 분명해 보였다. "인간은 사회적 동물"이라는 아리스토텔레스의 말을 굳이 언급하지 않더라도 인간은 관계 속에서 안정감을 찾고, 행복을 느끼며, 존재의 이유를 발견하는 존재인데, 인간관계에 능숙하지 못한 그 후배는 본인의 의도와는 상관없이 동료들을 불편하게 만드는 원인이 될 가능성이 높다는 생각이 들었다.

어떤 사회학자는 인간의 지능지수가 발전한 것은 관계 속에서 보고 배우고 느끼는 소위 커뮤니케이션의 진화가 가장 큰 영향을 끼친 것이라고 말하기도 했다. 또한 집단 내의 관계가 원만하지 못할 경우 스트레스 호르몬의 증가, 면역력 약화, 흡연율의 증가, 혈압 상승 같은 신체적 변화가 일어난다는 사실은 이미 의학적으로도 입증된 바 있다. 이런 연유에서 인간은 관계에 더욱 집착하는 것인지도 모르겠다. 주변을 둘러보더라도 모임이나 행사에 적극 참여하는 사람들이 소극적인 행동을 보이는 사람들과 비교할 때 긍정적인 생각을 더 많이 하고, 일이나 사업이 훨씬 잘되는 것을 보면 인간의 사회적 관계지수는 사회적 성공지수와 밀접한 관련이 있는 것만큼은 확실해 보인다.

그렇다고 사람들을 만나는 데 무작정 시간을 쓰는 것은 낭비가 아닐 수 없다. 항상 가는 모임만 나간다든가, 항상 만나는 사람들만 상대하는 것도 한번 깊이 생각해볼 일이다. 물론 항상 보는 사람들과의 만남은 친숙한 얼굴이나 익숙해진 상황으로 인해 심적인 편안함은 있을지 모르지만 반대로 이미 알고 있는 정보만 오가기 때문에 큰 도움은 되지 못할 것이다.

새로운 정보를 얻거나 새로운 인간관계를 형성하기 위해서는 가보지 않은 곳에도 가야 하고 만나지 못했던 사람들과의 관계 형성에도 신경을 쓰면서 노력을 기울여야 한다. 그런 노력의 일환으로 기업인들이 가장 즐겨하는 활동이 조찬 모임이며, 직장인들의 경우는 관련업종 단체가 주최하는 포럼이나 세미나 등이 대표적인 사교의 장이라고 할 수 있다.

이런 만남의 자리가 사회생활에 어떤 영향을 끼치는지를 연구한 조사가 있다. 「일자리를 구하는 경로에 대한 연구」(1974)라는 이름의 논문으로, 사회연결망이론Social Network Theory의 세계적 권위자인 마크 그라노베터 미국 스탠포드대학 사회학과 석좌교수가 미국의 직장인들이 취업할 때, 어떤 경로를 가장 많이 이용하는지에 대해 20년간 직장 이동 경로를 분석해서 발표한 자료다. 비록 발표 시기가 오래되기는 했지만, 2012년 새롭게 조사한 연구에서도 이와 비슷한 결과가 나왔다고 하니 상당히 신뢰할 만한 연구라고 할 수 있다.

이 연구 결과에 의하면, 직업을 구하는 사람들의 행동은 평소 알던 사람에게서 정보를 얻거나(56%), 직접 발로 뛰어 취업을 하거나(20%), 구인 광고나 헤드헌터를 이용(18.8%)하는 패턴을 보인다고 한다. 흥미로운 건 가장 많이 이용하는 경로라고 밝힌 '평소에 알고 지내는 사이'(56%)인데, 이 가운데 일반적으로 높을 거라고 예상하는 '밀접한 관계'는 31%에 불과하고, 나머지 69%의 사람들은 '느슨한 관계'에 있는 사람들이었다고 한다.

이 논문은 '약한 연결의 힘The Strength of weak ties'이라는 이름의 이론으로 발전했고, "약한 관계가 강한 관계보다 정보, 자원의 흐름에 훨씬 효과적"이라는 사실을 증명하기 위한 증거로 많이 인용되고 있다. 지나치게 가까운 사이보다는 조금 거리가 있는 사이가 필요한 도움을 받을 수 있다는 의미로 해석되어, 가능하면 느슨한 관계의 많은 사람을 알고 지내는 것이 사회생활에 있어서 실질적인 도움이 된다는 뜻으로 널리 사용되고 있다.

이런 약한 연결고리의 힘을 최대한 활용하게끔 설계된 구인 구직 사이트가 최근 인기를 누리고 있는 링크드인이다. 이 사이트의 특징이 바로 느슨하게 알고 지내는 다수의 지인을 폭넓게 이용하게끔 설계되어 있다는 점에서 볼 때, 확실히 인적관계의 확산이 사회생활에 큰 도움이 된다는 것은 부정할 수 없는 사실임에 틀림이 없다.

많은 사람과의 관계 형성은 비단 직장을 구하는 상황에서만 빛을 발하는 것은 아니다. 조직 내부의 협업을 강조하기 위해, 혹은 내부의 창의적 사고나 아이디어 강화를 위해 이런 약한 연결고리를 활용하는 기업들이 점점 늘어나고 있다. 구글, 애플 같은 미국의 혁신기업 대다수는 건물을 디자인할 때, 가급적 서로 다른 부서에 있는 직원들이 자연스럽게 얼굴을 마주하거나 대화를 할 수 있게끔 사무실 구조를 설계한다고 한다. 아마도 다른 부서에 종사하는 사람들과의 자연스런 접촉이 발상을 전환하는 데 도움이 되고, 이는 다시 창의적 업무 형성으로 이어진다고 생각해서일 것이다.

이처럼 조직 외부에서뿐 아니라 조직 내부에서도 가급적 평소에 접하지 못했던 다수의 많은 사람과의 인적 교류를 늘리는 것이 업무 성과에 큰 도움이 된다는 연구 결과가 최근 보고되었다. 논문을 기고한 사람이 한국인이어서인지는 몰라도 왠지 모를 뿌듯함을 가지고 논문을 읽게 되었다.

연구를 주도한 카네기멜론대의 이선기 교수는 한국에서 무척 의미 있는 실험 하나를 진행했다(《HBR》 2018년 3월호). 평소 친분이 있는 지인의 도움을 받아 사무실 이전을 추진 중에 있던 어느 전자상거래 기업이 사무실을 이전하기 전과 이전한 후의 거래 성사율을 비교하는 실험이었다.

그가 연구한 실험의 조건은 다음과 같다. 우선 사무실 이전을 추진하면서 중앙 현관을 중심으로 9팀은 개방된 한 공간에, 3팀은 다른 공간에 배치했다. 두 공간의 실내 장식, 조명, 장비, 작업실까지의 거리, 경영진과의 근접성 등은 동일하게 배치했을 뿐 아니라 옛 사무실 환경과도 거의 비슷하게 설계했다. 이런 공간적 구조에서 이선기 교수는 MD 60명이 사무실을 이전하기 전 120일과 이후 80일, 총 200일 동안 체결한 3만 8,435건의 거래를 살펴봤다. 그 결과 더 많은 팀이 모인 공간에서 일하는 MD들이 사무실을 옮기기 전 모든 MD가 맺은 계약보다 평균 25% 더 많은 신규 업체 거래를 따냈다.

왜 더 많은 팀이 모인 공간에서 일한 사람들의 실적이 월등하게 늘어난 것일까? 그 이유에 대해 이선기 교수가 한 말은 매우 의미 있다.

"직원들의 업무에 질적인 변화가 생겼다. 과거에 효과가 있었던 제안을 단순히 반복하는 '이용'에서, 새로운 아이디어를 내는 '탐구'로 바뀌었기 때문에 이런 변화가 일어났다."

그의 말을 좀 더 구체적으로 설명하면, 자신의 분야에서 전문성을 확보한 MD들의 경우 자신의 전문성에 더하여 같은 공간에서 생활하는 다른 전문가들과의 교류가 창의력을 증폭시키는 촉매제 역할을 한 것이다. 새로운 환경이 다른 동료들과 신뢰를 쌓고 참신한 지식을 나누도록 촉진한 것이다. 역시 혁신이란 새로운 것들의 충돌과 결합에 의한 산물이라는 것을 다시 한 번 생각하게 만든 소중한 연구라고 생각한다.

이선기 교수의 연구 대상이 된 그 기업은, 부득이한 환경 때문에 어쩔 수 없이 직원들이 섞이게 되었는데 이런 환경이 예상하지 못했던 긍정적 효과를 만들어주었다고 말하고 있다. 저자의 원인 분석에 따르면, 직원들은 익숙하지 않았던 동료들의 대화를 들으며 새로운 아이디어를 떠올렸고, 옆에 앉은 동료가 사용하고 있는 익숙하지 않은 자료를 훔쳐보며 자신이 사용했던 제안의 내용을 다른 형태로 꾸며보는 다양한 시도를 해본 것이었다.

이렇듯 서로 다른 세상과의 만남은 융합을 낳고 더 나아가 창의력을 탄생시키는 데에도 큰 도움을 주고 있다. 최근 많은 기업이 앞다투어 '자유 좌석제'를 즐겨 시도하고 있는데, 이러한 성공 사례가 가장 큰 모티브가 된 것이 아닌가 한다.

서로 다른 세상과의 만남이 낳은 융합과 창의력은 비단 조직 내부에서만 발생하는 것이 아니다. 글의 서두에서도 언급했듯이 새로운 사람들과의 만남은 항상 우리에게 또 다른 영감을 주고 우리가 몰랐던 신선한 정보를 제공해준다. 그래서 항상 가는 모임만 나가고 항상 만나는 사람만 상대하는 행동은 자기계발에 별 도움이 되지 못한다고 말하는 것이다. 대인 관계의 30% 정도는 늘 새로운 사람과 만나 관계를 형성해가는 것이 바람직하고, 그러기 위해서는 새로운 모임에 의도적으로 참석하려는 노력을 해야 한다고 전문가들은 조언한다.

상상력은 서로 다른 세상과의 충돌에 의해서 일어난다. 그렇기 때문에 내가 속한 조직의 발전을 위해서도 인위적인 충돌이 일어나게끔 환경을 바꾸어줄 필요가 있다. 조직의 발전과 개인적인 성장을 위해 다른 부서에 있는 사람들과의 교류가 늘어날 수 있도록 인위적으로라도 환경을 조성해볼 것을 조심스럽게 제안해본다.

02
경쟁의식과 상호 자극의
중요성

　조직의 상향평준화는 기업이나 연구소, 심지어 군대에 이르기까지 여러 사람이 집단을 이루어 생활하는 곳이라면 누구나 꿈꾸는 이상적인 모델일 것이다. 하지만 현실은 원하는 방향과는 정반대로 엉뚱하게 흘러가는 조직이 대부분이다.

　안타깝지만 거의 모든 조직에서 상향평준화보다는 하향평준화가 더 빠르고 더 쉽게 이루어지고 있다. 이런 현실을 보면서 언젠가부터 어떤 조직 구조를 취하면 전체적인 상향평준화를 완성할 수 있는지 그리고 집단의 천재성은 어떤 상황에서 가장 크게 발휘되는지에 대해 깊은 관심을 가지게 되었다. 아마도 이 문제는 조직을 이끄는 관리자나 리더라면 누구나 관심을 갖고 있는 질문일 것이다.

평소 이런 문제에 대해 깊이 고민하고 있던 차에 답으로 이어질 수 있는 작은 사건 하나를 경험하게 되었다. 얼마 전, 서울시 창업보육센터에 입주할 기업을 선정하는 면접 자리에서 있었던 일이다. 그곳에서 나는 유독 눈에 띄는 청년 한 명을 발견했다. 꿈의 기업이라는 공기업에 들어갔지만 결국 1년도 채우지 못하고 뛰쳐나와 민간 디자인 연구소에서 3년을 근무하다가 창업의 길로 들어선 전도유망한 젊은 디자이너였다.

"남들은 꿈의 기업이라고 하는 공기업을 왜 1년 만에 때려치우고 나온 겁니까?"

"하는 일이 없어서였습니다."

"하는 일이 없다니요? 꽤 유명한 기업인데 그럼 그 기업이 하는 일도 없이 세금만 축내고 있다는 말입니까?"

"아니요! 그런 뜻이 아니라 저는 배워야 할 것도, 배우고 싶은 것도 많은데 그곳 조직 분위기는 적당히만 하면 되는 그런 분위기였기 때문에 저처럼 배움에 갈증을 느끼는 사람에게는 너무 답답한 곳이었습니다."

"바쁘지 않아서 직장을 그만두었다는 말 같은데 너무 사치라고 생각하지는 않나요?"

"아닙니다. 회사를 그만두기로 결심한 이유는 다른 데 있습니다.

고액의 연봉을 받으면서 너무 편하게 직장생활을 하는 선배들을 보면서 한심하다고 생각하고 있었는데, 어느새 저도 그런 모습을 닮아가고 있다는 걸 깨닫게 되었습니다. 더 늦기 전에 나와야겠다고 생각해서 퇴사를 했고 이번에는 편안함보다는 일이 많은 곳을 찾아 이직을 하게 되었습니다"

"그곳은 어떤 곳이었습니까?"

"정신없이 바쁜 곳이었습니다. 월급이 줄어들었고 일도 많아서 정말 힘들었지만 신기하게도 기분은 좋았습니다. 이제야 뭔가 제대로 돌아가고 있다는 생각이 들었습니다. 모두가 뭔가를 위해 노력하는 모습이 좋았고 서로에게 자극을 주는 시스템이 좋았습니다. 거기서 배운 것을 바탕으로 이제 제 사업을 한번 해보고 싶어 이렇게 지원을 하게 된 것입니다."

30대 초반의 젊은 청년과 중년의 면접관 사이에서 오가는 대화를 듣는데, 내 눈앞에 서 있는 저 청년이 그렇게 멋있어 보일 수가 없었다. 저만한 또래의 젊은이들 중에 이런 생각을 가진 젊은이들이 과연 몇 명이나 될까? 큰 스트레스도 없고, 먹고사는 데도 전혀 지장이 없는 조건을 가져 신의 직장이라 불리는 공기업을 마다하고 굳이 험한 가시밭길을 택한 그 청년에게 나는 푹 빠져들었다(공기업 전체를 두고 하는 말은 아니니 절대 오해 없기를 바란다). 실제로 올해 들어 정부가 발표한 공무원 및 공공기관 신입직원 확대 채용 정책은 중소기업에 취직한 젊은 이들의 퇴사가 가장 큰 이유로 작용하고 있다고 한다. 현재 공무원 시험을 준비 중인 학생들의 숫자가 거의 40만 명에 육박한다고 하니 우리나라 젊은이들이 얼마나 공무원이라는 직업과 공기업이라는 조직에 목을 매달고 있는지를 짐작할 수 있다. 그들이 왜 이렇게 공무원과 공기업을 선호하는지는 굳이 여기에 언급하지 않아도 아는 사람은 다 아는 사실이니 생략하겠다.

사실 이러한 사회적 분위기를 걱정하는 사람은 한둘이 아니다. 이런 현실에서 굳이 신의 직장을 때려치우고 창업의 길에 나선 이 청년과의 만남은 나에게 정말 많은 것을 생각하게 만들었다. 사람은 무엇으로 움직이는가? 그리고 평상시에 집단의 매너리즘은 어떻게 생기는가? 이에 대한 연구를 꾸준히 해오고 있던 터라 집단이 바보화되는 원인에 대한 결정적인 힌트를 얻을 수 있었기 때문이다.

성장하지 않는 조직의 공통적인 행동 특징 중 하나가 '적당주의' 사고다. '남들은 움직이지 않는데 왜 나만 일해야 하지? 눈치채지 않을 정도로만 적당히 하자!'라는 생각이 악성 바이러스처럼 퍼지며 조직 전체를 바보로 만들고 있다. 반대로 목표를 달성하기 위해 바쁘게 움직이는 조직은 서로의 성장을 촉진시키는 양성 바이러스가 활성화되면서 집단의 천재성을 발휘하게 하는 큰 힘으로 작용하게 된다.

군터 뒤크 독일 빌레펠트대학교 교수는 『우리는 왜 집단에서 바보가 되었는가』라는 책에서 "퍼스트클래스는 자신을 뛰어넘을 수 있는 퍼스트클래스를 채용하지만, 세컨드클래스는 자신을 지키기 위해 서드클래스를 채용한다"고 말했다. 그러면서 그는 집단의 전체적인 분위기가 중요한 역할을 한다고 강조했다. 퍼스트클래스가 지속적으로 유입되는 조직일수록 집단의 천재성이 발휘되어 상향평준화가 이루어지는 반면, 이류 조직은 자신들의 안전지대가 침범당할 것을 우려하여 자신들보다 떨어지는 삼류를 채용한다는 것이었다. 그는 그런 조직은 점점 하향평준화가 되어간다고 지적했다.

　집단의 천재성이나 조직의 상향평준화를 이루기 위해서는 구성원들 상호간에 건전한 경쟁의식이나 상호 자극이 전제되어야 한다. 이런 분위기가 만들어지기 위해서는 3분의 2 이상의 구성원들이 자연스럽게 경쟁과 자극에 대한 대화를 스스럼없이 주고받으며 즐기는 조직이 되어야 한다. 이 정도 상황이 되면 누가 들어오든지 동료압박Peer Pressure에 의해 자연스럽게 조직의 분위기에 동화되게 되어 있다. 혹시나 따라가지 못하는 동료가 발생한다 하더라도 그것은 본인의 능력이 부족하거나 지향하는 바가 다른 이유이기 때문에 아무런 영향 없이 자연스럽게 떨어져 나가게 되어 있다.

　그러나 팀의 협력이나 건전한 경쟁 문화를 지향하는 확고한 의식이 아직 형성되어 있지 않은 상황에서 세컨드클래스나 서드클래스가 유입되면, 조직은 삽시간에 삼류로 전락하고 만다. 원래 모든 사회현상에서 나쁜 것이 전염되는 속도는 좋은 것이 전염되는 것보다 3배나 빠르기 때문이다. 좋은 습관은 몸에 완전히 체득되기까지 엄청 힘든 과정을 거쳐야 하지만 나쁜 습관은 우리 몸에 퍼지는 시간이 순식간인 것과 같은 이치다. 그래서 옛날부터 어른들이 "좋은 친구하고 놀아라"라고 말씀하셨던 것이리라. 좋은 친구들 무리에서 오가는 대화의 거의 대부분은 지식과 관련된 대화가 주류를 이루는 반면, 나쁜 친구들 사이에 오가는 대화의 거의 대부분은 주로 먹고 노는 것과 관련된 것들이기 때문이다.

고등학교 다닐 때 기거했던 하숙집 생각이 난다. 왼쪽 방에서 살던 아이들은 저녁 내내 시내를 돌아다니며 노느라 집에 들어오지 않았고, 오른쪽 방에서 살던 아이들은 저녁 내내 도서관에서 공부하느라 집에 들어오지 않았는데 그들의 입시결과는 예상을 빗나가지 않았다. 신기했던 것은 왼쪽 방에 있던 아이 하나가 무슨 결심을 했는지 오른쪽 방으로 이사했는데, 그 아이도 역시 서울의 유명 대학교에 입학할 수 있었던 것이다.

미국 하버드대 의과대학의 니콜라스 크리스타키스 박사는 주변 환경이 끼치는 이러한 영향을 일종의 동료압박이라고 부르며 오랜 기간 연구했다. 〈사회 연결망의 숨겨진 영향력〉이라는 제목의 TED 강연을 통해 유명세를 탄 크리스타키스 박사는 주변 환경에 따라 비만과 금연이 어떤 영향을 받는지를 알아보기 위해 1만 2,067명에 이르는 환자들을 32년간 관찰한 끝에 다음과 같은 2가지 연구 결과를 세상에 내놓았다.

먼저 금연과 관련된 조사 결과를 살펴보자. 남편이나 아내 중 한 명이 금연할 경우, 배우자의 흡연 확률은 67%가 낮아졌고, 친구나 직장 동료가 금연을 할 경우에는 흡연 확률이 각각 34%, 36% 낮아지는 결과가 나왔다. 본인의 의지로 혼자 담배를 끊는 것보다는 여러 사람과 함께할 때 금연할 확률이 높아진다는 사실을 발견한 것이다.

비만 관련 조사에서도 비만인 사람이 나와 매우 가까운 사람이라면 나도 비만이 될 확률이 비약적으로 증가한다는 사실을 밝혀냈다. 배우자가 비만이라면 내가 비만이 될 확률은 37% 높아지고, 형제가 비만이라면 내가 비만이 될 확률은 40% 높아진다. 친구가 비만이라면 내가 비만이 될 확률이 57%나 높아진다는 결과가 나왔다.

그리고 본인이 연구한 결과는 아니지만, TED 강연 말미에 니콜라스 크리스타키스는 "미국 중서부 남자 대학생들을 연구한 결과에서는 술을 많이 마시는 사람과 룸메이트가 될 경우 평점이 평균 0.25점 하락하는 것으로 나왔다"는 말도 덧붙였다.

"사회의 일원이 되지 않는 존재가 있다면 그것은 짐승이거나 신이다"라는 어록을 남긴 위대한 철학자 아리스토텔레스의 말처럼 인간은 주변 환경에 절대적인 영향을 받는다. 이런 이유 때문에 가급적 조직의 내부 구성원들을 긍정적이고 노력하는 멤버들로 채워넣을 필요가 있다. 아무리 우수한 인력이라 하더라도 조직의 기존 멤버가 형편없다면 그 또한 자연스럽게 형편없는 멤버로 추락하고 말 것이다. 반면 기존 구성원들이 치열하게 준비하고 끝까지 자신의 책임을 다하는 의지를 불태우는 업무 스타일을 가진 열정적인 멤버들로 구성된 조직이라면 아무리 평범한 인물이 들어오더라도 열정적인 전사로 탈바꿈하게 될 것이다.

이는 비단 기업 조직에만 해당하는 일이 아니라 학교에서도 마찬가지다. 아이들이 어울리는 친구들의 면면을 자세히 살펴보면 이 아이가 장래에 커서 어느 정도까지 성장할 수 있을지를 얼추 짐작해볼 수 있다. 우연히 마주하게 된 저 젊은 친구를 통해 한동안 잊고 있었던 만고불변의 법칙을 새삼 상기할 수 있었던 뜻깊은 하루였다.

03
매직 7과 3의 법칙이
주는 교훈

사회과학에서 쓰는 용어 가운데 '매직 7'이라는 말이 있다. 인간의 뇌는 기억력에 한계가 있기 때문에 7가지를 넘어가는 단어나 내용은 기억하기 힘들다는 의미로 쓰인다. 그래서 가급적 뭔가를 요청하고자 할 때는 7의 범위 내에서 해야 한다는 주장이다. 대표 사례로 가장 많이 인용하는 실험이 바로 사람 이름 외우기다. 누군가의 이름이 적힌 카드와 그 이름의 주인공 사진을 보여주고 일정한 시간이 흐른 후에 맞히기 실험을 하면 거의 대부분의 사람이 얼굴과 이름 매칭에 실패한다.

물론 전부는 아니다. 맞히는 사람도 상당수 있으며 심지어 7개가 아니라 10개 이상 거뜬하게 맞히는 사람도 분명 존재한다. 반면에 불과 3~4개에 불과한 이름과 얼굴조차도 제대로 맞히지 못하는 사람도 있다. 이는 아마도 단순히 이름만 외우는 것이 아니라 이름과 얼굴을 매칭시켜야 하기 때문에 난이도가 높아 맞히기 어려운 점도 있을 것이다.

비교적 쉬운 실험 중에 마트에 가서 장을 볼 때 사야 할 것들을 몇 개까지 외우고 있는지 알아보는 것이 있다. 밖에서 일하는 남자들이 얼마나 가정일에 무관심한지를 확인하기 위해 가끔 방송에 등장하는 실험이기도 하다. 아내로부터 장보기를 부탁받은 남편이 마트에 갔을 때 주문받은 물건 중에 몇 개까지 외우고 있는지를 실험을 통해 보여준다. 이 실험의 본래 목적은 '남자들은 가정일에 무관심해서 장보는 것도 제대로 도와주지 못한다'를 밝히는 것이다. 대부분의 남편들은 처음 아내에게 사올 물건을 요청받을 때는 잘 외우다가도, 마트에만 가면 "사달라고 한 게 뭐였더라?"라고 하면서 거의 기억하지 못했다.

나는 이 실험을 다른 관점에서 바라보았다. 아내가 요청하는 항목들이 몇 개인지에 초점을 맞추고 지켜본 것이다. 아내가 사달라는 물품이 몇 개인지에 따라 미션 클리어가 가능한지, 불가능한지가 갈리는 것이지 가사에 대한 관심의 정도에 따라 결과가 달라지는 것은 아니라고 생각한 것이다. 예를 들면, 주문량이 7개를 넘어가는 순간부터 남편들의 머릿속이 꼬이기 시작하면서 주문받은 물건들과는 다른 물건들을 사는 것을 확인할 수 있었다. 참고로 남편들이 아내가 요청한 물건을 가장 정확하게 구매해가는 숫자는 5가지 정도였는데, 여자들의 경우는 7가지가 넘어가도 아무런 문제가 없었다. 아마도 자주 접하는 물건일수록 기억할 수 있는 숫자의 한계도 늘어나기 때문일 것이다.

참고로 나도 몇 번 이 실험을 해보았는데 5개까지는 별 문제가 없는데 6개 이상이 되는 순간 머릿속이 뒤죽박죽되는 기분을 경험했다. 이처럼 뭔가를 암기하는 데 7이 한계로 작용하는 경우가 많으니 7개 이상을 넘어가는 경우에는 주의를 요하라는 취지의 실험이었다.

이와 유사한 의미를 가지고 있는 숫자와 관련한 용어 가운데 '3의 법칙'이 있다. 우리처럼 컨설팅 업계에 종사하는 사람들이 주로 사용하는 용어 중 하나인데, 상대방을 설득하고자 할 때는 가급적 논리 구성을 3가지 이내로 구성해서 전달하라는 의미를 담고 있다. 어떤 계획안이 되었던 3가지가 넘어가게 되면 요점이 불명확해져서 포인트가 흐려지기 쉽다는 뜻으로 사용되고 있다.

예를 들면, 조금 전처럼 마트에서 몸에 좋은 생식을 구매하려고 하는 상황을 생각해보자. 생식 제품을 구매하려는 상황에서 물건을 소개하는 직원이 그 제품의 장점을 지나치게 많이 늘어놓으면, 오히려 혼란만 가중시키게 된다. 가장 강조하고픈 장점 2~3가지만 설명하는 것으로 충분하며, 그 이상은 오히려 독이 될 가능성이 높다.

비슷한 사례로, 직장 내 프로젝트 추진에 대한 기획서를 떠올려볼 수도 있다. 뭔가 의욕을 가지고 추진하고픈 프로젝트가 있을 때, 혹은 상사의 지시로 프로젝트를 추진해야 하는 상황이 발생했을 때는 가급적 2~3가지 안으로 상사를 설득하라는 것이다. 1가지는 너무 성의 없거나 위험하게 보이기 쉽고 4가지가 넘어가는 순간 상대는 잘 읽으려 하지 않는 경향이 강해지기 때문이다.

앞에서 언급한 '매직 7'과 '3의 법칙'을 머릿속에 넣어두고 있으면 살아가는 데 여러 가지로 도움을 얻을 수 있다. 인사에서도 마찬가지다. 예를 들면, "팀을 구성하기 위해 가장 적절한 인원은 몇 명입니까?"라는 질문을 많이 받는데, 이런 경우에도 앞에 언급한 '매직 7'과 '3의 법칙'을 기억해두고 있으면 큰 도움이 된다. 즉 멤버들의 숫자는 7명 이내로 조절하는 것이 좋다. 그 이유는 팀을 이끌어가는 리더의 기억력에 한계가 있기 때문이다. 멤버가 7명 이상일 경우는 누가 무엇을 하는지 정확히 파악하기가 힘들뿐더러 각자가 가지고 있는 개인별 장단점에 대해서도 시간이 지나면 잊어버리기 쉽다.

물론 팀장의 능력이나 성향에 따라 멤버들의 특징을 절대 잊지 않고 있다가 필요한 상황에 그의 능력을 충분히 살릴 수 있는 찬스를 주는 사람도 없지는 않다. 하지만 한 사람이 통솔하는 멤버들의 숫자가 7명이 넘어가게 되는 순간 멤버들에 대한 집중력이 급격히 떨어지는 현상이 발생한다.

'3의 법칙'도 마찬가지다. 얼마 전에 어느 회사를 방문했다가 MVP(최우수 사원) 시상식을 우연히 보게 되었는데, MVP로 선정된 이유를 설명하는 식순에서 "이런 점이 동료들의 모범이 되었고, 또 이런 점이 좋았고, 또 이런 점이 참 훌륭했다"는 말을 듣는 순간 '이 친구가 선정된 진짜 이유가 뭐지?' 하는 생각이 들었다.

이런 생각을 나만 하지는 않았을 것이다. 지나치게 많은 선정의 이유는 상을 수여하는 진짜 이유를 모호하게 만들 뿐 아니라 진정성에도 의심을 불러일으킨다. 그냥 "이러이러한 이유로 상을 수여합니다"와 같이 실제 있었던 팩트를 2~3개 나열하여 낭독하는 것이 시상식을 지켜보는 사람들의 머릿속에도 강하게 인상이 남을 뿐 아니라 상의 가치도 올려주는 효과가 있다. 그렇다고 선정의 이유를 1가지만 말하는 것은 고민한 흔적이 보이지 않기 때문에 피하는 것이 좋다.

이렇듯 숫자를 많이 붙이고 싶은 심리는 직무의 특성이 많이 반영되는 마케팅 분야에서 더욱 심하게 나타난다. 영업이나 마케팅부서 사람들은 인사나 연구부서 사람들과는 성향이 많이 다른 것 같다. 인사 파트보다는 조금 더 적극적이고 활발한 기질을 가지고 있는 듯 보인다. 그래서인지는 몰라도 뭔가를 하지 않으면 불안해하고 또 뭔가 일을 벌이고 싶은 충동을 기본적으로 갖고 있는 것 같다.

소비자에게 주는 가치나 혜택은 거의 비슷한데도 내세우는 콘셉트만 달리하여 새롭게 시장에 출시하는 사례도 적지 않으며 심지어 내용물에 대한 수정이나 보완 없이 디자인과 브랜드 이름만 바꿔서 시장에 내놓는 제품도 적지 않다.

이런 심리가 작동하다 보니 M&A를 통해 흡수한 기업이 기존에 보유하고 있던 사업모델이나 제품군, 담당인력들의 업무분장 같은 사업구조 역시 흡수 후에도 그대로 유지하고픈 욕구를 강하게 느끼는 모양이다. 심지어 흡수한 회사와 유사하거나 겹치는 비즈니스모델에 대해서도 제품이나 인력구조를 그대로 유지 존속시키는 기업도 적지 않다.

얼마 전, 내가 알고 있는 코스모 통상(가명)에 근무하고 있던 인사팀장이 나를 찾아왔다. 비슷한 사업군을 형성하고 있는 B라는 기업을 인수하게 되었는데 겹치거나 비슷한 부서에 있는 사업군을 통폐합하여 인력을 재구성해야 하는데 힘이 강한 마케팅부서 사람들이 반대해서 한 발짝도 계획을 추진하지 못하고 있다며 하소연했다.

　어느 조직이나 매출과 직접적인 연관성이 있는 영업이나 마케팅부서의 힘이 인사 파트보다 강한 편인지라 영업라인의 입김대로 조직이 움직이는 현상을 그리 어렵지 않게 목격할 수 있다. 이 조직도 마찬가지였다. 인사 파트의 입장에서 보면 당연한 생각인데도 영업이나 마케팅부서의 입장에서 보면, 인수한 기업의 영업망이나 브랜드를 그대로 가져가고 싶은 욕심에 사장을 설득하여 인사 계획서를 폐기 처분하게 만든 것이다. 그래서 비슷한 이름의 브랜드와 대동소이한 특징을 가지고 있는 영업 점포들이 같은 상가 내에서 바로 옆에 붙어 있는 경우도 있고, 이를 관리하는 지역 거점들도 그대로 존속하는 경우가 많다.

　매출 증대를 위해서 영업이나 마케팅에서 가장 많이 주장하는 공식이 '1+1=2'의 배수 공식이다. 기존의 영업 라인에 더하여 추가로 얹어지는 영업 라인은 그대로 2배의 매출을 달성케 해주는 매개 변수가 된다는 주장인데, 개인적으로는 정말 위험한 사고라고 말하고 싶다. 이유는 오히려 기존에 갖고 있던 가치까지 파괴할 수 있기 때문이다. 아래의 자료를 통해 내가 왜 이렇게 생각하는지를 설명해보겠다.

　미국 MIT 경영대학원의 마틴 모커 연구교수와 잔 W. 로스 수석연구원이 《HBR》(「제품다각화가 초래하는 문제」, 2017년 5월호)에 기고한 글을 살펴보면, 지나친 제품 다각화는 오히려 마이너스가 될 수도 있음을 확신케 해준다.

그들의 말에 따르면, 기업들은 신제품을 시장에 내놓고자 하는 욕구와 경쟁사의 제품을 가능한 한 빨리 모방하고 싶은 성급한 욕구 때문에 포트폴리오에 제품이 추가될 때 잠재적으로 따를 수 있는 폐단을 보지 못한다는 것이다. 그리고 이런 기업들은 신제품으로 인한 다른 제품들의 자기 잠식 가능성은 측정하지만, 운영상 복잡성이 높아지면서 발생하는 비용 상승까지는 고려하지 않는 경향이 있다고 한다. 회사의 제품 포트폴리오에 잠재적으로 가치를 창출할 수 있는 혁신 제품을 추가할수록 사업에서 잠재적으로 가치를 파괴할 수 있는 복잡성 또한 더 높아진다는 말도 덧붙였다.

혁신이나 수용, 변화 같은 말은 나도 즐겨 사용하는 용어들이다. 조직은 끊임없이 개방하고 새로운 것을 수용하면서 나를 휘감고 있는 허물에서 벗어나기 위해 노력해야 한다. 또한 기존 관습에서 벗어나려는 노력을 통해 변화의 길을 모색해야 한다. 그렇지 않으면 '안주'라는 타성에 젖어 어떻게 움직여야 하는지 생각하는 사고의 메커니즘이 멎어버리는 불치병에 걸리기 쉽다.

그렇다고 해서 새로운 것을 무조건 받아들이고 늘려가야 한다는 '맹목적 추종'이나 '무조건적 시너지 효과 창출론'을 주장하는 것은 아니다. 우리가 기존에 가지고 있는 업의 본질을 생각하고 제품의 포트폴리오도 이 업의 본질에 맞추어 정렬을 시켜가야지, 순간적인 양의 확대에 욕심을 부리다 우리의 본래 가치를 잃어버린다면 고객은 그 제품을 외면할 것이다. '수용의 미학'에서 반드시 짚고 넘어가야 할 문제라고 생각한다.

04
혁신이라는 말의
진정한 의미

　기존에 없었던 새로운 아이디어를 세상에 소개한다는 것은 정말 엄청난 일이다. 이미 세상에 나와 있거나 이미 쓰고 있는 정책을 보면서 "별거 아닌 것을 가지고 왜들 저리 난리지? 그걸 누가 생각 못해?"라고 쉽게 말을 던지지만, 그것을 처음 생각해 내는 일 자체는 정말 대단한 창의력과 아이디어를 필요로 하는 엄청난 혁신의 일환이라고 말하고 싶다.

　누구도 생각 못한 이런 새로운 아이디어와 관련하여 광고 업계에서 전설처럼 불리는 일화가 하나 있다. 바로 2009년에 있었던 현대자동차의 '환매조건부 판매'와 관련된 전무후무한 환불정책이다. 당시의 상황을 요약하면 대충 이렇다.

2007년 리먼 사태의 영향으로 미국의 자동차 업계는 큰 불황을 겪게 되는데, 현대자동차도 예외는 아니었다. 당시 현대자동차 미주법인의 마케팅 담당 부사장이었던 조엘 이와니크는 당시의 상황을 '공포로 인한 불황'이라고 정의내리면서 "현대자동차도 기존 자동차 산업의 방정식에서 이런 공포를 제거하기 위한 혁신적 아이디어가 필요하다"는 취지의 기고문을 《광고의 시대》라는 잡지에 게재했다.

당시에 현대자동차가 기존의 방정식에서 벗어나기 위해 실행에 옮긴 혁신적 아이디어가 무엇인지를 설명한 자료가 《HBR》(「혁신이란 무엇인가」, 2015년 7월호)에 게재되었는데, 그 내용을 요약하면 다음과 같다.

현대자동차는 2009년 2월 1일 슈퍼볼 중계방송 중에 방영된 광고를 통해 고객들에게 특별한 판매조건을 제안했다.

"융자나 리스 조건으로 현대차를 구입한 이듬해에 직장을 잃은 고객은, 신용등급에 아무런 영향 없이 차를 반환할 수 있습니다."

이렇게 시작된 광고 문구를 통해 그들은 다른 경쟁사가 미처 생각지 못한 환매조건부 구매를 고객들에게 제안했다. 이런 환매조건부 판매를 통해 현대자동차의 매출은 2009년에 8%, 2010년에 24% 증가하는 재미를 봤는데, 이 제도를 통해 그들이

다시 사들여야 했던 차는 350대에 불과했다고 한다.

그 이유는 차를 팔아야 할 때 느끼는 개인들의 심리적 불안감이 작용해서이다. 개인이라면 교통수단(차)을 팔아야 할 뿐아니라 신용등급 하락까지 감수해야 하기 때문이다. 그러나 이런 새로운 판매모델은 경쟁자가 쉽게 모방할 수 있으므로 우위를 장기간 유지할 수는 없다. 그렇다 하더라도 해당 기업의 제품 구입을 고려하지 않았던 사용자들에게 제품 구매를 유도하는 강력한 촉진제 역할을 했다는 건 부인할 수 없는 사실처럼보인다.

현대자동차 미주법인이 제안한 아이디어는 당시로서는 참으로 혁명적이었다. 이런 혁신적 아이디어 덕분에 현대자동차는 일제 승용차를 선호했던 상당량의 고객들을 현대자동차로유입시키는 데 성공을 거둔다. 이처럼 남이 하지 않은 생각이나 혁신적 아이디어로 새로운 시장을 만들어서 큰 성공을 거둔회사는 없는지 주변을 살펴보았다. 우리가 손재주보다는 머리가 좋은 민족이어서 그런지는 몰라도 아이폰 같은 하드웨어적인 측면에서의 혁신 제품은 많이 보이지 않았다. 대신 게임, 음악, 문화 같은 소프트웨어적인 측면에서의 혁신은 그래도 꾸준히 일어나고 있는 것 같았다.

누가 나에게 지금까지 나온 제품이나 서비스 중에서 가장 혁신적인 것은 무엇이냐고 물어본다면 '난타 공연'과 '카카오톡 서비스'를 들고 싶다. 어디까지나 주관적인 판단이지만 이 상품들을 베스트 혁신상품으로 꼽은 이유는 현대자동차의 새로운 판매정책처럼 '유저의 눈높이에 맞추려는 혁신'이 돋보였기 때문이다.

'난타'는 본래 PMC 프로덕션의 송승환 대표가 기획한 비언어적 퍼포먼스를 표방하는 행위 예술이다. 송 대표는 어느 언론사와의 인터뷰에서 난타의 개념을 미국 The Blue Men의 '튜브스'와 영국의 '스텀프' 등의 비언어적 퍼포먼스 공연에서 영감을 얻었다고 말한 적이 있다. 송 대표는 이들 공연을 보면서 출연진들이 입을 열어 목소리로 말하지는 않지만 소리와 색채 그리고 동작을 통한 직접적이지 않은 방식으로 관객들과 소통한다는 사실에 주목했다고 한다. 이런 점들을 우리 문화의 특징인 사물놀이와 마당놀이 형식에 접목시켜 극을 만들었는데 그 결과물이 바로 '난타'였던 것이다.

난타는 1997년 10월 호암아트홀에서 초연한 이래 20년 넘게 장기 공연을 하고 있으며, 전국의 난타 전용극장도 서울과 제주를 포함해 총 4군데에 포진해 있다. 2018년 1월 기준으로 난타의 누적 관람객수는 1,300만 명을 돌파했으며 '어린이 난타' 공연까지 등장하여 전국 순회공연을 다니고 있다고 한다. 제작과 기획은 PMC 프로덕션에서 맡아서 하고 있는데, 참고로 PMC 프로덕션은 1996년 12월 송승환 대표에 의해 설립된 회사로 본래는 소규모 연극 공연을 기획하는 조그만 회사였으나 난타의 흥행에 힘입어 뮤지컬 위주의 공연을 기획하는 대형 기획사로 성장했다고 한다.

다음으로 '카카오톡 서비스'를 들 수 있다. 카카오톡의 아이디어를 처음 낸 김범수 의장은 한 번도 어려운 벤처 신화를 두 번씩이나 쓴 위대한 인물이다. 첫 성공은 게임 회사에서 이루었다. 1992년에 삼성SDS에 입사했으나 1998년 사표를 내고 바둑, 장기, 고스톱 같은 일상적인 놀이를 온라인에서 구현한 한게임 커뮤니케이션이라는 게임 회사를 만들어 큰 성공을 거두었다. 한게임은 이후 큰 성공을 기반으로 네이버와 합병을 한다. 김 의장은 2007년 "새로운 도전을 하고 싶다"는 꿈을 안고 미국으로 건너가는데, 그곳에서 아이폰을 접하고 모바일 어플리케이션의 미래를 보게 된다. 그는 곧바로 귀국하여 카카오의 전신인 '아이위랩'을 창업하였고, 스마트폰용 앱으로 10개의 카카오 시리즈를 만들기 시작했다. 그중 하나가 바로 '카카오톡'이라는 모바일 전용 메신저 어플리케이션이다.

카카오톡 역시 세상에 없는 상품을 만들어낸 것이 아니다. 스카이프와 왓츠앱이라는 앱이 카카오톡 출시 이전부터 이미 서비스를 하고 있었다. 카카오톡은 처음에는 이들을 모방해서 만들었지만 서비스 과정에서 국민 정서를 반영하여 서비스의 내용과 질을 개선해 나가는 유저 기반의 편이성이 큰 효과를 발휘하였다. 특히 사람들은 내비게이션, 택시 호출, 대리기사, 주차장 확인 같은 교통 서비스 기능에서 다른 앱과 차별되는 편리성을 느끼고 있다. 또한 이모티콘 같은 새로운 수익모델을 창출하는 과정을 보고 있노라면 과연 어떻게 저런 생각을 하는 것인지 궁금증이 일 정도로 감탄사가 나온다.

최근, 아주 오랜만에 난타와 카카오톡에게서 느꼈던 나의 지각을 자극하는 신선한 회사 하나를 발견했다. 바로 배달 주문 앱 서비스를 운영하는 '우아한형제들'이라는 회사다. 회사 이름보다 그들이 만든 앱의 이름인 '배달의민족'이라고 하면 "아" 하는 탄성이 나올 것이다.

배달의민족을 운영하는 우아한형제들은 2011년 3월 현재 대표이사를 맡고 있는 김봉진 사장이 설립한 소프트웨어 업체다. 원래는 전화번호부 앱을 만들려고 하다가 수익성과 이용률 측면에서 시장이 적다고 판단하고 전화를 자주 사용하는 분야인 배달 서비스로 비즈니스모델을 수정했다고 한다.

작은 개인 회사로 시작한 우아한형제들은 사업 수완을 인정받아 여기저기서 투자를 받기 시작했다. 큰 금액만 얘기하자면 골드만삭스로부터 400억 원, 힐하우스캐피털에서 570억 원, 네이버로부터 350억 원을 투자받았다. 현재 배달의민족 앱을 통해 거래되고 있는 식음료의 매출 규모는 2017년 기준으로 3조 원에 달한다고 한다. 배달음식 시장의 전체 규모가 업계 추산 약 15조 원이라는 점을 감안할 때 하나의 회사가 전체 시장의 20%를 차지할 정도로 엄청난 시장 점유율을 보이고 있는 것이다.

그들이 이처럼 업계의 주목을 받으며 가파른 상승곡선을 만들어내는 이유에는 여러 가지가 있겠지만, 가장 큰 이유는 마케팅을 참 잘해서라고 할 수 있다. 하지만 내가 우아한형제들을 주목하는 이유는 그들이 단순히 마케팅을 잘해서가 아니다. 그들의 마케팅에는 타깃을 향한 혁신의 아이디어가 담겨 있기 때문이다. 그 대표 사례가 영세 상인들을 위한 '글자체 보급'과 2017년에 있었던 '치믈리에' 자격시험이다.

우선 글자체 보급에 대해서 알아보자. 사실 한글의 다양한 글자체를 만들어 대중에게 보급하는 사업은 다른 회사들도 많이 했다. 이를 '폰트 마케팅'이라고 하는데, 대표 사례가 네이버가 2008년부터 실시하고 있는 '나눔글꼴' 캠페인이다. 이 외에도 인터파크나 다음 같은 회사들도 자사 이름이나 브랜드 이름을 붙여 무료로 한글폰트를 배포하고 있다.

그런데 배달의민족에서 배포한 서체가 유독 주목받는 이유는 글자체가 다른 폰트에 비해 친근하면서도 재미있다는 점에 있다. 이는 서체 보급을 시작하게 된 계기가 식당 간판용으로 만들어 업주에게 도움이 되고자 하는 마음에서 비롯되었기 때문이다. 재미있는 글자체는 힘든 학창 시절을 보내고 있던 대학생들에게 웃음을 주었고 그들의 큰 지지를 얻으면서 지금은 학생들이 PT용으로 가장 많이 사용하는 서체가 되었다고 한다.

두 번째는 와인 감별사인 '소믈리에'를 모방한 일명 '치믈리에' 자격시험을 만든 것이다. 2017년 7월, 서울 잠실 롯데호텔에서 최초의 '치믈리에' 자격시험이 치러졌다. 치믈리에는 치킨 소믈리에, 즉 '치킨 감별사'라는 뜻이다. 주최 측이 나눠주는 프라이드치킨을 먹고 어느 브랜드의 어떤 메뉴인지를 알아맞히는 시험인데, '배달의민족'이 마련한 이 장난스러운 행사에 500명이 응시해 100여 명이 치믈리에 자격증을 받아 갔다고 한다.

이 행사는 공중파 TV를 비롯해 각종 언론 매체에 보도되고 SNS를 통해 급속도로 퍼지면서 수백억 원에 달하는 광고 효과를 보았다. 효과를 본 광고 금액을 떠나 '치믈리에'라는 이벤트를 만들어낸 그 아이디어에 감탄사가 절로 나온다. 이 또한 현실에 지친 학생들에게 웃음과 재미를 선사하기 위해 개최했다고 하는데, 지금은 각종 패러디가 더해지면서 화제가 화제를 부르는 눈덩이마케팅 효과를 톡톡히 보고 있는 중이다.

전문가들은 성공적인 비즈니스를 창조하려면 기존에 알고 있던 전통 상식을 근본적으로 뒤집어야 한다고 말한다. 최근 마케팅 분야에서 두각을 나타내고 있는 존 멀린스 런던경영대 마케팅학과 부교수는 "혁신은 ① 시대에 뒤진 구매나 사용 체험, ② 비용 카테고리 중에서 불필요한 부분, ③ 고객의 심각한 재무적 리스크, ④ 나태하거나 의욕을 잃은 직원, ⑤ 제품이나 서비스의 악성 부작용 중에 어느 하나를 제거했을 때 비로소 생겨나기 시작한다"라고 말했다.

　　배달의민족을 보면 멀린스 교수가 제시한 5가지 요소가 전부 제거되고 있다는 인상을 지울 수가 없다. ①~③은 말할 것도 없고, 특히 ④에 해당하는 '나태하거나 의욕을 잃은 직원'과 관련해서는 "700명의 직원 중에서 그런 직원은 한 명도 없을 거예요"라고 말하던 후배(배달의민족에서 고객관리를 담당하고 있다)의 목소리가 아직도 생생하다.

　　'세상에 없는 새로운 것으로 승부를 거는 혁신기업'이라고 했지만, 잘 관찰해보면 앞에서 사례로 소개한 난타, 카카오톡, 배달의민족 모두가 전혀 없던 무에서 유를 만들지는 않았음을 알 수 있다. 현대자동차의 '조건부 판매' 정책도 전혀 없었던 정책은 아니다. 이미 다른 업종에서는 많이 시행하고 있었던 정책이다. 그러나 이들이 만들어낸 아이디어에 혁신이라는 이름을 붙이는 이유는 남들이 가볍게 보아 넘겼던 성공요소들을 이들은 그냥 보아 넘기지 않았다는 점에 있다. 시대적 상황을 철저히 고려하여 고객의 눈높이에 맞춰 멀린스 교수가 제시한 5가지 기준에 넣어 버무리고 다듬어서 재탄생시켰기에 성공한 것이다.

'혁신적 사고'라는 이름에 얽매어 세상에 없는 전혀 새로운 것을 찾으려는 일은 어리석은 짓이다. 창조는 기존의 것 중에서 나에게 필요한 것을 가공하는 것일 뿐 세상에 없던 새로운 것을 만들어내는 일이 아니기 때문이다. 이런 이유로 지금 당장 고객이 느끼는 결핍이 무엇인지부터 찾아보라고 권하고 싶다.

05
이론과 경험의
균형이 필요한 이유

원서를 읽다 보면, 북 스마트와 스트리트 스마트라는 단어가
눈에 자주 띈다.

경험보다는 이론적인 지식이나 사전적 의미에 바탕을 두고
훈수를 두는 사람을 가리켜 '북 스마트'라 하고, 살아가면서 몸
으로 체득한 각종 지식이나 경험 그리고 실패와 성공을 통해
얻은 교훈을 바탕으로 어드바이스하는 사람을 가리켜 '스트리
트 스마트'라 부른다고 한다.

얼마 전, BBC에서 재미있는 프로그램 하나가 방송이 되었
다. 〈북 스마트와 스트리트 스마트 중에 누가 더 우리에게 도움
이 될까요?〉라는 제목의 다큐멘터리 형식 프로그램이었다.

여러분은 어떻게 생각하는가? 자신이 체험한 교훈을 바탕으로 한 지식과 전문가들이 수십 년간에 걸친 연구 자료를 통해 얻은 지식 중에서 누가 더 우리에게 도움이 된다고 생각하는가? 밑도 끝도 없는 단편적인 질문이라 대답하기가 난처할지도 모르겠다. 이렇게 설명하면 좀 이해하기 편할까? 예를 들면, 목이 좋은 상권에 점포 하나를 계약하려 한다고 치자. 가게를 오픈할 때 관련된 비즈니스에 정통한 각종 자료를 베이스로 판단하는 것이 더 나을까? 아니면 그 동네에서 수십 년간 장사를 하고 있는 친구의 말을 따르는 것이 더 나을까?

언뜻 보기에는 그 동네 시장 상황에 정통한 친구의 말을 따르는 것이 좋아 보이겠지만 반드시 그것이 옳다고 볼 수는 없다. 왜냐하면 스트리트 스마트의 치명적인 단점은 본인이 경험한 것이 전부라고 생각하는 경향이 많아서 자신이 경험한 특수한 사례를 보편적인 사례로 일반화해서 생각하기 쉽기 때문이다.

스트리트 스마트는 직장, 특히 회의 장면에서 많이 목격할 수 있다. 얼마 전 고객사 사장님의 요청으로 모 회사 영업팀의 회의 장면을 들여다볼 기회가 있었다. 한 가지 흥미로웠던 점은 영업팀장이 말끝마다 "내가 경험해봐서 아는데~"라는 멘트를 붙이는 것이었다. 예를 들면, "팀장님, 이번 출시된 제품의 샘플 테스트는 홍대에서 하면 좋겠습니다"라는 의견을 내면 "내가 해봐서 아는데, 샘플 테스팅은 모조건 강남이야! 강남에서 하도록 해!"라고 하거나, "팀장님, 젊은 여성들의 취향을 정확히 파악하기 위해 리서치 회사와 공동으로 조사하면 어떨까요?"라는 질문에는 "내가 해봐서 아는데, 비용 낭비야! 쓸데없는 곳에 돈 쓰지 마! 위에서 안 좋게 생각해! 그냥 혼자 하는 게 훨씬 나아!"라고 하면서 팀원들이 아이디어를 개진할 때마다 "내가 해봐서 아는데~"라는 말로 대응했다.

로버트 치알디니 애리조나주립대 교수가 쓴 『설득의 심리학』에서는 사람들을 자기편으로 만드는 데 있어서 가장 효과적인 전략 중 하나는 본인의 경험에 의한 스토리로 상대방을 설득하는 것이라고 설명하고 있다. 일명 '내가 경험해봤는데' 전략이다. "내가 경험해봐서 아는데"라는 말로 시작하는 대화는 강력한 힘이 있어서 아니라는 생각이 들어도 반박하기가 정말 힘들다는 주장이다. 내가 경험해보지 않은 미래의 결과를 상대방은 이미 경험해서 안다고 말하는데, 할 말이 없을 수밖에 없다.

그러나 여기에는 다양한 상황변수를 고려치 않은 큰 오류가 숨어 있다. 홍대 샘플 테스팅의 예를 살펴보자. 홍대입구역 주변의 유동인구 분포도는 주중과 주말에 따라 큰 차이가 있다. 주중에는 20대 초반의 여성이 많은 반면, 주말에는 10대 후반 청소년과 30대 가족 단위 인파가 20대를 앞지른다. 반면, 강남은 주중에 더 많은 젊은 인파가 거리를 메운다. 이런 상황에서는 '어느 요일에 테스팅을 했느냐'에 따라 결과가 큰 차이가 나기 때문에 하나의 결과를 일반적인 결과로 통틀어 말하기에는 다소 무리가 따른다.

뿐만 아니라 이런 상황이 반복해서 일어난다면 크게 2가지 후속 결과를 예측할 수 있다. 첫 번째는 멤버들의 사고가 닫혀버리는 것이다. 일명 '생각하지 않으려 하는 좀비 직원'이 될 가능성이 매우 높아진다. '말해봐야 자신의 경험을 주장하며 반대할 텐데 뭐 하러 쓸데없이 생각하나?'라는 식의 사고가 머릿속에 자리 잡게 되는 것이다.

두 번째는 '해봐서 아는데' 팀장의 1인 세상이 되는 결과를 낳을 수 있다. 합리적인 판단은 항상 정반합에 의해서 나오는 법인데, 이런 조직은 팀장의 개인 의견에만 집중되어 단편적인 의견으로 의사결정이 이루어질 확률이 매우 높아진다. 물론 그 의견이 현명한 판단으로 이어져 대박을 칠 가능성도 없지는 않겠지만, 반대로 대재앙을 불러일으키는 최악의 판단으로 이어질 가능성도 절반은 된다.

비슷한 사례가 HR 분야에서도 종종 발생한다. 얼마 전 반도체 관련 제품을 생산 판매하는 어느 중견기업에서 있었던 일이다. 평소 담당팀장으로부터 천하의 무능력자로 낙인이 찍혀 쫓겨나다시피 팀에서 방출된 A군이 부서가 바뀐 후부터는 그 팀에서 가장 촉망받는 인재가 되었다는 이야기를 그 회사의 인사부장으로부터 전해들은 적이 있다.

"A군을 보면서 상사와 부하 사이에도 케미가 참 중요하구나! 하는 생각을 하게 되었어요, 정말 신기했어요. 전임 팀장은 A군에 대해 평가할 때, '내가 경험해봐서 아는데 A군은 형편없는 바보'라는 말을 정말 많이 썼거든요. 근데 지금의 팀장은 A군을 보석 같은 인재라고 칭찬하는 거예요. 어떻게 된 일일까요?"

심리학 용어 중에 후광효과라는 단어가 있다. 한 대상의 두드러진 특성이 그 대상의 다른 것들에까지 영향을 끼친다는 뜻으로 하나가 마음에 들면 전부 마음에 들고, 하나가 마음에 들지 않으면 다른 모든 것까지 마음에 들지 않는 심리를 말한다. 나 또한 직접 그들과 같이 생활해보지 않았기 때문에 자세한 내막은 알 길이 없지만, 이직이나 전직 전후로 평가가 극명하게 갈리는 경우는 후광효과에 원인이 있는 경우가 대부분이다.

즉 일하는 상대가 누구냐에 따라 결과가 다르게 나올 수도 있고, 나와 안 맞는 인물이 의외로 다른 사람과 호흡이 잘 맞는 경우도 있기 때문에 마음에 들지 않는다고 무조건 무능한 인물로 낙인을 찍으면 안 된다는 말이다. 이것이야말로 조직에서 종종 일어나는 스트리트 스마트의 전형적인 오류다.

그렇다고 북 스마트가 더 정확한 가이드라인을 제시해주는 것은 아니다. 많이 배웠다고 해서, 학력이 높다고 해서 실생활에서도 한 번의 실패 없이 성공가도를 달릴 것이라고 생각한다면 정말 어리석은 사람이다. 그런 식이라면 대학교수는 무엇을 하더라도 성공해야 한다. 가정은 그렇다 치더라도 적어도 비즈니스 현장에서는 가장 많은 실패를 경험하고 있는 집단이 대학교수들이라는 사실은 이를 증명해주는 대표 사례다.

기업의 자문이나 고문 역할을 하던 교수들이 전문경영인으로 스카우트되어 경영 현장에 서는 경우를 종종 목격하게 된다. 그러나 이렇게 CEO의 길로 나선 분들 중 거의 대부분은 좋지 않은 결과를 남기고 다시 학교로 돌아가는 경우를 많이 보았다 (물론 주변의 몇몇 사례를 전체인 양 말하는 것도 일반화의 오류이긴 하다). 역시나 '훈수를 두던 사람의 눈에 보이는 바둑의 패와 직접 앉아서 바둑을 두는 선수의 눈에 보이는 패는 다르다'는 사실을 여실히 증명해주는 사례가 아닌가 생각한다.

이런 북 스마트의 사례는 조직 내부에서도 종종 목격할 수 있다. 분당에 있는 어느 통신장비업체에서 있었던 일이다. 조직이 너무 노후되어 변화가 필요하다는 경영진의 요청으로 그곳의 인사팀장과 만났다.

"진단을 거쳐 부서별 매너리즘의 원인이 어디에 있는지 밝혀내고 관리자들에게 변화를 줄 수 있는 교육 코스를 설계하도록 하겠습니다"라는 나의 제안에, "신 대표님, 이래 봬도 제가 경영학 박사 출신인데 원인이 뭔지 모르겠습니까? 그리고 교육도 마찬가지인데요, 다 큰 성인을 교육시킨다고 정말 변화가 이루어질 수 있다고 생각하십니까?"라는 말이 돌아왔다.

결국 그 회사에서 우리가 진행하고자 했던 모든 일은 취소되었다. 더 정확히 말하면, 경영학 박사 출신인 그 인사팀장이 자신의 모교에 용역 의뢰를 하였고 학교 연구실에서 나온 보고서에 의해 조직재설계가 이루어졌다는 이야기를 나중에야 들었다. 하지만 그 후에 무엇을 했고 어떤 결과가 나왔는지 아는 사람은 아무도 없다. 5년이 지난 지금 그 회사는 조직 규모가 절반으로 줄어들었고, 그나마 있던 조직도 겨우겨우 명맥만 유지하고 있다고 한다.

왜 이런 상황이 발생한 것일까? 북 스마트는 겁이 많기 때문이다. 원래 이론에 강한 사람들이 실패에 대한 두려움도 많다. 그들은 가급적 이론서에 나와 있는 내용을 충실히 따르기를 원하며 그 내용이 이미 검증된 내용이라고 생각하여 맹신하는 경향이 강하다. 또한 종전의 방식에서 벗어나는 새로운 시도에 대한 두려움과 강한 거부감도 가지고 있다. 그것이 실패에 대해 책임을 지지 않으려고 하는 비겁함에서 나온 두려움인지, 아니

면 다른 사람들이 써놓은 이론서들을 지나치게 신봉하는 것에
서 비롯된 안정추구형 기질에서 나온 것인지는 알 수 없으나
새로운 시도에 대한 도전 의지가 약한 것만큼은 확실하다.

반면 스트리트 스마트는 허풍이 세다. 온몸으로 체득한 경험
은 자신감을 안겨다 주는 장점은 있지만, 한편으로 일부의 경
험으로 마치 전체를 다 아는 것처럼 착각하게도 만든다. 그러나
비즈니스 현장에서는 2가지 다 필요하다. 지금까지 쌓아온 경험
은 당황하지 않는 담대함을 주기 때문에 예기치 않은 돌발 상
황에 처했을 때 큰 도움이 된다. 마찬가지로 다양한 데이터에
근거한 신중한 접근도 빼놓을 수 없는 무기가 되기도 한다. 혹
시나 있을지 모를 리스크를 줄이기 위해서는 철저한 분석이 필
요한데, 이때 북 스마트의 사고가 큰 도움이 된다. 결국 어느 한
쪽에 치우치지 않는 밸런스를 갖는 사고가 중요하다는 말일 수
도 있겠다.

06
완벽한 팀은
심리적으로 안정되어 있다

2012년 구글에서 코드네임 '아리스토텔레스 프로젝트' 팀이
발족되었다. 구글에 있는 수백 개 팀을 연구해서 어떤 팀이 가
장 효율적으로 일하는지, 최고의 성과와 효율성을 내는 팀에는
어떤 노하우가 있는지를 분석하기 위해 설치한 임시 프로젝트
팀이었다. 수십 명의 심리학자, 사회학자, 통계학자로 구성된 '아
리스토텔레스 팀'이 1년 이상을 매달린 끝에 밝혀낸 '가장 완벽
한 팀'의 모습은 '심리적 안정감'이 있는 조직이었다.

'심리적 안정감'은 '대화 순서의 평등 분배'에 익숙해진 상태
와 멤버들 사이에 '높은 사회적 민감성'이 돋보이는 상태라는
2가지 전제조건을 필요로 한다.(《The New York Times》, 'What Google

Learned From Its Quest to Build the Perfect Team', Feb, 25, 2016)

우선 '대화 순서의 평등 분배'에 대해 생각해보자. 일반적으로 우리가 경험하는 회의의 패턴은 2가지다. 첫 번째는 시간이나 순서에 구애받지 않고 하고 싶은 말을 자유롭게 발언하는 자유토론식 회의이고, 두 번째는 팀장이나 리더가 사전에 철저히 준비하고 기획해서 신속하게 결론을 도출하고 회의를 끝내는 방식의 리더 주도형 회의 문화다.

전자의 경우 충분한 논의에 의해 모두가 동의할 만한 수준의 결론을 도출한다는 인상을 줄 수 있다. 하지만 특정인물의 의견이 지나치게 반영되거나 의견 수렴에 동참하지 못한 소외된 그룹이 발생할 수 있다는 단점을 안고 있다. 두 번째 리더 주도형 회의 문화의 가장 큰 장점은 시간의 효율성이다. 중구난방으로 흐르기 쉬운 팀 회의를 짧은 시간에 정리하여 자칫하면 시간 낭비로 이어질 수 있는 비효율성을 최대한 절약해준다는 장점이 있다. 또 하나의 장점은 혹시나 감정싸움으로 번질 수 있는 의견 대립을 미리 차단함으로써 동료들의 감정에 상처를 주는 일이 없게끔 한다는 데 있다. 그렇지만 리더의 자질이 부족할 경우 자칫 독재나 독단으로 흐를 가능성을 배제할 수 없으며, 멤버들끼리의 커뮤니케이션 부재 현상이 발생할 수도 있다는 단점을 안고 있다.

아무튼, 회의 문화와 관련하여 이런 다양한 장단점이 있음에도 불구하고 아리스토텔레스 팀은 구글의 수백 개 프로젝트 팀을 연구 분석한 결과 "완벽한 팀은 멤버 개인들의 발언권이 거의 동일하게 이루어지는 암묵적인 룰이나 내부 규범을 가지고 있었다"라고 보고했다. "동일한 발언권에는 다양한 의견이 담겨 있었고, 이런 다양한 의견을 이야기하고 정리하는 과정에서 서로를 이해하고 존중하는 그들만의 내부 문화가 자리 잡게된다"라고 말하면서, "물론 카리스마 리더의 신속한 의사결정이 때로는 시간 낭비를 줄여주고 불필요한 갈등도 없애주는 효과도 있지만, 대개는 '동일한 발언권'이 있는 팀의 업무 퍼포먼스가 훨씬 높다"라고 말했다.

이는 구글뿐 아니라 다른 혁신형 기업에서도 다양한 사례를 들어 발표했던 주요한 주제이기도 하다. 그들이 좋은 본보기로 많이 거론하고 있는 회의 문화의 전형적인 예가 바로 아메리칸 인디언의 부족회의 장면이다. 일명 '인디언 회의'라고 붙여진 그들의 독특한 회의 문화 특징은 다음과 같다. ① 원으로 둘러앉는다. ② 시계방향으로 돌면서 자리에 앉고, 맨 마지막에 들어온 사람이 '말하는 나무'를 들고 들어와 그날 회의의 안건을 낸다. ③ '말하는 나무'는 발언할 수 있는 권한을 상징하며 이 나무를 가진 사람만이 발언할 수 있다. ④ 발언한 사람은 말을 마친 뒤에는 '말하는 나무'를 왼쪽에 있는 사람에게 넘긴다. ⑤ '말하는 나무'가 시계방향으로 한차례 돌고 나면 마지막으로 발언한 사람은 '말하는 나무'를 맨 처음 발언한 사람에게 넘긴다. '말하는 원'이 완성되고 나면, 맨 처음 발언한 사람은 한 차례 더 순환시킬 것인지 아니면 순환을 중지하고 가운데에 갖다놓을 것인지 결정한다. ⑥ '말하는 나무'가 원의 가운데에 있을 때는 누구든지 그것을 가지고 제자리로 와서 발언할 수 있다, 등의 내용으로 구성되어 있다. 이러한 회의 문화의 목적은 모두에게 거의 동일한 발언 기회를 주는 데 있다고 한다.

이런 평등한 회의 문화와 함께 최고의 팀을 만드는 두 번째 요소로 그들이 지목한 것은 '높은 사회적 민감성'과 관련한 내용이다. 연구 내용을 설명하기에 앞서 우선 그들이 표현한 '사회적 민감성'에 대한 정의가 필요할 듯하다.

여기서 말하는 '사회적 민감성'이란 얼굴 표정을 보고 지금 상대방이 어떤 감정에 놓여 있는지를 파악하는 능력을 의미한다. 소위 '눈으로 마음읽기'라는 이름으로 알려진 이 실험에 따르면 공감 능력이 뛰어난 사람들, 즉 '사회적 민감성'이 높은 사람들은 상대방의 표정을 보고 그가 어떤 심리 상태에 있는지 맞힐 확률이 일반인보다 10% 정도 더 높다고 한다. 구글이 지명한 완벽한 팀에는 이런 사람들이 매우 많았다고 한다. 물론, 상대방의 표정만 보고 그가 지금 어떤 심리 상태인지 알아맞히는 것이 그리 중요하지 않을 수도 있다. 더 나아가, 내부의 심리 상태와 밖으로 표출되는 행동이 딱 들어맞는 것도 아니다. 속으로는 심한 스트레스와 불안감으로 불안정한 정신 상태에 놓여 있다 하더라도 겉으로는 밝은 모습으로 주변 동료들을 대하는 사람들도 적지 않기 때문이다. 구태여 상대방의 기분까지 생각해가며 일할 필요가 있나 하는 생각을 가진 사람도 있을 것이다.

하지만 갑자기 병원에 입원한 아내를 두고 출근한 나에게 같은 팀 동료가 조용히 다가와 "무슨 일 있어? 안색이 안 좋은데, 내가 도울 일은 뭐 없을까?"라는 말을 건네며 위로해준다면, 우리 팀과 멤버들에게 느끼는 충성도는 그렇지 않은 팀과 비교했을 때, 비교가 되지 않을 정도로 높아질 것이다. 구글의 연구팀이 완벽한 팀의 특징으로 제시한 '높은 사회적 민감성'은 이런 맥락에서 이해할 필요가 있지 않나 하는 생각이 든다.

'높은 사회적 민감성의 효과'와 관련하여 여기 비슷한 연구논문이 또 하나 있다. 미국의 CMU, MIT, 유니온칼리지의 심리학자들로 구성된 연구원들이 2008년 699명의 성인을 대상으로 연구하여 2010년 《사이언스저널》에 게재한 연구논문에는 다음과 같은 말이 있다.

"팀원들이 서로를 대하는 방식이야말로 팀의 실적을 좌우한다. 아무리 똑똑한 개인이라 하더라도 서로를 대하는 방식이 거만하거나 정중하지 못할 때는 집단지성이 발휘되지 않았으나, 서로를 존중하고 예의 바르게 대하는 조직에서는 개인별 IQ의 합보다도 훨씬 더 높은 집단지성이 발휘되었다."

역시나 높은 공감능력은 고객을 상대하는 상황에서도 중요 하지만, 조직 내 팀의 단합이나 화합을 위해서도 큰 효과를 발 휘하는 중요한 요소라는 사실이 밝혀졌다. "고객에게 인정받는 직원은 동료들에게도 인정받는다"는 말이 어느 정도 일리 있는 말이라는 사실이 증명된 셈이다.

아울러 '동일한 발언권'과 '높은 사회적 민감성'이 조직문화 로 자리 잡은 팀에는 크게 2가지 행동 특징이 나타난다. 첫 번 째는 '실수를 두려워하지 않는 대담함'이고, 두 번째는 '팀을 위 해 내가 맡은 일은 완수하고 말겠다는 강한 책임의식'이다.

배려와 존중이 일상화되어 있는 문화에서는 설령 내가 일을 하면서 실수를 한다 하더라도, 그 실수나 잘못을 탓하거나 비 난하는 동료는 없을 것이므로 대담한 행동을 방해하는 제약 조 건은 그리 많지 않다. 그렇기 때문에 실수를 두려워하지 않는 대담함이 나올 수 있다. 강한 책임의식도 마찬가지다. 의사결정 이 이루어지는 과정에 모두가 참여하고 모두가 균등하게 자신 의 의견이 피력되는 문화가 보편화된 조직이라면, 보통의 조직 과 비교했을 때 자신의 업무 역할과 관련하여 느끼는 사명감이 훨씬 높은 지수를 자랑하리라는 예측은 어찌 보면 당연한 결과다. 어찌 됐든, 구글의 아리스토텔레스 팀은 이런 조건을 갖추고 있는 조직이 공통적으로 가지고 있는 분위기가 바로 '심리적 안정감'이라고 정의를 내린 것이다.

나 또한 이와 유사한 조사를 취업 포털 잡코리아의 도움을 얻어 직장인 566명을 대상으로 수년 전에 실시한 경험이 있다.

도표에서 보듯이 '심리적 안정감'이 직무 몰입에 미치는 영향에 관한 질문에서 매우 큰 영향을 미친다(23%), 큰 영향을 미친다(49%), 보통이다(16%), 약간의 영향(8%), 거의 없다(4%) 순으로 대답이 나왔다.

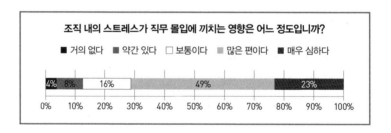

무엇보다 이런 심리적 안정감에 가장 큰 영향을 끼치는 항목의 순위가 인간관계(43%) 〉 일 관계(30%) 〉 근무환경(15%) 〉 복리후생(7%) 〉 기타(4%) 순으로 나왔다는 점이 특이했다. 직장인들은 대체로 사내 인간관계와 자신의 업무 때문에 생긴 스트

레스로 인해 심한 정신적 고통을 겪고 있었다.

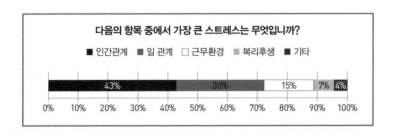

구글의 연구팀은, 완벽한 팀플레이는 구성원들이 심리적 안정감을 느낄 때 최고조에 달한다고 발표했다. 또한 이런 심리적 안정감을 만들어주는 가장 영향력 있는 요건으로는 멤버 개개인의 균등한 발언권과 배려와 존중이 흐르는 팀의 분위기를 강조했다. 내가 조사한 자료 또한 이런 기조와 크게 다르지 않았다. 인간관계의 중요성은 구글에서 말하는 배려와 존중의 항목과 다르지 않으며, 일 때문에 느끼는 스트레스는 균등한 발언권이 낳은 책임감과 거의 맥락을 같이하고 있기 때문이다.

결국, 완벽한 팀을 만들기 위해서는 심리적 안정감이 가장 중요하며, 이를 위해 조직은 '참여하고 존중하는 공동체 의식'을 가져야 한다는 말로 해석할 수 있을 것이다.

07
따뜻함과 엄격함이
공존하는 조직

"유익한 세미나가 있어 신청을 했는데, 같이 가주면 좋겠다"는 친구의 말에 상공회의소에서 주최한 세미나에 다녀왔다. '성과주의 문화의 정착'이라는 타이틀로 진행된 세미나장에는 시대의 흐름을 반영하듯 기업체 인사경영부서에서 오신 분들로 인산인해를 이루었는데, 그 안에 우리도 끼어 있었다.

요즘 친구가 '성과주의'라는 단어에 무척이나 관심을 갖고 이런 세미나를 찾아 나서는지라 '갑자기 왜 그러나? 무슨 일이 있는 건가?' 하는 단순한 궁금증에 동행했던지라 사람들이 이렇게 많이 와 있을 줄은 꿈에도 생각지 못했다. 요즘 대세는 일과 삶의 균형을 주시하는 워라밸로 대변되는 개인의 행복 추구를 더 강조하는 기류가 힘을 얻어가는 시대라고 생각했기에 '성과주의'나 '목표 달성' 같은 다소 무거운 주제를 다룬 이런 세미나는 별로 인기가 없을 것이라 생각했던지라 놀라움은 더욱 컸다.

궁금증을 억누른 채 세미나를 끝낸 뒤 저녁을 먹으면서 친구에게 갑자기 왜 '성과주의'라는 단어에 주목하게 됐는지 넌지시 물어보았다.

그는 "신 대표, 자네도 알다시피 예전에 내가 일했던 직장은 직원을 기계의 부속품처럼 다루는 문화를 가지고 있었잖아! 물론 개인의 사생활을 전혀 고려해주지 않는 대기업 문화가 이해가 가지 않는 건 아니었지만 그래도 너무한다 싶어서 만약 내가 독립해서 회사를 차리게 되면 정말 가족 같은 분위기로 직원들과 동고동락하면서 직원들을 위해주고 싶었거든. 그래서 그런 마음으로 지금까지 회사를 경영했고.

그런데 말이야, 사람 마음이라는 것이 다 나 같지가 않더라고. 요즘 직원들을 보면 회사보다는 개인이 항상 우선이고, 심지어 적자가 나도 성과급을 달라고 하는 거야. 안 되겠다 싶어서 올해부터는 '관리와 통제'를 강화하려고 이것저것 알아보고 있는 중이야! 목표라든지, 성과라든지 이런 것들에 대한 책임의식을 좀 더 강화해보려는 생각에서…. 왜? 내 생각에 무슨 문제라도 있는 건가?"라고 말했다.

그러면서 최근에 있었던 여러 실망스런 사건을 이야기하며 긴 한숨을 내쉬는데, 뭔가 가슴에 응어리진 것들이 많은 듯한 느낌이 들었다.

이야기를 듣는 동안 그 친구가 겪은 마음고생이 작지 않구나 하는 안쓰러움이 일었다. 동시에 냉탕과 온탕의 극단을 오가는 경영은 바람직하지 않다는 생각에 경영의 모순에 대한 주제로 대화를 이어가 보기로 했다. 참고로 이 친구는 나와는 다르게 술자리에서의 토론을 즐기는 성향인지라 분위기에 대한 걱정은 하지 않기로 했다.

경영의 모순이라 함은 어느 한쪽만 취하는 것이 아닌 서로 반대의 영역에 놓인 것들을 동시에 취해야 한다는 말로 우리의 대화는 시작되었다. 예를 들면, 실적과 관련해서 기업은 장기적인 성장뿐 아니라 단기적인 실적 향상에도 신경 써야 한다. 그러나 말처럼 이 두 가지를 동시에 추구한다는 것이 쉬운 문제는 아니다. 장기적 관점과 단기적 관점에는 항상 배치되는 이해관계가 작용하기 때문이다.

예를 들면, 장기적인 성장을 위해서는 꾸준한 R&D 투자와 함께 그에 필요한 신규 인력이 필요한 법인데, 이런 식의 비용

지출은 자칫 비용 증가로 이어져 단기 영업이익에 영향을 끼친다. 반대의 경우도 생각해볼 수 있다. 단기 실적 향상을 위해 이익이 되지 않는 사업부를 정리할 경우, 단기 영업이익의 향상에는 도움이 될 수 있을지는 몰라도 장기적 관점에서는 핵심 인재의 퇴사 등과 같은 기업 활동을 위축시킬 여러 가능성도 있다. 이처럼 기업경영이라는 것은 항상 서로 반대되는 2개의 목표를 동시에 해결해야 하는 모순의 연속이라고 해서 '패러독스 경영'이라는 말이 붙여졌다.

단기 목표와 장기 목표의 모순만큼이나 우리를 헷갈리게 만드는 경영 방침 중 하나가 '따뜻함과 엄격함'의 공존이다. 일본의 지속적 성장 기업을 연구한 RMS의 조직행동연구소는 『일본 부활의 힘, 지속 성장기업』이라는 책에서 '잃어버린 20년'을 통과한 기업들이 가지고 있는 공통된 특징들을 소개했는데, 그들이 가지고 있는 3가지 특징 중 하나가 '따뜻함과 엄격함'의 공존이었다.

통상 일본식 종신고용제로 대변되는 따뜻함은 전후 일본경제를 지탱해온 관리구조의 대명사였으며, 성과주의로 대변되는 엄격함은 일본이 1970년대와 1980년대 고도성장기에 접어들면서 성과와 보수를 측정하기 위해 사용했던 대표 성과평가 시스템 중 하나였다. 너무나 성격이 다른 조직관리 체계였던지라 대부분의 회사들은 각자의 상황에 따라 어느 한쪽을 택한 경우가 대부분으로, 양쪽을 동시에 취하는 것은 언뜻 봐서는 이해가 가지 않는 대목이기도 했다.

성과주의 문화는 일본의 고도성장기에 일본 기업들에게 들불처럼 번져갔던 조직관리 체계 중 하나다. 그때까지 일본의 고용 시스템의 근간이었던 종신고용제는 왠지 구시대의 유물 같은 인상을 가지고 있었지만, 실적 중시를 앞세운 성과 평가는 고도성장기에 어울리는 참신한 이미지가 강했던지라 대부분의 기업들이 앞다투어 성과주의 문화 구축에 나섰던 것이다. 덕분에 성과 평가 같은 단어들도 이 시대에 가장 널리 퍼져 나갔고, 여기서 성공을 거둔 개념이나 방식이 1990년대에 우리나라로 흘러들어와 유행하게 되었다.

따라서 우리나라 기업 현장에서 이용되고 있는 평가방식은 거의 일본식 시스템이라 해도 과언이 아닐 정도다. 정작 기나긴 고통을 통과한 일본 기업들은 아직까지도 전통적 종신고용제를 고집하고 있다는 사실이 조금 신기하게 느껴진다.

이 대목에서 일본 캐논의 미타라이 후지오 회장의 이야기를 하지 않을 수가 없다. 일본의 종신고용제를 이야기할 때 빠지지 않고 나오는 경제계의 거물이 바로 미타라이 회장이다. 아메바 경영으로 유명한 이나모리 가즈오 교세라그룹 회장이 성과주의를 내세우며 차가운 조직경영을 강조했다면, 미타라이 회장은 종신고용제를 강조하며 따뜻한 조직경영을 주장한 인물이기 때문이다.

두 거물의 대조적인 행보는 구조조정의 처리방식에서도 극명하게 대조를 이룬다. 먼저 이나모리 회장의 경우를 소개하자면, 2010년 있었던 일본항공의 구조조정과 관련한 사례가 대표적이다.

《위클리 비즈》는 이나모리 회장과의 인터뷰를 통해 "2010년 파산 JAL 3년 만에 부활. 이나모리 회장의 조언, 소선은 대악과 닮고 대선은 비정과 닮아 있어 많은 피를 흘리지 않으면 회사는 재생할 수 없다. 4만 8,000명 직원 가운데 1만 6,000명 내보내는 매머드 구조조정 단 1년 만에 끝내. 연 2조 원대 흑자 내며 일 증시에 재상장"이라고 요약하면서 "구조조정은 단칼에 해야 한다. 안 그러면 직원들 마음만 조각 난다"고 말한 이나모리 회장의 말을 덧붙였다.

만성 적자에 허덕이는 JAL의 경영 정상화를 위해 일본 정부의 요청으로 현장에 투입된 이나모리 회장은 취임하자마자 30%의 인력을 내보내는 과정에서 '실적과 성과' 중시의 엄격한 직원평가를 강조했다. 그에게 붙여진 또 하나의 별명은 '기업 회생의 신'이라는 수식어다.

그가 이룩한 기업 회생의 업적은 사실 사람을 내보내는 일로부터 시작된다고 해도 과언이 아닐 정도로 철저한 성과주의 문화의 신봉자다.

한편, 1993년 사장에 취임하여 2016년 현역에서 은퇴할 때까지 캐논의 CEO를 맡아 캐논 부흥의 중추적 역할을 했던 미타라이 후지오 회장은 사장 취임 후, 버블 이후의 어려운 경제 상황에 놓인 캐논을 구하기 위하여 톱다운 방식의 경영혁신을 단행했다. 현금흐름 경영의 추진과 채산성이 맞지 않는 사업의 철수, 행렬식 조직의 도입 등 새로운 경영혁신을 차례로 단행한 것이다.

여기서 교세라의 이나모리 회장과 다른 점은 이런 대대적인 경영혁신을 단행하면서도 종신고용제를 그대로 유지했다는 점이다. 미타라이 회장은 현지 언론과의 인터뷰에서 "회사의 실체는 직원이다. 직원 이외에 회사라는 실물은 따로 존재하지 않는다. 회사의 실력은 직원들의 실력이 모인 값이다. 따라서 우리는 직원을 성장시키고 활용해야 한다. 사원들이 서로 절차탁마하여 공동 운명체 의식을 가지고 능력을 살려 같은 목적을 향해 달리게 해야 한다. 이것이 일본에서는 종신고용이라는 형태로 집약되어온 것이다. 경영환경이 어려운 때일수록, 공동 운명체 의식으로 단결된 소수 정예가 금전적 보상을 매개체로 모인 조직보다 월등한 힘을 발휘한다. 종신고용은 공동 운명체이며, 그렇기 때문에 모두 함께 좋은 회사로 키워 나가자는 철학이 있다. 그러나 이와 더불어 철저한 실력주의도 필요하다. 연공서열은 사람을 부패시킨다. 개개인의 능력을 이끌어내기 위한 경쟁의식을 활성화시켜야 한다"라고 말했다.

캐논에는 학력, 성별, 부서에 따른 차별 대우가 일절 존재하지 않는다. 철저히 실력에 의해 평가받는 성과주의가 당연한 문화로 자리 잡은 지 오래다.

교세라의 문화도 마찬가지다. 위의 기사만 읽어보면 이나모리 회장이 매우 비정한 사람처럼 보일지도 모르겠으나 내부에 있는 직원들 말에 의하면, "회장님처럼 직원들을 위하고 사랑하는 사람은 없다"라고 이구동성으로 말하며 이나모리 회장의 인본주의 경영을 언급한다.

이런 내용은 그분께서 오래전 서울을 방문했을 때 필자가 직접 인터뷰를 진행하면서 경험한 적이 있기 때문에 누구보다도 잘 알고 있다. 그 당시 내가 느낀 감정은 정말 이분은 '따뜻한 경영'의 신봉자구나 하는 감상이었다.

어찌 됐든, 앞에 언급한 사례는 경제계의 두 거장이 전혀 다를 것 같은 2개의 시책을 동시에 가져가고 있음을 알게 해주는 일화다. 이런 사례를 이야기하며 친구를 바라본다. 그리고 잃어버린 20년을 무사히 통과하여 업계의 1위로 자리 잡은 기업들

이 가지고 있는 시책 중 하나가 왜 '따뜻함과 엄격함의 공존'에
있는지를 친구가 알아주었으면 하는 바람으로 그의 어깨를 두
드려본다.

08
동기부여가 능력을
자극한다

대학을 졸업하고 처음 들어간 직장에서 생각나는 인물이 하나 있다. 같이 입사했던 친구를 유별나게 괴롭혔던 선배이다. 다른 후배들한테는 상냥하게 잘 대해주었던 그 선배는 유독 입사동기인 내 친구한테만 못된 짓을 많이 했다. 그렇다고 군대식으로 얼차려를 준다거나 육체적으로 고통을 주었다는 뜻은 아니다. 친구가 가장 힘들어했던 고통은 바로 언어폭력이었다.

특히 인격적인 모욕을 주는 언어폭력이 심했다. "어떻게 너같은 아이가 우리 회사에 들어왔는지 모르겠다." "대학 졸업했는데 이런 것도 모른다는 게 말이 된다고 생각해?" "너희 부모는 도대체 뭘 가르친 거야?" 이와 같은 말은 친구의 자존심에 큰 상처를 남기기 일쑤였다. 그런 날은 상심해 있는 친구 옆에서 "잊어버려. 그래도 우리가 저 인간하고 영원히 같이 지낼 건 아니잖아"라는 아무 도움도 안 되는 위로를 던지며 술잔을 기울이곤 했다.

시간이 지나 그 선배는 다른 회사로 이직을 했다. 본인 말로는 아주 좋은 조건으로 회사를 옮기게 되었다고 마지막 날 거하게 저녁을 사긴 했지만, 나중에 들은 바에 의하면 평소 그 선배를 탐탁지 않게 생각하던 부서장이 지방 발령을 내려고 하자, 사표를 내고 경쟁사로 간 것이라고 했다.

어느 쪽 말이 맞는지는 지금도 모른다. 알 수 있는 방법도 없었고, 그렇게 궁금하지도 않았다. 나에게 중요했던 건 선배의 사슬로부터 풀려난 친구의 행복이었다. 그렇게 그 친구는 자유인이 되었고, 다음 해 회사에서 보내주는 유학 프로그램에 선발되어 미국으로 건너갔다. 회사 지원으로 MBA 프로그램에 들어간 것이다.

이런 이야기를 하면 사람들은 이렇게 묻는다. "아니 어떻게 바보 취급당하던 직원이 갑자기 우수사원에 선발될 수 있지요?" 모두가 짐작하겠지만, 사실 그 친구는 바보가 아니다. 똑똑한 아이였는데, 그 선배에게 찍혀서 질질 끌려다니다 보니 바보처럼 변하는 현상이 발생했던 것뿐이다. 심각한 상황으로 갈 뻔했지만, 그 선배의 퇴사로 인해 다행히도 원래 위치로 돌아올 수 있었다.

그 사건 이후 한 가지 깨달은 것이 있다. 윗사람이 어떻게 대하느냐에 따라 아랫사람은 천재가 될 수도, 바보가 될 수도 있다는 사실이다. 지금 생각해보면, 나는 그 친구를 통해 피그말리온 효과가 무엇인지를 직접 경험할 수 있었다.

이런 까마득한 옛날이야기를 다시 생각하게 만든 사건 하나가 최근 발생했다. 평소 친분이 있던 김호영(가명) 대표를 만나기 위해 인천의 어느 회사를 방문했을 때의 일이다. 사장실로 안내를 받고 복도를 걸어가는데 회장실이라고 쓰인 방 안에서 들려오는 쩌렁쩌렁한 목소리가 들렸다. 워낙 목소리도 컸지만, 그 큰 목소리의 주인공이 내뱉는 말들이 평소에 들어보기 힘든 아주 걸쭉한 욕들이었기에, 잠시 걸음을 멈추고 무엇 때문에 저분이 저리도 화가 난 것인지 들어보기로 했다. 밖에서 몰래 엿듣게 된 대화 내용을 전하는 것은 부적절한 행동이기에 여기에 옮겨 적을 수는 없다. 다만 무슨 일 때문에 그분이 그렇게 화를 냈는지 요약해서 정리하자면 다음과 같다.

그 회사는 식자재 유통 분야에서 이름이 알려졌는데, 외식업 분야에 진출하기 위해 수년 전부터 식품 분야 전문가들을 대거 채용하여 제품 개발에 박차를 가하고 있었다고 한다. 그런데 시간이 흘러도 결과가 나오지 않자 회장이 관련자들을 불러 욕을 하면서 멤버를 바꿀 것을 주문했다는 것이다. "충분히 시간을 주었는데도 신제품 개발이 늦어지는 건 원래 능력도 안 되는 직원들을 데려다 쓰고 있기 때문이다. 실력 있는 멤버들로 전원 물갈이하고 처음부터 다시 시작하라"는 지시를 내리면서, 지금까지 들어간 물적·인적 투자에 대한 아까운 마음을 욕으로 대신하던 그 타이밍에 내가 거기 있었던 것이다.

아주 잠깐이었지만, 순간적으로 나는 상황을 정리해야 할 필요성을 직감했다. 혹시 이 문제로 김 사장이 나를 보자고 한 건 아닐까 하는 생각이 스쳐 지나갔기 때문이다. 지금 이 복도 끝에 있는 사장실에 들어가는 순간, 사장이 지금 회사가 직면하고 있는 이 문제에 대해 어떻게 생각하느냐고 질문을 던질지도 모른다는 생각이 든 것이다. 심지어 지금 큰소리로 꾸지람을 들었던 개발실장, 인사 임원 모두를 동석시킨 가운데 의견을 구할 가능성도 배제할 수 없다는 생각이 들었다.

만일 그런 상황이 온다면 어떤 답변을 내놓아야 할까? "회장님 말씀대로 능력 없는 직원들은 기다려봐야 시간 낭비입니다"라고 말해야 할까? "동기 부여가 약해서이니 전력투구하게끔 환경을 정비할 필요가 있습니다"라고 말해야 할까? 어떤 답변이 그들의 기대치를 채우고 향후 그들이 원하는 방향으로 조직을 이끌어가는 데 도움이 될까? 이런저런 고민이 나를 괴롭혔다.

불행인지 다행인지 우려했던 예상 질문은 나오지 않았다. 그런 큰 고민을 상담하기에는 내 실력이 아직 미미하다고 생각했을 수도 있겠지만, 그 정도의 큰 고민을 상담하기에는 그분과 나의 관계가 그리 깊지 않았기 때문일 거라고 위로해본다. 물론 정식으로 의뢰를 받아 상담에 임한 경우라면 다르겠지만, 그런 깊은 내부 속사정을 이야기하기 위해서는 허심탄회한 대화가 가능한 인간관계가 필요한데 그분과 나의 역사는 그리 오래지 않았기 때문이다.

정식으로 요청받은 안건이 아니기에 답변을 드리지는 못했지만, 아래의 내용은 혹시나 날아올지 모르는 질문에 대비해서 그 짧은 시간에 만들어본 나의 답변 노트다. 비록 써먹어보지는 못했지만 평소 가지고 있던 생각을 대변하는 듯하여 한 실험을 근거로 의견을 피력해볼 생각이었다. 물론 그러한 기회는 주어지지 않았지만, 알아두면 도움이 될 듯하여 적어본다.

2007년 교육방송 EBS와 서울 노원구에 있는 상경중학교 수영부가 공동으로 실시하여 〈EBS 기획다큐멘터리〉라는 프로그램을 통해 방송한 재미있는 실험 하나가 있다. 실패의 원인을 능력 부족으로 설정했을 때와 노력 부족으로 설정했을 때 각각 어떤 결과가 나오는지를 알아보기 위한 실험이었다. 우선, 연구진은 학교 측의 도움을 받아 상경중학교 수영 선수 9명을 선발하여 기록을 측정했다. 그리고 실험에 참여한 선수들에게 각자의 결과를 보여줬다. 사실 이 기록은 실제 그들이 달성한 기록보다 2초가 더해지게끔 사전에 설정된 기록이었다.

선수들은 평상시의 기록에 못 미치는 자신의 기록을 보면서 표정이 일그러졌고, 연구진은 아이들에게 평상시보다 저조한 기록이 나온 원인이 무엇인지를 능력 부족과 노력 부족으로 나누어 표기하도록 했다. 그랬더니 노력 부족으로 원인을 돌린 아이가 3명, 능력 부족으로 원인을 돌린 아이가 6명으로 분류되었다.

그리고 다음 날, 연구진은 다시 이들을 대상으로 똑같은 실험을 재개했다. 다시 시작한 실험에서, 노력 부족으로 표기한 3명의 경우는 2명이 더 나은 기록을 만들어냈고, 능력 부족으로 표기한 6명 중에서는 기록이 향상된 학생이 1명밖에 나오지 않았다. 1명은 같았고, 나머지 4명은 1차 때의 기록에 훨씬 못 미치는 기록을 남겼다.

이를 정리하면 다음과 같다.

① 실험 결과는 본인의 실제 기록보다 2초가 더 늦게 나오게 기록을 인위적으로 조작했다.

② 9명 전원이 평소 때보다 기록이 저조했고, 본인 스스로의 판단으로 내가 노력이 부족해서 이런 결과가 나왔다고 생각한

학생이 3명, 능력이 부족해서라고 답한 학생이 6명이 나왔다.

③ 다음 날, 다시 실험을 했다. 이번에는 기록을 조작하지 않고 나온 그대로 기록하였다.

④ 결론은 노력 부족으로 답한 학생 3명 중에서 2명이 향상된 수치였고, 능력 부족이라고 답한 6명 중에서 향상된 기록을 보인 학생은 1명에 불과했다.

이런 결과에 대해 실험에 참여한 경희대 교육대학원의 권준모 교수는 "실패 후에 원인을 어디에 둘 것인가는 이후 행동에 커다란 영향을 끼치게 된다"고 말하면서, 다른 분야에서도 노력 부족으로 원인을 돌리는 아이들의 성취도는 높아지는 반면, 능력 부족으로 원인을 돌리는 아이들의 성취도는 갈수록 낮아진다고 말을 이어갔다.

조직에서도 마찬가지다. 서두에서 언급한 입사 동기의 일화에서처럼 나는 사회 초년생 시절에 이미 위에 있는 사람이 보여주는 믿음이나 기대치가 아래 직원들의 행동에 얼마나 큰 영향을 끼치는지를 친구를 통해 온몸으로 경험했다. "너는 원래 안되는 놈이야!"라는 말 한 마디가 얼마나 사람의 성장판을 닫히게 만드는 칼날처럼 작용하는지를 옆자리에 있는 동료를 보면서 경험했던 것이다. 물론 아무리 가르쳐도 따라오지 못하는 직원이 전혀 없지는 않겠지만, 대부분은 관심과 애정을 쏟으면 따라오게 되어 있다. 다만 차이가 있다면, 사람에 따라 습득하는 데 필요한 시간의 차이가 있을 수 있고, 사람에 따라 습득하는 방법이 다를 수도 있다. 원하는 결과가 나오지 않는다고 '능력에 문제가 있는 직원'으로 낙인찍기보다는 '노력하지 않는 직원'으로 분류하여 스스로가 최선을 다하게끔 동기 부여해주는 관리법이 더 현명한 방법이라는 사실을 조직을 이끄는 관리자들에게 꼭 전해주고 싶다.

09
과거에
얽매이지 마라

"젊은 친구들이 조직에 새바람을 불어넣어 주기를 기대했건만 기존 나이 든 선배들과 아무런 차이가 없더군요. 조직이 갈수록 노후화되어서 큰일입니다." 어느 기업의 HR 임원에게서 들은 볼멘소리다.

많은 기업은 신입을 받아들이면서 업무 이외에 또 다른 기대를 갖게 된다. 새바람을 불러일으켜 조직에 신선한 자극제 역할을 해주기를 내심 기대하는 것이다. 그러나 이런 기대와는 달리 대부분의 회사에서 신입은 아무런 자극제가 되지 못한다. 기존 선배들이 만들어놓은 문화에 눌려 자신이 갖고 있던 개성이나 색깔을 전혀 내놓지 못하고 시간을 보낸다. 심지어 일정 시기가 지나면 그들 또한 기존 문화에 동화되어 자신이 갖고 있었던 기존의 색깔조차 잊고 사는 경우도 허다하다.

왜 그럴까? 이유는 간단하다. 신입들에게 회사라는 무대는 그들이 지금까지 경험하지 못한 전혀 새로운 무대이기 때문이다. 전혀 경험이 없는 새로운 무대에서 기존 선배들에게 배우는 모든 것은 백지상태인 신입들의 머릿속에서 그것만이 전부이고 그것만이 기준이 되기 쉽기 때문이다. 이런 이유로 조직 변화를 신입들에게 지나치게 기대하는 것은 피하는 것이 좋다. 새로운 혁신을 기대한다면 기존 멤버들을 중심으로 오히려 내부에서 만들어내려고 노력해야지 지금 막 들어온 신입들에게 기대할 생각은 하지 않는 게 좋다.

그러나 내부에서 변화를 도모하는 것은 말처럼 쉬운 일이 아니다. 하지만 선택이 아닌 필수로써 반드시 일으켜야 하는 '머스트Must'의 사고로 접근해야 한다. 흐르는 강물처럼 우리 모두 끊임없이 변화의 흐름을 놓치지 말고 살아야 한다. 이런 사고를 갖지 않은 사람이 있다면, 디지털 시대에 살면서 아날로그를 고집하고 있는 것과도 같다. 물론 여기서 말하는 아날로그는 우리가 일반적으로 생각하는 순수한 의미의 아날로그, 즉 기계적 표현이 아닌 감정적 표현이나 사람다움이 녹아 있는 서정적 표현을 말하는 것이 아니다.

가정에서도 마찬가지다. 지금은 남자 여자 가리지 않고 가사에 적극적으로 참여해야 한다. 내가 아는 친구는 아직도 '집안 일은 여자가 하는 거야!'라는 생각을 가지고 있는데, 솔직히 옆에서 보기에 너무 불안하다. 쫓겨나지 않는 것만 해도 천만다행이라 생각한다. 친구이지만 추호도 그의 편을 들어줄 생각이 없다. 쇄국정책을 주장하다 나라를 패망으로 이끈 흥선대원군과도 같다. 개인의 고루한 고집 때문에 불쌍한 백성만 식민지 생활을 하게 된 역사의 교훈을 그 친구에게 수십 번 이야기해도 소용이 없다. 가족들의 마음고생이 불을 보듯 훤히 보이지만 본인이 노력하지 않으면 소용이 없는 일인지라 발만 동동 구를 뿐이다. 다 큰 성인의 사고는 절대 변화하지 않는다는 성인 학습 이론의 전형적인 모습을 보는 듯해서 가슴이 아플 때가 한두 번이 아니다.

이 친구처럼 아직도 시대의 흐름을 전혀 감지하지 못하고 있는 기업이 있다. 수년 전, 안양에 있는 어느 제조 업체에서 있었던 일이다. 외관만 봐서는 어느 기업에서나 볼 수 있는 깔끔한 모습이었는데, 내부 모습은 30년 전에 정지된 듯한 모습을 하고 있었다.

"저희 회사는 대졸 여직원은 채용하지 않습니다. 여자가 학력이 높으면 부리기 힘들다는 회장님 생각이 계셔서 반드시 고

졸 이하의 여직원만 채용합니다"라는 말을 당당하게 하던 A부장의 얼굴이 아직도 떠오른다.

옛날분들이야 그렇다 치더라도, 이 회사에 근무하는 젊은 남자직원들은 어떤 생각을 가지고 있을지 궁금했다. "젊은 친구들은 이런 입사정책에 대해 어떻게 생각하세요?"라는 질문을 던져보았다. "저희도 회장님의 생각과 같습니다. 여직원들이 학력이 높으면 맘대로 일을 시키지도 못하고 불편한 일이 한둘이 아닐 거라고 생각합니다"라는 답변이 돌아왔다. 다른 사람들이 생각하기에는 이상하게 들리겠지만, 처음부터 그런 생활에 익숙해져 있는 사람들에게는 당연한 사고로 받아들여지는 모양이었다. 2016년에 '결혼한 여직원은 퇴사해야 한다'는 암묵적인 사내 규정으로 사회적 이슈가 되었던 대구의 모 기업이 생각났다.

기존 문화에 동화되어가는 신입의 모습은 일종의 '앵커링 효과'라고 불리는 심리 현상 때문이다.

아무리 글로벌 기준의 시각을 가지고 있는 신입이 입사한다 해도 첫 직장에서의 모든 행동기준이 봉건시대의 관습을 따르고 있다면 본인 또한 이에 동화되어 선배들의 고루한 의사결정이 전혀 이상하게 보이지 않는다는 말이다.

이와 비슷한 일들을 교육현장에서도 종종 목격하곤 한다. 직원교육을 바라보는 관점의 차이가 종종 문제의 발단이 되는 케이스다. 과거에는 일이 우선이고 교육은 다음이라고 생각하는 경향이 매우 강했다. 우선은 회사의 업무를 보고시간이나 비용에 여유가 있을 때에 사원들의 능력개발에도 신경을 쓰는 사고가 일반적인 관행이었다. 그러나 지금은 직원 개개인이 조직을 지탱하는 자산이라고 생각하기 때문에 자산의 가치 증대를 위해 직원교육은 가장 가치 있는 투자라고 생각하는 사고가 보편적인 가치관이 되었다.

이런 분위기이다 보니, 업무시간에 교육을 실시하는 회사가 늘어나게 되었고 지금은 거의 대부분의 회사가 직원들의 교육계획을 수립할 때 월요일부터 금요일까지, 즉 주중에 가능한 날짜를 잡는 것이 일반 패턴이다. 간혹 토요일을 끼워서 교육계획을 잡는 곳도 있지만 이런 경우는 대개 주말 아니면 다 같이 모이기가 힘든 특수한 상황에 놓인 회사들이 대부분이다. 혹은 주중에 고객 대응 때문에 도저히 시간이 안 되는 상황에서만 적용될 뿐이지, 옛날처럼 '교육은 무조건 일과 이후에 하는 거야'라는 생각을 가지고 있는 회사는 사라진 지 오래다.

그런데 가끔 직원교육을 여유 있는 회사나 누리는 사치로 생각하는 사람들을 만나곤 한다. 얼마 전에 만난 P사장도 그런 경우에 해당하는 인물이다. 1980년대 고도성장기에 사회에 입문한 P사장의 머릿속에는 '주중에는 회사 일을 보고, 교육은 주말에 하는 것'이라는 생각이 팽배해 있었다. 여기서 한발 더 나아가 '너무 능력을 올려주면 다른 회사로 가기 때문에 가급적 교육은 최소한'이라는 확고한 자기 철학을 갖고 있었다.

이렇듯 앵커링 효과는 실로 무서운 것이다. 직장생활 초기에 형성된 가치기준이 일생을 관통하며 생각을 지배하게 되기 때문이다. 하지만 대부분의 사람들은 시간이 지나면서 사회적 변화에 맞추어 스스로를 변화시킨다. P사장처럼 익숙해져 있는 과거의 관습 그대로 답습하는 사람들은 그리 많지가 않다. 대부분은 변하는 사회에 맞추어 조금씩 진화를 모색해간다. 그렇지 않으면 사회부적응자로 낙인이 찍혀 도태당하기 때문이다.

아마도 이런 마인드로 생활한다면, 사회에서 퇴출당하기 이전에 집에서 먼저 퇴출당하는 신세로 전락할 것이다. 그렇다고 실제로 집에서 쫓겨나는 상황이 벌어질 거라고 말하는 것은 아니다. 언젠가부터 가족들과의 대화 빈도가 줄어들거나 가족들이 말을 거는 일이 줄어들기 시작했다면, 혹은 말을 걸어도 상대해주지 않는 상황이 계속된다면 십중팔구 나를 피하고 있다고 생각하면 된다. 구태여 "당신, 혹은 아빠 생각이 너무 올드해서 대화가 통하지 않아요!"라는 말을 듣지 않더라도 이미 대화가 통하지 않는 낡은 사고방식을 가진 인물로 낙인이 찍혀 있다고 생각하면 된다. 문제는 가족이 아니라 같이 일하는 사람들이다. 가족이야 혈연관계로 얽힌 식구니까 포기했어도 데리고 살아준다지만, 회사에서 같이 일하는 직장 후배들은 굳이 함께

할 필요가 없다. 그래서 그들은 아예 상대를 하지 않는 것이다. 혹은 이마저 안 될 경우에는 조용히 조직을 떠나는 일이 발생하는 것이다.

아래의 도표는 수년 전에 '조직문화'라는 테마로 조사한 설문 중에서 '시대의 흐름에 맞춰 변화하려는 우리 조직의 노력은 어느 정도입니까?'라는 질문에 대한 결과다. 변화하려는 노력이 높은 경우, 실적이 상승한 기업(38%)이 하락한 기업(20%)보다 2배 정도 더 높은 것으로 나타났다. 변화의 노력이 실적에도 큰 영향을 끼치고 있음을 보여주는 대목이다.

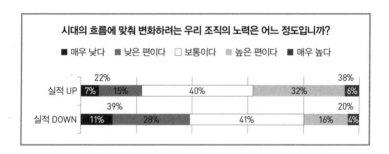

조사 내용 중에 한 가지 흥미로운 결과가 눈에 띄었다. 자유기입의 형태를 빌린 서술형 답변이었는데, 상당수가 "아직도 과거의 관습이나 사고에서 벗어나지 못하고 있는 간부들 때문에 조직이 병들어간다"는 식의 의견을 보내주었다. 물론 대부분은 변화에 적응해가면서 진화의 길을 모색한다.

그러나 조직의 진화를 저해하는 과거의 인물들이 조직의 상층부에 남아서 조직의 발전을 방해하고 있는 것도 사실이다. 시대는 변하는데, 아직도 변하려는 노력을 스스로 기울이지 않는다면, 앞서가는 시대와 그대로 남아 있는 본인 사이의 갭은 점점 더 벌어질 뿐이다.

"아직도 애니콜을 쓰세요?"라는 말이 있다. 과거의 오랜 관습이나 고정관념에서 벗어나지 못하는 구태의연한 행동양식을 아직도 고수하고 있는 사람들을 지칭한다. 대부분의 사람은 사회의 변화 속도에 맞춰 진화하고 있는데, 자신만 과거의 가치기준에서 벗어나지 못하고 주변 사람들을 괴롭히고 있는 사람들이다. 본인은 노력하지 않고 타인에게만 의존하는 조직의 변화를 고집한다면, 결국 언젠가는 사회에서 격리되고 배척당하는 참담한 결과를 마주하게 될 것이다.

10
상대의 장점을 보려고 노력하라

　'직원의 행동 개선을 촉진한다'는 명분 아래 많은 기업이 다면평가를 도입하고 있다. 상사와 동료가 평가하는 180도 평가는 물론 심지어 '상사-동료-부하직원' 모두가 참여하는 360도 평가를 도입하여 쓰고 있는 기업도 적지 않다. 정확한 숫자는 파악되지 않았지만, 대략적으로 파악했을 때 대기업의 경우는 거의 모든 기업이, 중견기업의 경우는 절반 정도가, 300인 이하 사업장의 경우는 3분의 1 정도의 기업에서 다면평가를 활용하여 리더십 향상이나 인사 고과를 위한 참고자료로 활용하고 있지 않나 생각해본다.

　기업에 따라서는 다면평가가 마치 해당 직원의 모든 것을 파악하게 해주는 정확한 진단도구라고 믿으면서 승진은 물론 보상 관점에서도 적극적으로 연동하여 운영하는 곳도 종종 눈에 보인다. 특히나 평가와 보상이 진행되는 시즌에는 정확한 고과 산정과 직원 육성을 위해 한 번쯤 거론되기도 한다. 이런 상황이다 보니 다면평가의 순기능과 역기능을 제대로 알아보고 좀 더 효율적으로 활용할 수 있는 방법은 없는지 힌트를 제공하고 싶은 마음에 내가 겪은 사례를 중심으로 이야기를 꺼내보고자 한다.

오래전에 내가 알고 지내는 D기업의 인사부서에서 있었던 일이다. 전년도에 실시한 360도 평가를 바탕으로 리더십 연수가 끝나고 얼마 안 있어, 해당 프로젝트를 추진했던 인사팀장으로부터 상담전화가 한 통 걸려왔다. 참고로 해당 인사팀장의 리더십 서베이 결과가 너무 안 좋게 나와서 본인도 연수기간 내내 불편했을 뿐 아니라, 관심을 갖고 지켜보던 경영진도 큰 실망감을 내비치면서 그에게 경고의 시그널까지 던졌다고 한다. 그런 내막을 알고 있었기 때문에 상담 요청이 온 순간 그 이유가 대충 짐작이 갔다.

아니나 다를까 인사팀장은 나를 본 순간, "신 대표님, 같이 일하고 있는 팀원들 얼굴을 못 보겠어요. 그동안 부족한 아이들 데려다가 각별히 애정을 쏟으며 많은 사랑을 주었다고 생각했는데, 솔직히 실망감과 배신감을 느낍니다. 이번 평가에서 그들이 나를 어떻게 생각하고 있는지 알게 되어서, 저런 상냥한 얼굴로 나를 대하는 모습이 가증스럽게 느껴지기도 합니다. 하나둘씩 멤버를 교체해가며 인사팀 전체를 다 바꿔볼 생각입니다"라는 말로 쌓였던 속내를 털어놓기 시작했다.

솔직히 한두 번 겪는 일이 아니라서 어떤 식으로 위로를 해주고 또 어떤 결과로 이어질지는, 어느 정도 수순이 정해져 있다. 왜냐하면 동료 평가를 기반으로 한 리더십 연수에서 종종 벌어지는 일이기 때문이다. 같은 공간에서 항상 얼굴을 마주하고 있는 동료들로부터 나의 행동에 대한 평가를 받는다는 사실은 생각만큼 마음 편한 일이 아니다. 게다가 나를 평가하는 대상이 후배나 부하직원, 심지어 내가 선발하고 교육했던 한참 아래의 주니어 사원이라고 가정해보면 꼭 이렇게까지 평가를 받아야 하나 하는 불만을 갖는 간부들도 많다.

그럼에도 지금까지 다면평가나 동료 평가가 리더십 향상을 위한 진단 툴로서 높은 인정을 받고 있는 이유는 평가나 보상과의 연계를 완전히 배제한 순수한 육성 플랜의 일환으로 사용되고 있기 때문이다. 간혹 동료 평가의 결과를 가지고 인사 고과나 승진 승격에 활용하는 회사가 있는데, 이는 큰 재앙을 부르는 주술과도 같다는 점을 명심해야 한다. 동료들에게 평가를 요청하는 명분은 어디까지나 '같이 일하는 상사나 동료의 부족한 부분을 메워서 더 좋은 리더가 되게끔 도와주자!'라는 교육적인 측면에 있기 때문에 부하가 상사에게 인사 고과를 매기는 듯한 인상을 줘서는 안 된다. 만일 평가 후에 당사자에게 인사상의 불이익이 주어진다거나 임금에 변동이 생기는 일이 발생한다면, 그 회사의 다면평가나 동료 평가를 통한 평가 및 육성제도는 더 이상 공정성을 확보할 수 없는 상황으로 내몰리게 될 것이다.

이런 상황이고 보니 다면평가에 대한 소감을 물었을 때 "불편은 하지만 리더십 향상을 위한 쓴 보약이라고 생각합니다"라는 의견이 대부분이다. 하지만 장점에 대한 칭찬은 별로 없이 비난의 글로 도배가 되었다거나, 더 나아가 익명이라는 점을 이용해 원색적인 비난을 하는 코멘트가 적힌 피드백 시트를 받은 관리자는 얼굴이 하얗게 변하지 않을 도리가 없다. 평이한 피드백을 받은 관리자는 큰 임팩트 없이 무난하게 연수가 이루어지기 때문에 크게 신경을 쓰지 않아도 된다. 하지만 본인이 예상했던 피드백이 아닌 전혀 생각지도 못한 평가를 동료나 후배들에게서 받은 관리자는 특히나 관심을 갖고 행동 변화, 표정 변화 하나하나에도 주의를 기울여야 한다.

예상하지 못했던 불편한 피드백을 받는 경우, 다음의 4단계

행동 변화가 일어난다. 바로 '충격-부정-인정-개선'의 단계다.

처음은 ① 충격 단계다. 한동안 얼굴이 하얗고 몸 전체가 경직된 모습이 옆에서 봐도 느껴질 정도다. 심한 경우 입술이 파르르 떨리는 경우도 있는데, 정신적인 충격이 크면 클수록 이런 표정 변화가 심하게 감지된다. 어떤 이는 부하직원에 대한 배신과 분노를 느낀다면서 연수를 거부하고 교육장을 박차고 나가는 경우도 있을 정도이니, 담당강사가 특히 신경을 쓰지 않으면 안 되는 인물군이라고 볼 수 있다.

다음에 이어지는 ② 부정 단계다. 타이밍이 좋지 않았다는 말과 함께, 리더십 서베이를 할 당시 부서 내에 중요한 프로젝트가 있어서 좀 더 긴장감을 조성시키려는 취지에서 멤버들을 심하게 닦달한 적이 있는데, 아마도 시점이 좋지 않다 보니 이렇게 원망 섞인 피드백을 받게 되었다고 말하며 현실을 부정하는 것이다. 그러면서 지금 서베이를 다시 한다면 이보다 훨씬 좋은 결과가 나올 것이라고 자신하는 이들이 많다.

이 단계를 지나고 나면 ③ 인정 단계로 접어든다. 과거 자신이 옳다고 믿었던 행동들이 지금 생각해보면, 멤버들을 이끌기에는 맞지 않았다든지, 자신의 사고가 항상 옛날에 머물러 있어서 집에서도 회사에서도 가끔 문제가 되는 경우가 있었다는 식으로 스스로 인정하는 단계에 서서히 진입하게 된다.

마지막으로 가장 중요한 네 번째는, 어떤 모습으로 변할 것인가에 대한 ④ 행동 개선에 대한 의지 표명의 단계이다. 문제는 이 단계에서 미묘한 감정의 기류가 조금씩 발생한다는 점이다. 동료들의 평가를 나를 위한 진심 어린 충고로 받아들이며 감사의 마음을 담아 복귀 후의 모습을 그리는 사람들이 절반, 나를 비판한 동료들에 대한 분노를 가라앉히지 못하고 그들에 대한 복수를 포함한 개선책을 그리는 이들이 절반이다. 후자의 부류 중에 아까 D기업의 인사팀장이 들어가 있는 것이다.

그렇다면, 이런 차이는 어디에서 발생하는 것일까? 분노가 사그라들지 않는 경우는 대부분 장점에 대한 인정은 거의 없이 단점에 대한 지적들로만 가득한 경우가 많다. 인간이 신이 아닌 이상 모든 것이 완벽할 수는 없다. 같이 일하는 동료들로부터 좋은 점에 대한 칭찬은 거의 없이 무조건 잘못하고 있다는 비난의 목소리만 듣게 된다면 마음에 새겨진 상처가 쉽게 아물기는 힘들 것이다. 그러다 보니 본인 또한 '그래? 그렇게 생각한다면 나 또한 나를 싫어하는 너희들과 굳이 같이 일하고 싶은 마음은 추호도 없어! 나를 알아주고, 나를 좋아하는 멤버들로 팀을 꾸려서 이번에는 정말 제대로 한번 멋지게 해볼 테야!'라는 생각을 하게 되는 것이다.

이런 생각을 방증하는 듯한 연구논문이 있어 소개해본다.

하버드경영대학원 박사과정에 있는 폴 그린은 동료연구원인 프란체스카 지노, 브래들리 스타츠와 함께 투명한 동료 평가 제도를 운영하는 한 회사의 현장 자료를 연구했다고 한다.(《HBR》, 2018년 1월호)

그들이 연구대상으로 삼은 회사는 300명의 직원에게 스스로 직무를 규정하고, 함께 일할 사람을 선택할 재량권을 줬다고 하는데, 같이 일할 동료를 선택하는 과정에서 동료로부터 비판적 평가를 받은 직원들의 경우 자신을 좀 더 긍정적으로 평가해줄 사람을 선택하는 경향을 뚜렷이 보여주었다고 한다.

다음은 연구를 주도한 폴 그린의 말이다. "같이 일을 안 해도 되는 재량권이 있는 경우, 부정적 피드백을 받은 사람은 보통 그 관계를 벗어나려고 합니다. 같이 일을 해야만 한다면, 부정적인 피드백을 상쇄하기 위해 조직 안에서 맺을 다른 사람을 찾아 나섭니다. 그들은 다른 부서나 다른 사무실 사람들과 더 친하게 지내려고 하는데, 이런 현상을 '칭찬쇼핑'이라고 합니다."

그렇다. 사람들은 다양한 동기로 일한다. 직원들에게는 '나를 가치 있는 존재로 느껴야 한다'와 '나를 개선해야 한다'라는 2가지의 대립적 동기부여가 필요하다. 컨설팅 현장에서 관리자들을 대상으로 개별인터뷰를 할 때가 많은데, 그들에게 "스스로에 대해 느끼는 중요한 가치에 대해 이야기해주실 수 있나요?"라는 질문을 던지면, 그들은 정말 신나게 자신들의 업적에 대해 자랑을 한다. 그리고 자신의 단점이나 개선점에 대해서도 이야기를 꺼낸다. 이런 모습을 보면서 동료 평가의 효율성을 높이기 위해서는 '가치의 인정'도 동시에 이루어져야 한다는 생각을 항상 갖게 된다.

나는 기회가 있을 때마다, "필요 없는 사람은 없다. 다만 쓰임새가 맞지 않을 뿐이다"라는 말을 많이 한다. 예를 들면, 저 사람이 가진 재능은 사람들과 만나 수다를 떨면서 폭넓은 인간관계를 형성하는 것인데, 조직에서 요구하는 업무가 자료조사와 보고서 작성이라면 이렇게 맞지 않는 업무에서 좋은 결과를 얻기는 힘들 것이다. 이는 무능력자로 낙인찍히는 결과로 이어지기가 쉽다.

"너의 장점과 재능은 이런 부분에 있지만 현재 회사가 처한 현실 때문에 훌륭한 재능이 발현되지 못하고 있어 정말로 안타깝다"는 공감의 말을 전하고, 좋지 않은 결과에 대한 공유와 앞으로의 필요행동에 대한 논의가 이루어져야 하는데, 대부분은 단점에 대한 공격으로만 피드백이 이루어지고 있으니 분노가 가시지 않는 것이다.

이는 다면평가의 원래 취지가 아니다. 앞에서처럼 다면평가 본래의 취지를 생각하면서 평가와 연수를 계획해야 하는데, 현장에서는 엉뚱한 방향으로 가는 기업이 적지 않다. 지금이라도 같이 일하는 동료로부터의 평가가 당사자의 올바른 행동개선으로 이어질 수 있도록, 그 사람의 장점을 먼저 보는 접근 방식이 중요시되었으면 하는 바람을 담아 다면평가의 본질에 대해서 정리해보았다.

11
성실한 배우자를
만나라

    고객사의 리더들에게 조직관리를 위한 효율적인 관리방안을 제시해주고, 그들이 이끄는 멤버들의 사기진작을 위한 다양한 스킬을 전수해주는 일이 내 주요업무 중 하나다. 이런 일을 하기 위해 가장 먼저 하는 일이 리더들의 현재 수준을 알아보기 위한 리더십 진단이다. 그 과정에서 가끔은 생각지도 못한 황당한 보고서를 마주하게 되는 경우도 있다. 그럴 때면 어떤 방향으로 해당 주인공에게 피드백을 해주어야 하는지 고민에 빠지게 되는데, 얼마 전에 있었던 모 기업의 간부 리더십 연수에서도 이와 비슷한 사건이 하나 발생했다.

    고객사 간부들을 대상으로 한 리더십 연수를 준비하는 과정에서 어느 부장의 서술형 평가란에서 "가정에서 받는 스트레스를 부하직원들에게 풀지 말았으면 좋겠습니다" "집안일은 집안에서 해결해주시기 바랍니다" "집에 들어가기 싫다고 우리까지 늦은 귀가를 강요하는 건 옳지 못한 행동이라고 생각합니다" 등과 같은 가정사로 고민하고 있는 어느 부서장의 피드백시트를 접했던 것이다.

그 회사 내부에 평소 잘 알고 지내던 지인이 있어서 구체적인 내용은 생략하고 문제로 지목된 부서장에 대해 물어보았다. "그 친구 원래 그렇지 않았는데, 요새 문제가 많습니다. 들리는 소문에 의하면 최근 부인과 사이가 좋지 않아서 따로 나와서 생활하고 있다는데, 아무튼 요새 부하직원들과도 마찰이 심하고, 술 냄새를 풍기면서 출근하는 날도 적지 않습니다. 사내에서도 좋지 않은 소문이 돌고 있어서 주목하고 있는 중입니다"라는 답변이 돌아왔다.

가화만사성이라는 한자성어가 생각이 나는 대목이다. 가정은 공동생활이 이루어지는 최소 단위이자 사회생활의 출발지이기 때문에 가정이 화목하지 않으면 사회생활 또한 어려워질 수밖에 없다. 물론 부인과의 사이가 좋지 않거나 혼자 사는 사람들 모두가 이런 비관적인 평을 받고 있는 것은 절대 아니다. 내가 아는 어떤 후배는 성격 차이로 인해 혼자 살고는 있지만 조직 내부에 그 누구도 눈치채지 못할 정도로 평소와 다름없는 성실한 생활을 계속 유지하고 있기 때문이다.

개인의 사생활에 대해 말하려고 하는 것은 아니다. 부부 사이가 좋든 나쁘든, 자녀가 방탕한 생활을 하든 말든, 그건 어디까지나 개인사이기 때문에 그런 것에 관여하는 것은 옳지 않다고 생각한다. 그러나 복잡한 개인사를 가진 인물과 같은 부서에서 일하는 것은 가급적 피하고 싶은 것이 솔직한 심정이다. 이유는 개인의 불행하거나 복잡한 가정사가 조직에도 영향을 끼칠 확률이 상대적으로 높기 때문이다. 이렇게 생각하는 이유는 사실 나 또한 그런 환경에서 수년간 괴로운 직장생활을 한 경험이 있어서다.

아주 오래전, 주니어 직급을 달고 직장생활을 하던 때에 이상한 상사를 만나 심한 고초를 겪었던 시기가 몇 년 있었다. 당시 우리 부서를 이끌었던 실장은 업무 면에서만 본다면 추진력이 있고 기획력도 뛰어나서 참 배울 점이 많은 분이었다. 그런데 생활적인 면에서는 100점 만점에 10점을 줘도 아까울 정도로 후배들에게 정말 많은 욕을 먹었다. 그 이유는 너무 늦은 퇴근 시간 때문이다. 지금이야 팀장이나 부서장이 몇 시에 퇴근하건 전혀 아랑곳하지 않고 사무실을 나서는 직장인의 모습이 전혀 어색하지 않지만, 20년 전만 해도 부서장이 퇴근하지 않고 사무실에 남아 있으면 먼저 자리에서 일어나기가 여간 쉽지 않았다. 부득이 일이 있어 먼저 퇴근해야 하는 상황이 발생하면, 조용히 부서장에게 다가가 "부장님, 죄송하지만 약속이 있어 먼저 퇴근 하겠습니다"라고 양해를 구하고 사무실을 나서는 문화가 일반 적이었다.

그런 시절이다 보니 퇴근시간을 한참 넘기고도 퇴근하지 않고 책상을 지키고 있는 실장이 부하직원들 눈에 좋아 보일 리가 없었던 것이다. 아무도 먼저 퇴근하겠다고 자리에서 일어서는 사람이 없었다. 가끔은 "나 신경 쓰지 말고 먼저 퇴근하라"는 말을 던지기는 했지만, 그 말을 곧이곧대로 믿고 퇴근했다가는 다음 날 엄청난 보복을 경험해야만 했다. 나 또한 초기에 그분에 대해 잘 파악하지 못하고 "먼저 퇴근하라"는 말을 곧이곧대로 믿고 일찍 나섰다가, 한동안 눈물이 쏙 나올 정도의 업무 보복에 시달린 경험이 있다.

처음에는 그분이 일 때문에 퇴근을 못하고 회사에 늦게까지 남아 있는 것이라고 생각했다. 나뿐만 아니라 모두가 그렇게 생각했다. 그러나 우리는 아주 우연한 기회에 왜 퇴근시간을 한참이나 넘기고서도 사무실에서 뭉그적거리며 집에 가려고 하지 않은 것인지, 그 진실을 알게 되었다.

사람들은 술에 취하면 감추어둔 진실의 창을 무의식중에 여는 경우가 가끔 발생하곤 하는데, 바로 이날이 그런 날이었다. 원래 술을 잘 하지 않는 분이었는데, 새로 들어온 신입사원이 권하는 소주를 몇 잔 마시더니만 그동안 감추어둔 본심을 드러내기 시작했다. 결론부터 말하면, 늦게까지 회사에 남아 있었던 이유는 부인 때문이다. 부부 사이가 좋지 않다 보니 집에 가기가 싫었던 것이다. 결과적으로 우리는 부인 때문에 집에 들어가기 싫었던 그분의 인질이 된 셈이었다.

부서장의 인질이 되어 괴로운 시절을 보낸 이후로, 나는 조직 개편이 있거나 부서 이동으로 상사가 결정되면 그의 업무능력보다는 사모님은 어떤 분인지, 얼마나 화목한 가정생활을 영위하고 있는지에 포커스를 맞추는 이상한 버릇이 생겨났다. 마찬가지로 후배나 신입사원을 받을 때에도 어떤 가정에서 자랐는지를 먼저 고려하는 습관이 형성되었다. 이는 화목한 가정을 일구고 있는 선배나 후배와 함께 일하는 것이 나에게도 큰 도움이 되었기 때문이다. 나만 그렇게 생각한 건 아니었던 모양이다. 최근 이런 생각을 뒷받침해주는 의미심장한 자료가 하나 발견되어 여기에 소개해보고자 한다.

미국 워싱턴대학의 브리트니 C. 솔로몬과 조슈아 J. 잭슨 교수는 호주에 있는 수천 가구에서 수집한 자료를 바탕으로 배우자의 성격적 특성이 사람들의 직장생활에 끼치는 영향을 분석했다. 『*The Long Reach of One's Spouse: Spouse's Personality Influences Occupational Success*』라는 책에서 연구자들은 인간의 성격을 이루는 5가지 요소인 '상냥함, 성실함, 외향성, 개방성, 민감성'이 자신과 배우자의 직장생활에 어떤 영향을 끼치는지 연구했다.

책에 있는 내용을 인용해서 설명하자면, 직장인이 업무 성과를 내는 데 중요한 도움을 주는 배우자의 유일한 특성은 성실함이며, 이는 직장인의 성별이나 본인의 성실도와는 무관하게 소득, 승진, 직업 만족도에 기여한다는 사실을 밝혀냈다.

금전적 기준으로 설명하자면 배우자의 성실도가 평균 수준보다 표준편차가 1만큼 증가할 때마다 연간 4,000달러의 소득 증가를 기대할 수 있는 것으로 보았으며, 승진과 관련해서도 성실도가 아주 높은 배우자(평균보다 표준편차의 2배만큼 높은)를 둔 직장인이 그렇지 않은 경우(배우자의 성실도가 평균보다 표준편차의 2배만큼 낮은)에 비해 승진할 확률이 50% 이상 높은 것으로 조사되었다고 보고했다.

연구자들은 이와 같은 자료를 발표하면서 '배우자의 성실함이 직장생활의 성공에 이렇듯 크게 영향을 끼치는 이유'에 대해 다음과 같이 분석했다.

첫째, 성실한 배우자는 잡다한 집안일의 많은 부분을 처리해줌으로써 자신의 파트너가 직장 일에 집중하거나 재충전을 할 수 있도록 도와준다.

둘째, 성실한 배우자를 가진 사람은 대체로 결혼생활에 만족을 느끼며 따라서 자신의 일에 보다 많은 정신적 에너지를 투입할 수 있다.

셋째, 성실한 배우자를 둔 직장인은 배우자의 근면한 습관을 따라가는 경향을 가지고 있으며 그런 모방이 직업 만족도와 승진 가능성에 긍정적으로 작용한다.

"행복한 가정은 모두 엇비슷하고, 불행한 가정은 불행한 이유가 제각기 다르다."

소설 『안나 카레니나』의 첫 페이지에 실려 있는 말이다. 잘되는 집 안은 다들 비슷하게 근심이 없고 건강하며 화목하지만, 안되는 집 안은 애정이든 금전이든 자녀든 천차만별의 이유로 불행해진다는 말이다. 안되는 집안은 아무리 재물이 많아도 부모형제 간의 싸움이 그칠 날이 없지만, 행복한 집 안은 아무리 돈이 없어도 따뜻한 웃음과 행복한 미소가 서로의 입가에서 떠나지 않는다는 말로도 해석되어 쓰이고 있다.

직장에서도 마찬가지다. 잘되는 회사는 모두가 행복한 표정을 지으며 자신의 일에 열중하는 직원들이 많은 반면, 안되는 회사는 불만 가득한 표정과 짜증나는 얼굴로 억지로 업무에 임하는 직원들이 많다. 지금까지 우리는 그 이유에 대해 회사나 자신의 업무 자체에 대한 불만에서 기인한다고 생각해왔다. 물론 틀린 말은 아니다. 하지만 나는 거기에 더해 직원 개개인의 가정사도 중요한 역할을 하고 있다는 말을 덧붙이고 싶다. 가정에 문제가 많은 직원은 사소한 일에도 쉽게 짜증을 냈고 동료들과의 인간관계에서도 상당히 문제가 많았지만, 가정이 행복한 직원은 모든 것에서 여유로웠고, 어지간해서는 화를 내지 않았으며 관대하게 행동하고 무엇보다도 사랑이 넘쳐났다.

아마도 자신이 받은 사랑을 자연스럽게 주변에 발산하는 경향이 있어서 그렇지 않나 추측해본다. 아무튼 부모의 성실함이나 배우자의 성실함은 조직생활을 하는 본인에게 있어서도 상당한 영향을 끼치고 있음은 부인할 수 없는 사실이다.

12
상사에게 쉽게 OK를 받는 방법

조직의 정점에서 보고받는 위치에 있다 보면, 보고하러 들어온 부하직원이 누구냐에 따라 10분 만에 끝날 보고가 1시간을 끄는 경우도 있고 반대로 1시간을 예상한 보고가 단 10분 만에 끝나는 경우도 있다. 물론 안건이나 사안이 갖는 경중에 따른 차이도 보고시간의 길이를 결정하는 중요한 요인이지만, 그보다는 보고하러 들어온 사람이 누구냐에 따른 개별 성향이 보고시간의 길이에 더 큰 영향으로 작용할 가능성이 높다. 왜냐하면 보고 사안의 경중은 보고나 결재를 받기 전에 이미 어느 정도 파악이 된 사항이기 때문에 보고시간의 결정에 이미 반영되어 있다고 볼 수 있기 때문이다.

따라서 사전에 1시간의 미팅을 갖기로 약속했다는 것은 그 정도의 시간을 들여서 이야기해야 할 가치가 있는 주요 사안이라는 증거이며, 반대로 10분 정도의 미팅을 갖기로 했다는 것은 내용의 경중이 미미하여 간단한 스탠드미팅으로도 충분히 끝날 가능성이 높은 소소한 안건이라는 의미를 내포하고 있다. 이렇게 안건의 중요도가 미리 미팅 시간에 반영되어 있기 때문에 예정된 시간에 변동이 생긴다는 것은 미팅 안건의 영향이라기보다는 보고하는 사람이 끼치는 개인별 특성에 의해, 예상치 않은 변수가 작용하여 시간의 변동이 생겼을 가능성이 높은 것이다.

내가 직접 경험했던 일에 비추어보더라도 나름대로 내 논리에 일리가 있음을 스스로 확신할 수 있다. 백인백색이라는 말이 있다. 말 그대로 똑같은 사람이 없다는 사실은 지금 주변에 있는 사람들만 둘러보더라도 쉽게 수긍할 수 있는 '만고불변의 진리'라고 말할 수 있다. 이런 만고불변의 진리를 나는 아주 오래전에 직접적인 경험을 통해 확실히 머릿속에 담을 수 있었다. 짧은 기간 근무했던 어느 중견기업에서의 현장 경험은 부서장과 부서원 사이의 궁합이 얼마나 중요한지를 깨우치게 해준 소중한 자리가 되었다. 당시 상황을 소개하면 대략 다음과 같다.

우리 부서에는 7명 정도의 팀원들이 부장급 실장을 모시고 일을 했다. 나를 제외한 6명이 각자 성격이나 일하는 스타일이

다르다 보니 실장과 주고받는 대화의 분위기에 각자 큰 차이가 있었다. 시간이 흐르다 보니 상사와 부하직원 사이에 묘한 궁합('상사와 부하직원의 성격 적합도'라고 표현해도 좋겠다)을 체감하는 일이 꽤 많이 생겼다. 중간에 어중간하게 낀 멤버들은 별로 생각나지 않지만, 극과 극을 달릴 정도로 정반대 성향이었던 A대리와 B과장은 지금도 꽤나 생생한 기억으로 남아 있다.

우선 가장 먼저 생각나는 인물은 A대리다. 부서장인 강인덕(가명) 실장의 의중을 가장 잘 알고 있는 심복 중의 심복, 소위 말해 최측근으로 통하는 친구였다. 사는 곳도 실장이 거주하는 곳과 가까워 어떤 때는 실장 차의 조수석에 자리를 잡고 앉아, 운전하는 실장을 대신해서 부서 직원들에게 전화로 지시를 내리는 경우도 많았다. "실장님이 오늘까지 보고서 제출하라고 지시를 했다는데 작업은 다 끝난 거야?"라고 실장 대신 전화를 걸어 작업의 진척 여부를 묻는 경우도 드물지 않았다.

부서 사람들에게는 다른 어떤 멤버들보다도 이 친구가 가장 중요한 핵심멤버가 아니었나 하는 생각이 든다. 거기에는 크게 2가지 이유가 있었는데, 하나는 업무와 관련된 내용이고 다른 하나는 정식업무 외의 비공식 모임 때문이다.

나를 포함해서 다른 멤버들도 실장에게 보고할 내용이 항상 100% 합격점을 받을 만한 수준의 자신만만한 내용만 들어 있는 것은 아니었다. 위에서 바라는 내용이 내가 의도한 것과는 다르게 나와서 어떻게 보고서를 작성해야 할지 고민할 때도 많았고 때로는 자료분석을 위한 시간이 부족해서 내용이 부실한 경우도 적지 않았다. 이런 때는 꼼꼼하고 불같은 성격의 실장에게 여지없이 지적당할 확률이 거의 100%였는데, 바로 이런 상황에서 A대리를 활용하면 아무 문제없이 조용히 넘어갈 수 있었다. A대리는 실장에게 어떤 식으로 의견을 피력하면 아무 문제없이 넘어가는지를 누구보다도 잘 알고 있었기 때문이다. 실장과 개인적으로 가깝다는 이점도 있었지만 구사하는 언어나 전달방식도 상당히 센스 있고 눈치도 빠른 친구였다.

비공식 모임 자리에서도 마찬가지였다. 말이 좋아서 '비공식 모임'이지 솔직히 말하면 저녁회식이나 주말 등산을 지칭하는 것인데, 이런 모임들은 대개 윗사람이 선호하는 요일이나 장소로 결정할 수밖에 없다는 것은 직장생활을 하는 사람이라면 누구나가 공감할 것이다.

이런 경우에도 A대리를 활용하면 우리의 기억 속에 좋지 않은 인상을 남겨준 장소는 충분히 배제할 수도 있었고, 심지어 우리가 원하는 요일이나 장소로 결정나게 할 수도 있었다. 그 정도로 A대리는 우리에게 꼭 필요한 없어서는 안 되는 핵심멤버 중 하나였다고 볼 수 있다. 물론 업무처리 능력도 중간 이상이었다. 그 정도는 되어야 실장 눈에 들었을 테니까 말이다.

두 번째 인물은 반대로 사사건건 실장과 대립각을 세웠던 B과장이라는 사람이다. B과장은 굉장히 이성적이고 논리적이었는데 바로 이런 점이 실장의 심기에 거슬리는 요인으로 작용했다. B과장이 실장과 함께 미팅에 들어오는 날이면 원래 1시간으로 예정된 회의시간이 2시간을 넘는 경우가 적지 않았다. 이유는 주로 B과장 때문에 발생했다. 자기주장을 무척이나 논리 정연하게 전달하는 스타일이라서 듣는 사람의 심기를 상당히 건드리는 내용이 포함되어 있는 경우가 많았다. 보고 받는 사람의 기분이나 상황은 전혀 고려치 않고 제로베이스에서 있는 그대로 자신이 조사하고 작성한 내용을 말하기 때문에 그 내용이 실장이 원했던 내용과 배치되는 경우에는 큰 논쟁으로 번지기도 했다.

그럴 때마다 실장이 항상 내뱉는 말이 있었다. "저 ××는, 틀린 말은 아닌데, 정말 싸가지 없이 말을 한단 말이야!" 사실이 그랬다. 모두가 공감하는 실장의 멘트였다. 하는 말마다 사실에 기반해서 정말 그럴듯한 논거가 뒷받침이 된 합리적 의견이라는 생각은 들지만, 왠지 모르게 듣는 사람의 기분을 살짝 건드리는 주장이 많았다. 지금은 작가로 전향했지만, 한때는 대한민국 국민이 가장 신뢰하는 정치인이라는 말을 들었던 유시민 작가가 정계 입문 초기에 고 김대중 대통령으로부터 받은 평도 비슷했다고 한다. "맞는 말인데 참 싸가지 없이 말하는 재주가 있단 말이야!"라는 말은 한때 세간에 회자되던 유명한 유행어이자, B과장에게도 딱 들어맞는 말이다.

갑자기 옛날이야기를 떠올리며 상사와 부하직원의 궁합에 대해 장황하게 글을 쓴 이유가 있다. 얼마 전에 읽은 「이슈셀링」이라는 연구논문이 생각이 났다. 수전 J. 에시퍼드 미시간대 로스경영대학원 조직학과 교수와 제임스 디터트 코넬대 존슨경영대학원 조직학과 교수가 공동으로 저술한 「이슈셀링」이라는 논문(《HBR》, 2015년 1월호)에 따르면, 조직 내에는 상사에게 쉽게 OK를 받아내는 직원과 항상 상사의 화를 돋우는 직원이 동시에 공존한다고 한다.

그중에서도 상사에게 심리적 안도감을 안겨주어 결국에는 본인이 의도한 대로 의사결정이 이루어지게끔 유도하는 직원들에게는 공통된 특징이 있는데, 항상 다음 7가지의 질문들에 대해 자문자답하는 습관을 가지고 있다는 것이다.

첫 질문은 "내가 설득할 대상은 이 문제에 관해 어떤 입장인가?"에 대해 스스로에게 질문을 던지는 것이다. 우선 질문의 내용에 대해 가다듬기를 하는 것이다.

두 번째는 자신이 보고하고자 하는 이슈를 조직의 틀에 맞추어서 생각해보는 것이다. '내가 제기할 이슈를 조직의 우선 사항과 어떻게 연결시킬 수 있을까?'를 가지고 생각해보는 것이다. 내 주장의 장점을 가장 잘 설명할 수 있는 방법은 무엇이고 우리 조직에 어떤 기회가 생길지에 대해 어떤 식으로 강조하면 좋은지를 스스로에게 물어보는 것이다.

세 번째는 감정 조절하기다. 보고대상자뿐 아니라 보고를 하는 나의 감정도 고려하면서 정서적 반응을 어떻게 컨트롤하면 좋을지를 생각해보는 것이다.

네 번째는 타이밍이다. 의사결정 과정에서 이슈를 부각시킬 적절한 순간을 찾기 위한 질문이다.

다섯 번째는 협조를 구하는 것이다. 내가 가진 인맥 중 어떤 사람들이 이슈를 알리는 데 도움을 줄 수 있으며 그들을 어떻게 효과적으로 끌어들일 수 있을지에 대한 연구다.

여섯 번째는 보고 형식이다. 격식을 갖춘 공식적인 자리에서 보고하는 것이 효과적일지, 아니면 상사와 나만이 함께하는 비공식적인 개인적인 공간에서의 보고가 더 나은지에 대해 질문을 던져보는 것이다.

마지막 일곱 번째는 해결책 제시다. 단순히 문제점만 부각시키는 것이 아니라 해결책도 동시에 제시함으로써 대안도 마련해주어야 한다는 것이다.

이상 7가지 질문이 그들이 논문에서 밝힌 '상사에게 편안한 심리적 안도감을 주어 결국 본인들이 원하는 방향으로 의사결정이 이루어지게끔 유도하는 사람들의 특징'이라고 한다.

나 또한 마찬가지다. 보고와 결재 때문에 내 방에 들어오는 직원들 중에는 앞에서 언급한 A대리나 B과장 같은 스타일도 있고, 여기에는 언급하지 않았지만 교과서처럼 행동하는 무색무취 스타일로 행동하는 직원들도 있다.

A대리 스타일을 가진 친구는 여기서 말하고 있는 이슈 셀링이 잘 훈련되어 있는 탓에 아무리 복잡하고 어려운 문제를 가지고 이야기해도 서로 얼굴 붉히는 일이 거의 없을 뿐 아니라 현명한 판단을 하게끔 나를 동기 부여시켜주는 좋은 장점을 가지고 있다.

반대로 B과장 같은 스타일의 직원에게 보고를 받으면 이상하게 거북한 느낌이 들 때가 많다. 그렇다고 그의 말이 틀린 말은 아니기 때문에 대부분 그의 의견대로 진행이 되기는 하지만, 별로 내키지는 않는 것이 본심이다.

지금 생각해보면, 실장과 코드가 가장 잘 맞았던 A대리가 여기서 언급한 이슈 셀링에 가장 능숙하지 않았나 하는 생각이 든다. 여기서 말하는 코드가 잘 맞았다는 표현은 이슈 셀링을 상당히 잘했다는 뜻이지, 상사의 기분에 맞춰서 영혼 없이 행동했다는 뜻은 아니니 절대 오해 없기를 바란다.

앞에 나열한 이슈 셀링의 질문들을 읽어보면서 나는 과연 얼마나 상사의 지지를 이끌어내게끔 보고하고 있나 하는 질문을 스스로에게 던지는 계기가 되었으면 하는 바람을 가져본다.

13
생각의 틀에서
벗어나라

똑같은 사물을 두고도 어디서 보느냐, 어떻게 생각하느냐에 따라 그 해석은 천차만별이다. 이유는 고정관념이 작용하고 있기 때문이다. 고정관념이 얼마나 우리의 행동반경에 뿌리 깊게 작용하고 있는지를 비유적으로 표현하는 것 중에 '아프리카 신발 장수' 이야기가 있다.

내용은 대충 이렇다. 신발 장수 2명에게 아프리카에 가서 신발을 팔라고 주문을 했다고 한다. 평소 관습에 얽매이는 것을 싫어하며, 모든 사물에 대해 호기심을 가지고 접근하던 A는 '아프리카에는 신발을 신은 사람이 없으니 모두가 내 고객이다'라고 생각하며 기뻐한 반면, 새로운 도전에 항상 거부감을 가지고 있던 B는 "아프리카 사람들이 신발을 살 리가 없다"라는 말로 처음부터 포기했다고 한다. A와 같은 혁신적 마인드로 고정관념의 틀에서 벗어나 남들이 보지 못한 새로운 세상을 만든 두 인물을 지금부터 소개하고자 한다. 알리바바의 창업자 마윈 회장과 전 함평군수 이석형의 이야기다.

2017년 11월 11일 24시, 중국판 블랙프라이데이인 광군제 행사의 종료를 알리는 숫자가 전광판에 표시되자, 중국 최대 전자상거래업체인 알리바바의 미디어센터가 있는 상하이엑스포 내 대형 전광판에는 '1,682억 위안(약 28조 2,912억 원)'이라는 금액이 붉은색으로 표시되었다. 이는 알리바바의 온라인쇼핑몰에서 이날 하루 동안 판매된 총 거래금액이다. 2016년의 1,207억 위안(약 20조 3,017억 원)보다 39.3% 늘어난 수치다.

해외에서는 '싱글스데이'로 이름이 알려진 중국의 광군제 거래액은 처음 온라인 행사가 시작된 2009년 5,000만 위안으로 시작해서 비약적인 성장을 거듭하며 급기야 2017년에는 28조 원을 돌파했다. 단일 쇼핑몰 하루 거래액이 28조 원을 넘어서는 일이 벌어진 것이다.

다음 페이지에 나오는 그래프는 매년 증가하는 싱글스데이의 거래액을 나타내는 도표인데, 보는 바와 같이 매년 갱신되는 금액의 수치가 보는 이의 눈을 의심케 한다.

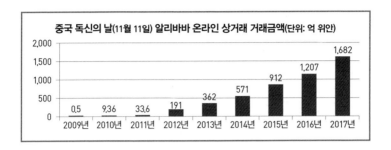

중국 독신의 날(11월 11일) 알리바바 온라인 상거래 거래금액(단위: 억 위안)

원래 싱글스데이는 1993년에 난징대학의 솔로인 학생들이 모여 서로 위로하기 위해 선물을 주고받는 행사에서 유래되었는데, 급속도로 타 지역의 학생들에게까지 전파되었다고 한다. 이런 독신들의 단순한 선물교환 행사를 모두가 별 관심을 갖지 않았지만, 알리바바의 마윈 회장은 달랐다.

난징대학 내의 자그마한 행사였던 '독신자의 날' 행사가 시작된 지 16년이 지난 2009년, 마윈 회장은 '독신자의 날에는 물건을 사면서 외로움을 달래야 한다'는 슬로건과 함께 혼자 사는 사람들에게 쇼핑의 즐거움을 선사하고 싶다는 명분 아래 '쌍스이'라는 이름으로 자사 사이트에서 취급하는 모든 제품에 대해 할인판매를 시작했다.

이렇게 시작한 할인 행사는, 첫해 5,000만 위안으로 시작해서 2017년 1,682억 위안, 우리 돈으로 28조 원대의 규모로까지 성장했다. 이 모든 것이 남들과는 다른 관점에서 사물을 바라본 마윈 회장의 관찰력 덕분이라고 말할 수 있다.

마윈 회장처럼 남다른 집중력과 호기심으로 아무도 모르던 대한민국의 낙후된 시골 함평을 세계인들의 머릿속에 각인시킨 지방 공무원이 있다. 지금은 산림조합중앙회 이사장으로 자리를 옮긴 이석형 전 함평군수가 바로 그 사람이다.

전라남도 함평군은 산업자원, 관광자원, 천연자원이 전무한 '3무의 고장'으로 유명했다. 그가 군수로 취임한 1998년도만 하더라도 전국 85개 지자체(군 단위)에서 재정자립도가 84위를 기록했을 정도로 전국에서 가장 가난한 자치단체 중 하나였다. 관광, 산업, 자원 그 어느 것 하나 상품화할 만한 것이 없는 가난한 시골에서 이석형 군수가 생각해낸 아이디어는 사람들을 끌어모을 수 있는 축제였다.

군수가 되기 전 방송국 프로듀서로 일하며 세계를 누비던 시절 그는 조그만 시골 지역에서 펼쳐지는 페스티벌에 관심이 많았다고 한다. 그는 이런 이벤트로 타지 사람들을 끌어모으는 것만이 낙후된 함평을 살리는 유일한 길이라고 생각하고 아이템을 고민하기 시작했다. 함평이라는 순수 자연의 이미지에 어울리는 아이템을 선정하기 위해 몇 달을 고민한 끝에 그는 '나비'를 생각해냈다.

그러나 함평에는 나비가 없었다. 없는 나비를 공수하기 위해 이석형 군수는 제주도로 날아갔다. 추운 겨울 제주도에서 잡아온 100마리의 배추흰나비를 온실에서 10만 마리로 번식시키는 데 성공하고, 사회적 인지도가 높은 유명 인사와 지역 유지들에게 편지를 보내 그들과 함께 1999년 4월 '함평 나비축제'를 개최하기에 이른다. 시간이 지나 점차 이름이 알려지면서 많은 사람이 밀려온 덕분에 함평을 대표하는 한우와 무공해 쌀이 덩달아 팔리는 부수적인 효과도 생겼다.

그 후로도 다양한 이벤트와 각양각색의 곤충 식물 전시가 더해지면서, 급기야 2017년도에는 입장객수 30만 593명(연간 입장객 200만 명), 입장료 수입 9억 8,200만 원을 기록하는 거대한 축제로 성장했다. 우후죽순 격으로 생겨난 지역축제는 돈 먹는 하마라는 인식이 강하지만 함평 나비축제만은 예외였다. 지역 홍보는 물론이거니와 돈까지 벌어주는 축제로 발전했다. 특히 행사장 내의 지역특산물 판매액이 10억 9,100만 원을 기록할 정도로 군민 모두에게 소득이 돌아가는 효자 축제로 자리 잡았다.

함평 나비축제는 2008년 세계 나비곤충 엑스포를 기점으로 세계적인 축제로 이름이 알려지기 시작했다. 또한 교과서에도 이름이 오를 정도로 대표적인 대한민국 지역축제로 확실한 자리매김을 하게 된다. 관람객들의 입장 수입은 물론이거니와 군민이 직접 생산하고 판매하는 지역특산물 코너는 큰 수입원이 되고 있다. 뿐만 아니라 축제기간 전국에서 모여든 수많은 관광객으로 인해 인구 3만의 함평은 매년 수십억 원의 매출을 올리는 부자 동네로 탈바꿈하게 되었다.

나는 개인적으로 '싱글스데이'와 '함평 나비축제'의 성공은 'Out of Box'의 개념이 주효했다고 생각한다. 세계적인 경영석학인 게리 하멜 런던비즈니스스쿨 교수와 C. K. 프라할라드 미시간대 경영학 교수는 이를 증명하는 실험 하나를 1996년에 발표했는데, 내용은 이렇다.

두 교수는 천장에 바나나를 달아놓고 원숭이가 점프해서 먹게 했다. 점프에 성공하면 맛있는 바나나를 먹을 수 있지만 실패할 때는 물세례를 맞게끔 장치를 고안한 것이다. 처음에는 비교적 높이를 낮게 설치해서 바나나를 쉽게 얻을 수 있게 하다가 점점 높이를 높여 실패가 많아지도록 설계했다. 그런데 물세례를 맞는 일이 많아지면서 원숭이들이 점프를 시도하는 일이 줄어들었다. 급기야 아무도 바나나를 먹으려는 시도조차 하지 않더니, 나중에는 새로 투입된 원숭이가 바나나를 먹으려고 점프하자, 기존의 원숭이들이 말리기까지 했다. 결국 새로 온 원숭이는 물세례를 경험해보지도 않고 바나나를 먹으려는 시도조차 하지 않게 되는 현상이 발생했다고 한다.

두 교수는 이를 가리켜 '부정 박스Negative Box 효과'라고 명명하면서, 조직의 만성화된 부정적 태도와 무기력이 얼마나 무서운지를 보여주는 상징적인 실험이라고 덧붙였다.

그들은 저서 『시대를 앞서는 미래경영전략』에서 "미래는 미래를 점치는 수정 구슬을 가진 이가 아니라 기성세력의 편향과 편견에 도전장을 낸 이의 것"이라고 말하며 정설을 부정하는 사람, 변혁하고자 하는 사람이 미래를 만들어간다고 주장했다. 과거의 성공, 현재의 위치나 기득권에 안주하지 않고 새로운 세상을 향해 과감히 나아가는 선도적인 사람들이 미래를 만든다는 이야기다.

알리바바의 마윈 회장은 누구나 아무 생각 없이 보던 '독신자의 날' 이벤트 행사를 온라인 쇼핑몰 최대의 기회로 탈바꿈시켰다. 처음에는 모두가 반대했다. 외로운 싱글들이 PC 앞에 앉아 자신을 위해 쇼핑을 하리라고는 상상하지 못했기 때문이다. 사람들은 집에서 외롭게 있느니 차라리 밖으로 나가 혼자서도 즐길 수 있는 야외 활동을 선호할 것이라고 생각했다. 설령 집안에 있더라도 심심함을 달래줄 수 있는 음악감상이나 독서 또는 게임 등을 좋아할 것이라고 생각했지 자신을 위해 돈을 쓰는 행위를 하리라고는 전혀 생각지 못했던 것이다. 쇼핑은 연인들끼리 주고받는 행위라는 고정관념에서 벗어나지 못한 직원들에게 마윈 회장은 'Out of Box'를 강력히 주문했던 것이다.

이석형 전 함평 군수가 나비축제를 기획했을 때도 상황은 마찬가지였다고 한다. 군수의 제안을 반대하는 사람이 줄을 이었던 것이다. 나비도 없을뿐더러, 설령 있다 하더라도 이런 시골에 그런 곤충 몇 마리 보려고 오는 사람은 절대 없을 거라고 모두가 생각했던 것이다. 하지만 이석형 군수는 'Out of Box'라고 생각하고 성공의 길을 만들었다. '없으면 가져오면 되지!' 하는 생각으로 제주도에서 나비를 공수해 오고, 이를 알리기 위해 유명 인사들을 찾아다니며 홍보대사로 위촉하고, 마을 주민들을 설득해서 지역축제 분위기를 조성한 끝에 지금은 세계적인 축제의 반열에 올려놓은 것이다.

조직의 미래는 바로 이런 사람들이 만들어가는 것이다. 남이 해놓은 것을 보고는 "이걸 누가 못해!" 하고 말하지만, 처음 이런 생각으로 접근하는 것 자체가 어려운 일이다. 하지만 그들은 과감히 고정관념에서 벗어나 상자 밖으로 나감으로써 위대한 족적을 남겼다. 혁신은 이런 사고에서 나오는 것이고, 세상은 이런 사람들이 만들어간다는 사실을 다시 한번 느껴본다.

PART 2

방향의 공유

'방향의 공유'는 MVC의 공유와 내재화를 의미한다. 즉 미션Mission-비전Vision-핵심가치Core Value가 조직 내부에 얼마만큼 잘 설정되고 내재화되어 있느냐의 문제다. 기업은 살아 있는 생명체와 같다는 말을 많이 한다. 그렇다면 사람처럼 "왜 존재하는지?" "존재의 의미는 어디에서 찾을 것인지?"와 같은 질문에 대한 답변을 항상 내놓을 준비가 되어 있어야 한다. 더 나아가 이 모든 것이 구성원들의 머릿속에 철저히 각인되어 있어야 한다.

01
조직력은
핵심가치에서 나온다

나는 인생은 마라톤이라고 생각한다. 늦게 시작한 사람도 남보다 더 빨리 결승점에 들어올 수 있으며, 빨리 출발했다 하더라도 남들보다 더 뒤처져서 들어오는 경우도 많이 보아왔기 때문이다. 빨리 시작했든 늦게 시작했든 중간 레이스가 꼬이지 않고 정상적인 흐름으로 최선의 노력을 다한다면 문제없이 결승점에 들어올 수 있다. 문제는 자기만족이다. 꼭 1~3등이 아니라도 최선을 다한 과정에 만족하고 시간 안에 결승점에 들어온 그 자체에 만족을 느낀다면 그것도 행복한 삶이기 때문에 꼭 1등을 고집할 필요는 없다. 여기서 중요한 건 결승점까지 가겠다는 의지이며 그곳으로 가는 과정에 있어서 최선을 다하는 행동의 표출이지 않을까 생각해본다.

　마라톤과 비유되는 인생의 교훈은 기업 현장에서도 마찬가지다. 한 가지 차이점이 있다면, 기업은 다양한 성격의 사람들이 모여서 일하는 집단 공동체의 현장이기 때문에 위에서 바라보는 목표점과 직원들이 바라보는 목표점이 같아야 한다는 점이다. 또한 목표점으로 가는 과정에서 필요로 하는 행동들이 함께 일하는 직장 동료들 사이에서도 공유되고 일치되어야 한다는 점도 개인 차원에서 일하는 것과의 큰 차이점이다. 같은 곳을 바라보면서 호흡을 맞춰 한 발 한 발 정면을 향해 몸을 움직이는 2인 3각 경기와 다를 바가 없다.

　같이 몸을 움직이는 동료가 나와 박자가 맞지 않거나 딴생각을 하거나 해서 스텝이 꼬이게 되면 여지없이 넘어지게 되어 있다. 설령 다시 일어난다 해도 급한 마음에 엉킨 스텝으로 이동하다 넘어지는 경우도 많으며, 다시 마음을 바로잡고 원점에서 시작한다 하더라도 한 번 꼬인 스텝을 맞추려면 시간이 꽤 걸린다. 때문에 협업의 어려움을 겪는 사람이라면 혼자서 일하는 것이 더 좋은 결과를 낼 수도 있다.

　대형 유통점에서 근무하다 갑자기 사업을 하겠다고 뛰쳐나와 큰 고민에 빠진 친구가 있다. 평소에도 자기 사업을 하는 것을 인생의 최종목표로 설정했던 친구인지라 언젠가는 독립을 할 것이라는 생각은 가지고 있었지만 시기적으로 너무 늦은 나이가 아닌가 싶어 걱정만 잔뜩 하고 있었는데, 갑자기 전화가 걸려왔다.

"기회를 찾고 있던 터에 좋은 아이템을 발견하지 않았겠어! 도와주는 사람들도 있고 해서 사업을 시작했는데, 쉽지가 않네. 나 혼자면 이까짓 것 문제도 아닌데…. 일하는 직원들 관리가 쉽지 않아. 모두가 자기 입장만 생각하면서 불만만 털어놓는지라 배가 산으로 가는 형국이야! 와서 조언 좀 해주지 않겠나?"

한번은 그 친구 회사의 어느 직원이 자신이 담당하는 대형 할인점의 목 좋은 곳을 분양받기 위해서 담당 MD에게 은밀한 거래를 제안했다가 일언지하에 거절당한 사건이 있었다고 한다. 할인점 측으로부터 경고를 받아서, 거래를 시도한 직원을 불러 왜 그런 쓸데없는 제안을 했느냐고 야단을 쳤는데, "수단 방법 가리지 말고 매출을 올리라는 사장님 말씀에 자존심도 죽여가면서 한 일인데, 수고했다고 격려는 못해주실망정 이렇게 야단을 치시니 서운합니다"라는 말을 남기며 사표를 내고 방을 나가버리더라는 것이다.

그러면서 또 나에게 하소연을 한다. "신 대표, 말귀를 못 알아먹는 직원들 때문에 죽을 맛이야!" 그러나 이건 아니다 싶어 다소 기분이 나쁘더라도 할 수 없다는 생각에 진심 어린 충고를 해주기로 했다.

"내 생각에는 자네에게 약간 문제가 있는 것 같아. 잘 생각해보게! 이번에 나간 그 친구는 매출을 올리는 데 수단과 방법을 가리지 말라는 사장의 지시를 충실히 따랐을 뿐인데, 왜 그게 문제가 되지? 상대방이 들어주지 않아서? 혹시나 자네가 윤리적인 기준을 정해두고 매출성장을 운운했다면 그 친구의 잘못이 크겠지만, 지금 같은 상황에서라면 나간 그 친구만 억울해하지 않을까?"

한동안 침묵이 흘렀다. 아무리 친한 친구 사이라도 상대방이 듣고 언짢아할 것 같은 말은 해서는 안 되는 것인데, 괜히 친구 위한답시고 귀에 거슬리는 말을 했다는 후회가 꽤나 밀려왔다. 잠시 침묵이 흐르고, 수화기 너머로 나지막한 목소리 하나가 건너왔다. "오늘 저녁 시간 돼? 소주 한잔하면서 이야기 좀 하고 싶은데….."

사실 그 친구 회사의 내부에 있는 사람들의 눈동자를 보면서 조만간 이런 일이 발생할 것 같다는 예감이 들었었다. 물론 근거 없는 동물적 육감에서 시작된 예측이었지만, 10년 넘게 성공하는 조직과 실패하는 조직의 내부를 들여다 본 사람으로서, 그곳 직원들과 몇 마디 이야기를 나누다 보니 왠지 모를 불안감이 엄습해왔던 것이다. 워낙 마음이 착하고 기본기가 반듯했던 친구인지라 개인 사업자로 남아서 지금의 사업을 하고 있다면 큰 스트레스 없이 무난히 자신의 생각을 펼치고 있었을 것이다.

하지만 다양한 성격을 가진 사람들이 한 무리를 이루어 생활해야 하는 공동체적 성격을 지닌 조직에서는 모두가 갖고 있는 생각의 틀을 조직이라는 테두리 안에서 일치시키는 작업이 가장 중요하다. 소위 '미션-비전-핵심가치'라는 이름의 'MVC'가 위에서부터 아래까지 하나의 흐름으로 정렬되어 있어야 한다. 사장은 집단의 단결을 강조하는데 아래에서는 자율성을 중요시 한다든지, 아래에서는 건전한 윤리를 강조하는데 위에서는 조건 없는 매출 신장을 부르짖고 있다면 심한 엇박자가 날 수밖에 없다. 항구를 떠난 배에 비유하자면, 위에서 배를 지휘하는 선장은 오른쪽으로 노를 저으라고 명령을 내리는데, 아래에서 노를 젓는 선원들은 왼쪽을 향해서 노를 젓는 형국이다.

보통의 조직이라면, 이런 현상은 기업이 생기고 얼마 지나지 않아 경험하게 된다. 직원이 10여 명만 넘어가도 각자 지향하는 바가 다르고 가치관이 다르기 때문에 여기저기서 마찰과 충돌이 일어나기 마련이다. 하지만 풍부한 경험과 탁월한 통찰력을 가진 CEO가 이끄는 기업의 경우에는 이런 현상이 조금 늦게 발생한다. 이유는 성장하는 조직에서는 이런 문제가 성장의 그늘에 가려져서 잘 보이지 않기 때문이다. 성장이 주춤하고 약간의 여유가 생기는 순간 참아왔던 각자의 개성들이 폭발하면서 조직이 혼란이 빠지는 것이다. 이런 사태를 예방하려면 평소에 MVC를 만들고 조직이 중요시하는 사명이나 핵심가치를 배에 타고 있는 구성원 모두에게 내재화시키는 작업이 필요하다.

대한민국을 대표하는 세계적 기업인 삼성전자조차 경영진이 생각하는 핵심가치를 모든 구성원에게 공유시키기가 쉽지 않았다. 조직의 핵심가치를 '품질'에 둔 이건희 회장이 "마누라와 자식만 빼고 다 바꾸자!"라는 구호를 외치며 모든 가치를 '질'에 둘 것을 주문하였건만, 현장에서는 여전히 불량률 개선이 이루어지지 않았다.

급기야 '신경영선포' 2년이 지난 1995년 구미공장에서 출시된 애니콜 15만 대를 불태우는 화형식을 거행하게 된다. 엄청난 충격요법이 있고 나서야 직원들 사이에 '질의 개선'에 대한 인식이 확산되었다는 점에서 알 수 있듯이, 아무리 성숙된 조직이어도 직원수가 많아지면 핵심가치의 공유도 그만큼 어렵다는 사실을 알 수 있다. 그러나 조직의 지속 성장을 위해서는 반드시 해야 하는 필수 과제이다.

다음의 도표는 지속 성장 기업을 연구하면서 조직 전체에 그 기업이 추구하는 메시지가 전체적으로 공유된 기업과 그렇지 못한 기업의 성장 차이를 비교 조사한 자료다(2016년 아인스파트너-잡코리아 공동조사). 도표에서도 나와 있듯 지속 성장 기업의 경우, 핵심가치에 대한 공유 정도에 있어서 '관리자(48.5%)-일반직원(49.4%)'의 인식 정도가 전체 50%에 육박하는 반면, 성장이 멈춘 기업의 경우 '관리자(8.5%)-일반직원(5.0%)'의 비율로 전체의 10분의 1에도 미치지 못하는 결과를 보여주었다. 메시지의 침투가 기업 성장에 얼마만큼 중요한 역할을 하는지를 극명하게 보여주는 데이터가 아닐 수 없다.

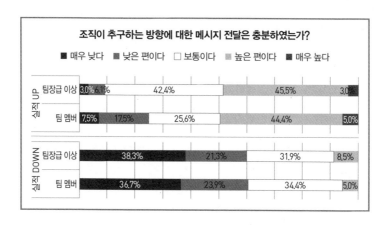

참고로 지속 성장에 필요한 다른 질문들, 예를 들면 내부 커뮤니케이션의 정도나 책임감, 혁신성, 외부 변화에 대한 적응 정도 같은 질문들의 경우는 긍정도에 있어서는 팀원들이 항상 팀장들보다 낮은 수치로 나오는 경향이 있다. 그런데 이 부분의 항목, 즉 메시지의 공유 여부를 묻는 질문에서는 팀장, 팀원이

같은 수치로 나왔다는 것은 그만큼 메시지의 침투가 아래까지 내려가야 한다는 점을 보여주고 있는 증거다.

　수많은 기업을 상대하면서 몰락하는 기업과 성장하는 기업의 차이는 어디에서 발생하는지를 느끼는 순간이 많다. 여러 가지 요소 중에 가장 중요한 인자가 무엇인지를 묻는다면 나는 주저 없이 '핵심가치의 공유와 실천'에 있다고 답할 것이다. 개인의 힘은 약하지만, 조직의 힘은 위대하다는 진실 앞에서 바로 이 '위대한 조직력'을 만드는 출발점이 바로 구성원들의 행동을 일치시키는 핵심가치의 공유에 있다는 사실을 다시 한번 강조하고자 한다.

02
혼이 있는 경영이
우선이다

『혼·창·통』으로 유명한 이지훈 세종대 경영학과 교수는 세계적인 경영 석학과 유명 CEO들과의 인터뷰를 통해 기업 성장에 가장 필요한 요소로 30가지 키워드를 뽑아냈고, 이들을 다시 정리해서 '혼, 창, 통'이라는 3개의 함축된 단어를 사용해 자신이 말하고자 하는 모든 생각을 표현했다.

저자가 만들어낸 단어인지, 아니면 책을 발간한 쌤앤파커스 출판사의 박시영 대표가 만들어낸 단어인지는 몰라도 감탄사가 절로 나올 정도로 너무 멋진 제목임에 틀림이 없다.

그중에서도 내 눈을 사로잡는 부분은 '혼'이다. 기업을 경영하는 사람이라면 으뜸 항목으로 가지고 있어야 하는 덕목이라고 생각하고 있던 터였기 때문에 혼의 영역에 더욱 관심을 갖고 읽었던 기억이 난다. 아마도 저자의 생각도 나와 같았는지, 나머지 영역인 '창, 통'의 영역에 이르러서도 결국 모든 출발점은 혼이어야 한다는 강한 주장으로 책의 후반부를 마무리하고 있다.

혼과 관련하여 특히 인상적이었던 문구가 있다.

"혼은 목표와 비전이라고 말할 수 있다. 이것은 자신의 적성을 찾는 일부터 시작하여야 하며 나의 가슴을 떨리게 하는 일들에 집중해야 하는 시점이다. 타인의 잣대는 필요치 않다. 모든 문제의 결정권자는 나이며, 그 결과물을 수용해야 할 사람도 나임을 인식해야 한다. 목표를 정하고 신념을 굳게 하여 자기 확신이 이루어져야 한다."

그 외에도 혼과 관련하여 주옥과도 같은 문구가 수도 없이 많았지만, 그중에서도 전설적인 인물 고 스티브 잡스의 명언은 절대 빠뜨릴 수 없는 대목 중에 하나일 것이다.

"다른 사람들의 생각에 얽매이지 마라. 타인의 소리가 내면의 진정한 목소리를 방해하지 못하게 하라. 가장 중요한 것은 심장과 직관이 이끄는 대로 살아갈 수 있는 용기를 갖는 것이다."

아무리 읽어도 가슴에 와닿는 의미심장한 멘트다.

그런데 나는 이지훈 교수가 정의한 혼의 정의에 더하여 추가로 "혼이란 자신의 신념을 증명하고 자신이 생각하는 꿈을 실현시키기 위해 미친 듯이 달려가는 것이다"라는 말을 덧붙이고

자 한다. 거기에는 이유가 있는데, 아무리 훌륭한 조직을 가지고 있는 CEO라도 신념이 담긴 경영이 이루어지지 못할 때는 아무런 힘없이 무너지는 경우를 수도 없이 보아왔기 때문이다. 반대로 아무리 불안한 조직이라도 자신의 신념을 위해 CEO가 미친 듯이 일에 매진할 때는 다른 모든 불안요소가 해소되는 모습도 적지 않게 목격했다.

얼마 전 방문한 기업에서도 이런 '혼의 부재'가 문제가 되어 조직이 심하게 흔들리는 현상을 목격했다. 그 기업은 태성식품 (가명)이라는 곳으로 우리 고객사는 아니지만 그곳의 어느 임원과 오래전부터 친분이 있는 사이였던지라 요청이 왔을 때 주저 없이 방문했던 것이다.

"요즘 회사가 많이 어렵습니다"로 시작된 그분의 하소연은 1시간 동안이나 이어졌다. "이렇게만 말하면 사람들은 시장 상황이 좋지 않다던가, 경쟁이 심해서 매출이 떨어지는 모양이구나 하는 생각들을 하는데 사실 외부 시장 상황은 좋은 편입니다. 급식 시장이 커지면서 거래처도 많이 확보된 상태이고 매출도 호조를 보이고 있습니다." '아니, 근데 회사가 어렵다는 말씀은 무슨 뜻인지?'라는 의아한 눈빛을 보내고 있는 내 얼굴을 보면서 그가 전해준 이야기의 요점은 대략 다음과 같다.

태성식품의 창업자가 최근 건강이 악화되면서 해외에서 유학하고 있던 아들이 들어와 경영에 관여하게 되었다고 한다. 그런데 얼떨결에 막중한 회사 경영을 맡게 된 이 2세 경영자가 자꾸 엉뚱한 일을 벌이는 바람에 내부에서 잡음이 끊이지 않고 발생하고 있다는 것이었다.

원래 태성식품은 오랜 기간 식품이라는 하나의 독립된 카테고리 내에서 나름대로 그 분야의 전문기업으로서의 명성을 쌓아온 회사인데, 해외에서 지내다 들어온 2세 경영자가 회사 본연의 업무에 집중하지 못하고 엉뚱한 커피 사업을 하겠다고 욕심을 부리며 그쪽으로만 신경을 쓰고 있었다.

충분한 공감대 없이 무리하게 자신의 주장을 밀어붙이다 보니 조직 내에서 이런저런 잡음이 끊임없이 터져 나오고 있었다. 집중해도 될까 말까 하는 치열한 생존 경쟁의 상황에서 조직의 상층부와 하층부가 둘로 나뉘어 갈팡질팡 방향을 못 잡고 헤매고 있는 사이에 설상가상으로 경쟁사들이 하나둘씩 거래처를 빼앗아가고 있는 형국이었다.

"그래서 지금은 어떤 상황입니까?" "결국 사장의 지시대로 내부에 신규 사업부를 신설해서 기존 사업도 그대로 유지하면서 커피 사업도 새롭게 시작해보기로 최근 결론을 내렸습니다" 라고 그가 답했다. 그러면서 조심스럽게 질문 하나가 날아왔다. "저희가 두 마리 토끼를 다 잡을 수 있을까요?" 나는 단 1초의 망설임 없이 "둘 다 망합니다"라는 답을 내놓았다. 너무 극단적인 대답에 상대방이 놀랐는지, 잠시 침묵이 흘렀다. 나는 거기서 "우리에게 일을 주신다면 두 사업이 정상궤도에 바로 진입할 수 있게끔 What과 How에 대한 리포트를 만들어드리겠습니다"라고 말할 수도 있었다. 그러면 우리 회사의 매출에도 다소나마 공헌이 되었을지도 모르겠다. 하지만 아닌 것은 아닌 것이기 때문에 회사의 이익을 위해 양심을 속여가며 듣기 좋은 말을 내놓을 수는 없었다.

그렇다면 나는 왜 이리도 강한 어조로 부정적인 의견을 내놓았던 것일까? 전부가 그렇다고는 말할 수 없지만, 이런 상황에서 비슷한 시도를 한 기업의 거의 70~80%가 좋지 않은 결과를 마주했기 때문이다. 태성식품과 비슷한 시도를 한 기업들 중에서 3분의 2는 실패의 쓴잔을 마셔야만 했다.

"행복한 가정은 모두 엇비슷하고, 불행한 가정은 불행한 이유가 제각기 다르다"는 톨스토이의 소설 『안나 카레니나』의 첫 문장처럼 실패한 이유는 각자가 다르다. 그래도 비슷한 이유끼리 묶어본다면 공통 원인 몇 개가 발견되는데, 대표 원인은 '업의 본질'이 헷갈릴 때다. 두 번째 원인은 '전문 지식'의 부족이다. 이런 경험적 사고와 함께 그 회사의 내부 사정을 어느 정도 알고 있었기 때문에 강한 어조로 임원의 면전에다 대고 부정적 의견을 서슴없이 내놓을 수 있었던 것이다.

여기서 말하는 경험적 사고란, 경영자는 반드시 한 분야를 파고드는 집념과 함께 그 분야에서는 전문가에 비견될 정도의 지식을 가지고 있어야지, 그렇지 못하면 실패할 확률이 높다는 의미에서 사용되는 용어다.

이런 사례를 보기 위해 멀리 갈 필요도 없다. 주변의 회사들을 한번 둘러보자. 자신이 몸담고 있는 회사를 탐구해보는 것도 좋다. 지금 우리 회사가 하고 있는 업의 본질에 대해서 CEO가 잘 이해하고 있지 못하거나 전문 지식이 부족한 경우는 십중팔구 어려움에 처해 있을 것이다. 물론 CEO가 사업에 대한 집념과 전문성이 높다고 해서 기업이 반드시 성공가도를 달린다고 말할 수는 없다. 단지 여기서 말하고자 하는 것은 CEO의 사업 의지와 전문성은 충분조건이 아닌 필요조건이기 때문에 이것이 충만하다고 해서 다 잘된다는 뜻은 절대 아니다. 반대로 이것이 결여된 CEO가 이끄는 조직의 생명력은 길지 못하다는 뜻으로 해석해주면 좋겠다.

다음은 감각적 추론과 관련된 대목인데, 태성식품처럼 조직이 통일된 방향으로 가지 못하고 각자 다른 생각을 가지며 사업에 임했을 때 어떤 결과를 낳는지 수많은 회사를 상대하며 체득했다. 그런 회사는 대부분 실패의 쓴잔을 마셔야만 했다. 그도 그럴 것이 한 방향으로 노를 저어도 험난한 파도를 가르며

배를 전진시키는 일이 쉽지 않은데, 한쪽은 오른쪽으로 노를 젓고 있고, 다른 한쪽은 왼쪽으로 노를 젓고 있는 형국에서 좌초하지 않고 버틸 수 있는 배가 얼마나 있을지 의심스럽다.

지금 태성식품에게 필요한 것은 두 사업을 병행해야 한다는 명분과 당위성을 가지고 직원들을 설득하는 작업이다. 비록 젊은 신임 사장이 자신의 머릿속에 왜 이 사업이 필요하고, 또 어떤 식으로 사업을 전개할 것인지에 대한 계획이 일목요연하게 정리되어 있다 하더라도 이를 실행하는 것은 직원들이니만큼 실행부서와 생각을 공유할 필요가 있다. 경영자와 직원들의 생각을 정리하고 얼라이언먼트하는 작업, 즉 머리와 몸을 일체화시키는 작업을 통해서 내부 구성원의 생각을 하나로 만드는 것은 물론 모두가 한 방향을 보게끔 해야 한다.

아울러 기존 사업에 대한 전문성을 강화시키고 기존 사업이 어려움을 겪지 않게 하는 내부 장치를 마련하고, 양쪽 사업 모두를 반드시 성공시키고 말겠다는 강한 사업의지를 천명해야 한다. 이런 작업들과 더불어, 실패하지 않는다는 자신감과 조직의 성장을 위한 신성장동력으로서의 커피 사업의 비전 그리고 왜 2개의 사업을 병행해야만 하는지에 대한 내부 공감대 형성에 주력해야 하는데, 우선 CEO 본인이 그럴 의지가 전혀 없다는 데서 태성식품의 미래를 암담하게 예측했던 것이다.

이지훈 교수는 『혼·창·통』에서 조직에서 가장 중요한 건 "'혼의 공유', 즉 '비전의 공유'에 있다"라는 말을 했다. 나는 이와 유사한 말로 비슷한 맥락의 코멘트를 2017년 발간한 『5 Questions, 성장하는 조직의 다섯 가지 질문』에서 다음과 같이 담아 보았다.

조직에는 일관된 메시지가 흘러야 한다. 위에서부터 아래까지 우리는 무엇을 하는 조직이고 그것을 실현시키기 위해 무엇을 해야 하는지에 대한 통일된 메시지가 조직 전체에 흘러야 한다.

이런 말과 함께 대표 사례로 1995년에 있었던 삼성전자의 '애니콜 화형식'을 소개했다. '이제부터의 삼성은 품질이다!'라는 의식을 조직 전체에 심어주기 위해 자식 같은 애니콜 15만 대를 불태웠던 이건희 회장의 모습을 혼이 담긴 경영자의 전형이라고 이야기했다.

이는 아무리 우수한 인력과 풍부한 자금력으로 무장한 조직이라 할지라도 기업의 정점에 있는 CEO에게 업의 본질을 바라보는 인사이트와 사업을 일으키고자 하는 집념이 없다면 절대 성공할 수 없다는 메시지를 던지기 위함이었다.

이지훈 교수도 이와 비슷한 취지의 사례를 책에 수없이 소개했는데, 그의 주장에 따르면 본인이 취재하면서 만난 세계 유수의 경영 대가들 모두가 "혼이 담긴 경영이 가장 중요합니다"
라는 말로 혼의 경영을 강조했다고 한다. 사업을 하는 사람이
라면 새겨들을 만한 가치 있는 조언이라고 생각하면서, 비록 내
책은 아니지만 『혼·창·통』의 정독을 조심스럽게 권유해본다.

03
나에게 주어진 소명을
명심하라

요즘 인사 파트에 있는 사람들의 말에 의하면, 올해 들어 특히나 인사에서 가장 뜨거운 이슈로 떠오르는 것 중 하나가 신입들의 퇴사 문제라고 한다. 물론 신입사원이 일정 비율 퇴사하는 일은 어제오늘 일어난 일이 아닌지라 크게 소란을 피워가며 이슈를 만들 사안은 아니다. 최근 신입사원 퇴사가 새로운 이슈로 부상하는 이유는 그들의 퇴사 사유가 과거와 비교할 때 조금 달라졌기 때문이다. 과거 신입들의 퇴사 이유는 거의 대부분 '회사에 대한 실망이나 직무에 대한 부적응' 때문이다. 입사 전 막연하게 느끼고 있던 두려움이 현실이 되어 회사를 떠나는 사례가 많았는데, 최근의 동향을 보면 "공무원 시험을 준비하기 위해서"라고 답하는 신입들이 상당히 많아졌다는 것이다.

얼마 전에도 그런 일이 있었다. 경기도 안양의 어느 공단에서 있었던 일이다. 공단 측이 마련한 입주사 신입사원들을 대상으로 한 멘토링 과정에서 본래 예정된 인원보다 30%가량 줄어든 숫자가 참여했기에, 무슨 이유인지 물었더니 "퇴사자가 갑자기 늘어서 그래요. 요새는 어느 기업이나 20~30% 정도의 신입 직원 이탈은 감수해야 하는 실정입니다. 그런데 한 가지 특이한 점은 퇴사 사유가 '공무원 시험 준비'라고 말하는 청년들이 엄청 늘었다는 겁니다. 시대의 조류를 반영하는 걸까요?"라는 답변이 돌아왔다.

회사로 돌아와 공무원과 관련된 신문 기사를 검색해보니, 미처 인지하지 못했던 사실들이 하나씩 눈에 들어오기 시작했다. 2018년이 역대 가장 많은 공무원 채용계획이 있는 해이며, 현재 공무원 시험을 준비 중에 있는 청년들의 숫자만도 대략 40만 명에 육박하고 있다는 소식이었다. 우리가 속한 업종이 지식 서비스라서 그런지는 몰라도 나는 공무원을 만날 일이 그리 많지 않을뿐더러 관련된 소식을 접할 일도 거의 없다. 있다면 가끔 서류 때문에 구청이나 동사무소에 들르는 것이 고작인데, 그때마다 들었던 생각은 '사람들 상대하는 것이 쉽지 않을 텐데, 하루 종일 저렇게 민원 처리해주려면 얼마나 힘들까?' 하는 생각이었다. '백인백색이라고 했는데, 이런저런 사람들 상대하려면 정말 힘들겠다' 하는 느낌 정도였지, 특별히 그분들에 대해 '부럽다, 우아하다' 같은 생각은 가져본 적이 없었다. 서로 다른 세상에 있는 사람들의 삶인지라 공무원과 관련된 소식은 피부로 얼른 와닿지 않았는데, 최근의 신입사원 교육과정에서 빈번하게 발생하고 있는 젊은 친구들의 이탈을 지켜보면서, 공무원이라는 직업이 요즘 젊은이들 사이에서 얼마나 높은 인기가 있는지 실감하는 계기가 되었다.

실제로 공무원의 인기를 실감하게 하는 뉴스가 하나 있어서 소개해본다. 문화일보와 잡코리아가 취업준비생 724명을 대상으로 진행한 설문조사(2017년 11월)에 의하면, '공무원 시험이나 공공기관 채용시험을 준비 중'이라고 대답한 응답자는 24.0%로 집계됐다. 공무원이나 공공기관 입사를 준비하는 이유에 대해서는 '안정적인 직업을 갖고 싶어서'가 69.5%로 압도적이었으며, '정부 정책으로 공무원 채용 기회가 확대될 것이기 때문에'라는 응답이 13.2%, '원래 공무원이 꿈이었다'는 응답은 10.9%였다고 한다.

이 기사에 따르면 직업을 구하고 있는 친구들 4명 중 1명은 공무원을 선호하고 있으며, 그 이유는 '안정적'이기 때문이라는 것이다. 한 가지 걱정스러운 것은 직업을 선택하는 기준이 '안정

성'에 있다는 사실이다. 젊은이로서 가져야 하는 '도전이나 야
망' 이런 것들은 둘째 치더라도, 직업을 선택하는 기준은 어디
까지나 일의 의미와 자신의 적성을 고려해서 정해야 하는데, 편
안함과 안정성에 그 목표를 두고 있다는 조사 결과를 보니 시대
가 바뀐 것인지, 나의 사고가 잘못된 것인지 순간적으로 고민이
일기 시작했다.

　생계 수단으로의 직업이 아니라 그 일을 하면서 어떤 의미
를 찾을 수 있는지를 고려해서 자신의 직업을 선택해야지 나중
에 후회가 없을 텐데, 지금 당장 눈에 보이는 화려함이나 편안
함 또는 사람들의 시선을 의식해서 직업을 선택한다면 결국 가
치관의 충돌 때문에 직무 만족도는 현저히 떨어질 것이기 때문
이다. 마침 비슷한 사례가 우리 회사에서도 있었던지라 여기에
그 이야기를 실어보고자 한다.

　아주 오래전 우리 회사에는 독일에서 공부를 하고 입사한
A라는 신입사원이 있었다. 나는 당시에, 독일의 중소기업 상황
에 정통하고 유럽의 문물에 익숙해져 있는 이 친구가 왜 우리
회사에 입사지원서를 냈는지가 무척이나 의아했다. "교육을 통
해 조직 능력을 향상시키는 것은 매우 보람 있는 일이라고 생각
합니다"라는 답변을 듣긴 했지만, 썩 와닿지는 않았다. 독일 제
조 기업에 대한 경험이 너무 재미있었다고 적혀 있는 이력서를

보면서, 과연 우리가 하는 교육사업이 이 친구의 적성에 맞을까 하는 의구심이 들었던 것이다. 그런 염려에도 불구하고 나는 A를 채용했다. 담당팀장의 채용 의지가 워낙 강했던지라 '해당 부서장의 의견 존중'이라는 차원에서 채용을 하고 교육을 시키고 현업에 투입했다.

그리고 1년이 지났다. 우려는 현실이 되어 돌아왔다. A는 결국 1년 만에 우리를 떠나 독일의 어느 유명한 자동차 부품회사의 한국지사에 재입사했다. 들리는 말에 의하면 A는 조직 내에서 꽤나 인정을 받으며 성실히 직장생활을 하고 있다고 한다. 그 친구가 총명하고 이해력이 빠른 것은 사실이지만, 본인이 지향하는 바와 회사가 추구하는 목적지가 달랐기 때문에 같은 시간을 보내면서도 왠지 모를 그늘이 얼굴에서 비치곤 했는데, 지금의 장소는 A에게 큰 모티베이션을 느끼게끔 하는 모양이다. 비록 아까운 인재를 떠나보내는 서운함은 컸지만, A의 미래를 위해서는 잘된 일이라고 생각하며 진심 어린 축하인사를 건넸던 기억이 난다.

반대 경우도 있다. 우리가 감당하기에는 훌륭한 재능과 능력을 가진 B라는 똑똑한 여성 한 명이 우리 회사에 지원을 했다. 자기소개서도 완벽할 뿐 아니라, 면접 상황에서 어떤 돌발 질문이 나와도 한 치의 흐트러짐 없이 일목요연하게 정리해서 답변하는 기술은 '잘만 키우면 크게 되겠구나' 하는 생각을 갖게 했다. 나처럼 사람을 많이 상대하는 직업을 가진 사람만이 느낄 수 있는 촉이 발동했던 것이다. 본인의 동의를 구하고 예전 직장의 상사에게 전화를 했는데, "정말 유능한 인재입니다. 절대 놓치지 마십시오"라는 확신에 찬 목소리가 들려왔다.

그런데 한 가지 이상한 점이 발견되었다. '이렇게 훌륭한 인재가 왜 전혀 다른 업종에 규모도 작은 우리 회사로 오려고 하는 거지? 심지어 급여도 낮춰가면서…' 하지만 이런 의구심은 B의 지원 동기를 듣는 순간 깊은 탄복과 함께 숙연한 마음마저 들게 만들었다.

"지금의 회사도 정말 좋은 곳입니다. 게임 회사로서 인지도도 높을 뿐 아니라 근무 조건도 최고니까요. 하지만 이곳은 내가 있을 곳이 아니구나 하는 생각을 3년 내내 하면서 다녔습니다. 왠지 모르게 게임 중독자를 만드는 데 일조하고 있다는 생각이 머릿속에서 떠나지 않았습니다. 그래서 더 늦기 전에 저에게 어울리는 의미 있는 직업을 갖고자 합니다."

이것이 B의 답변이었다. 물론 B는 일취월장하여 지금은 우리 회사에서 중추적인 자리를 차지하고 있다.

사람은 내가 있어야 할 자리에 있는 것이 편하고, 마음이 가는 곳을 따라 걸어가는 것이 나중에라도 후회가 없는 법이다.

각자가 추구하는 삶의 가치관에 맞춰 직업을 구하고 자신의 인생을 설계해가야 한다. 우리는 이것을 '가치관의 실현' 혹은 '소명 의식의 실현'이라는 말로 부르곤 한다. 이는 뭔가 의미 있는 족적을 남기고자 하는 인간의 본질적 욕구가 크게 작용하고 있는 건 아닌가 하는 생각을 해본다. 이런 생각은 특히 자신이 가진 사재를 털어서 인재육성에 매진하고 있는 기업가들을 볼 때마다 많이 하게 된다.

민족사관고등학교의 최명재 이사장이 바로 그 대표 케이스다. 강원도 횡성에 있는 민족사관고등학교는 미국 IVY 리그 대학에 가장 많은 학생을 보내는 고등학교로 국내외에 널리 알려져 있는 곳이다. 영동 고속도로 강릉 방향의 새말 IC를 빠져 나와 둔내 방향으로 20분을 달리면 기와집 모양의 웅장한 학교 하나가 등장하는데, 이곳이 바로 그 유명한 민족사관고등학교, 일명 '민사고'라 불리는 곳이다. 민사고는 파스퇴르그룹을 만든 최명재 회장이, '한국에서도 노벨상 수상자를 배출하겠다'는 목표를 가지고 1996년 설립한 자립형 사립학교다.

내가 이곳을 방문한 건 대략 10년 전쯤으로 거슬러 올라간다. 당시 방문 목적은 이곳의 설립자이신 최 이사장과의 인터뷰 때문이다. 그분을 만날 수 있었던 건 지금 생각해도 큰 행운이었다고 생각한다.

최명재 회장은 파스퇴르를 창업한 기업가다. 최 회장의 본래 직업은 은행원이었다. 상업은행에서 잠깐 일하다가 큰돈을 만지고 싶어 이란으로 건너갔었다고 한다. 마침 불어닥친 '중동 붐'에 편승해서 운송업으로 큰돈을 벌었고, 그 돈으로 젖소를 사서 파스퇴르유업을 만들었다고 한다.

한때 남양, 매일 같은 기라성 같은 우유회사의 간담을 서늘하게 할 정도로 파죽지세의 성장세를 이어가던 파스퇴르는 IMF의 파고를 넘지 못하고 결국 1998년 부도가 나면서 한국야쿠르트에 팔리게 된다. 파스퇴르가 건재할 때는 매년 50억 원 이상의 자금을 민사고에 지원했다고 하는데, 이 돈으로 민사고는 박사급 교사를 채용하고 무료 교육과 함께 학생들에게 기숙사비와 생활비를 지원했다고 한다. 파스퇴르를 한국야쿠르트에 매각할 때도 '민사고에 대한 지원을 유지한다'는 조건을 붙였다고 하는데, 지금은 지원이 거의 중단된 상태라고 한다.

"사업가는 사업의 확장에 더 큰 관심을 갖는 법인데, 회장님은 어떻게 학교를 만들 생각을 하셨는지 궁금합니다"라는 질문에, 그는 "중동에서 돈을 벌면서 갖게 된 꿈이 하나 있습니다. 이 땅에 민족의 혼이 서린 학교를 내 손으로 만들어보는 것이었습니다. 민족의 정기가 어린 학교에서 자란 아이들이 노벨상을 받는 모습을 상상해보십시오. 생각만 해도 가슴이 뛰지 않습니까? 사실 지금의 모습을 그리면서 악착같이 돈을 벌었던 것인지도 모르겠습니다"라고 대답했다. 80이 넘는 노인의 목소리라고는 믿기지 않을 정도로 강한 힘이 들어 있었다.

자신에게 맞는 옷을 입기 위해 안간힘을 쓰는 A군과 B양의 모습을 보면서, 그리고 아무리 돈이 많아도 항상 가슴 한구석에 남아 있는 못 다한 꿈에 대한 그리움 때문에 결국 자신이 하고 싶은 교육사업에 인생을 걸고 있는 최 이사장의 모습을 보면서, 인간은 결국 각자가 추구하는 이상적인 모습을 위해 살아가는 동물임을 다시 한번 느낄 수 있었다.

단순히 돈을 많이 받는다거나 일이 편하다거나 하는 이유만으로 직업을 택하기에는 인간이 가진 본질적 욕구가 이를 허락하지 않는 것이다. 무엇을 하든, 진지한 자세로 자신에게 주어진 소명이 무엇인지부터 생각해봐야 하는 이유라고 할 것이다.

04
매력적인 회사를
만드는 방법

10년이면 강산이 변한다고 한다. 시간이 가면서 변하는 것이 어디 강산뿐이겠는가. 수없이 많은 변화가 있겠지만, 그중에서도 피부로 느끼는 변화는 조직문화다. 아무래도 변화의 움직임은 자신이 하고 있는 일과 관련되어 있을 때 관심 있게 눈에 들어오는지라, 나에게는 일하는 사람들의 생각이나 의식 같은 조직문화가 최대 관심사 중 하나다. 특히나 요즘처럼 '개인의 삶을 중요시 여기는 문화'가 급속도로 확산되어가는 시대적 조류 앞에서 많은 것에 대해 과거와는 다른 접근 방식을 요구하고 있는 실정이다.

그중에서도 조직 피라미드의 정점에 위치하고 있는 경영자

층의 의식구조는 아주 짧은 시간에 많은 변화가 일어났다고 말할 수 있다. 무엇보다도 일반직원들을 대하는 태도에서 큰 변화가 일어났다. 예전 같으면 직원들이 다 쳐다보고 있는 공개석상에서 실수를 지적하거나 막말을 하는 임원들이 한둘이 아니었지만, 이제 웬만한 회사에서 그런 풍경을 보는 것은 거의 불가능에 가깝다. 심지어 "우리 때는 임원실에 불려 들어가면 재떨이가 하늘로 날라다녔어!"라고 말하는 어느 부장의 말에 "그래서요. 그다음에는 어떻게 되었어요?"라고 신기하다는 듯 다음 이야기를 재촉하는 신입사원도 한둘이 아니다. 그들의 목소리에서 왠지 모르게 '마치 무협지의 한 장면을 보듯 재미있어요'라는 뉘앙스가 느껴지기까지 한다.

웬만한 건물은 모두 금연 건물로 지정되어 있는 지금, 사무실의 재떨이는 고전영화 속에서나 등장하는 골동품이 되어버린 지 오래이며, 부하직원이라고 함부로 대했다가는 '갑질 상사'로 인터넷 게시판을 뜨겁게 달구는 주인공이 되는 시대가 된 것이다.

의식구조의 시대적 변화는 피라미드의 하층부에 속하는 신입사원들도 마찬가지다. 벙어리 3년, 귀머거리 3년, 장님 3년을 보내야 한다는 조선시대 며느리들의 사고방식으로 무장된 1970~1980년대식 신입들은 이제 존재하지 않는다. 시킨다고 아무 생각 없이 일하던 맹목적 충성심은 이미 사라진 지 오래이며, 내가 왜 이 일을 하지 않으면 안 되는지에 대한 분명한 목적의식을 느끼지 않으면 절대 움직이지 않는다. 이른바 '신인류'라 불리는 Y세대들로 조직은 급격하게 채워지고 있다.

Y세대의 또 하나의 특징은, 회사보다는 나를 더 소중하게 여기는 경향이 매우 강하다는 것이다. Y세대와 이야기를 하노라면 "월요일부터 금요일까지 죽어라 일하는 이유는 주말을 즐기기 위해서입니다" "회사보다는 내가 더 우선입니다"라고 말하는 직원들이 거의 대부분이다. 간혹 가다 "조직을 위해 저의 모든 것을 불살라보겠습니다. 그래서 조직의 정점까지 한번 올라가 보겠습니다"라고 말하는 직원도 있긴 하지만, 거의가 영혼이 없는 '접대성 멘트'에 불과하다. 그나마 이런 접대성 멘트도 시간이 갈수록 듣기 힘들어지고 있는 것이 현실이다. 이런 연유 때문에 "과거의 매니지먼트 스타일로는 젊은 친구들을 관리하기 힘들다"는 볼멘소리가 여기저기서 터져 나오는 것이다.

그렇다면 지금 우리에게 필요한 조직문화는 무엇일까? 그중에서도 'Work and Life Balance'의 슬로건이 광풍처럼 몰아치고 있는 2018년의 길목에서 가장 적합한 리더십이란 어떤 리더십을 말하는 것일까?

여기에 대해서는 각자가 체득한 경험이나 처한 환경에 따라 다양한 의견이 있을 수 있다는 전제하에 평소 내가 생각하고 있던 개인 의견을 몇 자 적어볼까 한다. '매력적인 회사를 만들기 위한 경영의 노력'이라는 제목 아래, 조직의 상층부에서 겸허히 받아들이지 않으면 안 되는 모습에 대해 몇 가지 의견을 피력해보고자 한다.

우선 경영진이 가지고 있어야 할 기본 자세에 대해 이야기하자면, 큰 조직이든 작은 조직이든 경영자는 최고의 인재들이 일하는 조직을 만들기 위해 자신의 회사가 직원들에게 매우 매력적으로 보일 수 있도록 부단한 노력을 기울여야 한다.

'내가 고용해서 쓰고 있다'는 생각에서 벗어나 '내가 직원들에게 선택을 받았다'는 사고방식의 전환이 필요한 것이다. 그러기 위해서는 직원들로부터 선택받기 위해 나와 나의 조직이 그들에게 매력적으로 보이기 위한 부단한 노력을 기울여야 한다. 직원들이 매력을 느끼는 회사, 직원들이 호감을 갖는 회사가 되어야 한다는 것이다.

그렇다면 조직에 호감을 느끼고 매력을 갖게끔 하기 위해서는 구체적으로 어떻게 해야 할까? 매력적으로 보이기 위한 방법에는 여러 가지가 있을 수 있지만 다음의 3가지를 적극 고려해야 한다.

첫째, '조직문화'다. 정의를 내리면, 같이 일하는 사람들 사이에 흐르는 따뜻한 인간미를 중요시 여기는 직장문화를 말한다.

회사라는 것도 결국 다양한 성격을 가진 사람들이 많은 시간을 같이하는 단체생활의 일부라고 말할 수 있다. 가정보다도 더 많은 시간을 같이 보내는 직장 동료들 사이에서 서로 함부로 하고 그래서 불편한 마음이 드는 문화가 그 조직을 지배하고 있다면 생산적인 아웃풋은 절대 기대할 수 없을 것이다.

조직 내의 불편한 인간관계는 직장 스트레스 중에서도 항상 상위권에 속하는 골치 아픈 문제인 동시에 직장인 퇴사 사유의 1위로 등장하는 단골손님이기도 하다. 직장인 대부분은 사람 때문에 스트레스를 받고 그런 스트레스가 원인이 되어 퇴사를 하게 되는 그런 구조다. 이런 연유로 조직은 사내에 불편한 인간관계가 형성되지 않도록 항상 신경을 써야 한다. 그러기 위해서는 동료들 간에 서로 위해주고 배려해주는 따뜻한 인간미가 흘러야 한다. 그런 인간미가 흐르는 조직이 되기 위해서는 조직문화의 확산에 가장 영향력 있는 경영진이 직접 나서야 한다.

둘째, '사업의 가치'다. 여기서 말하는 사업의 가치란, 지금 하고 있는 사업의 구조가 가급적 사회와 사람들에게 도움이 될 수 있도록 끊임없이 구상하고 연구해야 한다는 것이다. 과거와 달리 지금 직장인들의 의식구조 변화를 살펴보면, 신세대일수록 특히 유능한 인재라고 불리는 집단일수록 의식주의 목적이 아닌 좀 더 숭고한 목적에 일의 가치를 두기 때문이다. 이는 에 이브러험 매슬로가 말한 인간의 기본욕구 5단계설과도 일맥상통하는 부분이기도 하다. 어느 정도 물질적인 기본욕구가 해결된 다음부터는 좀 더 이상적인 단계로의 욕구가 발생할 수밖에 없다는 이론이다. 그도 그럴 것이 지금 회사생활을 하는 직장인들은 기본 문제가 해결이 안 되어서 어려움을 겪는 세대는 아니기 때문이다.

　셋째, '근무환경의 개선'이다. 여기서 말하는 근무환경이란, 급여나 복리후생을 포함한 물질적·물리적 환경을 말한다. 동기 부여 이론의 세계적 권위자인 허츠버그의 동기-위생이론 motivation-hygiene theory에 따르면, 직장인들의 직무 만족은 기본적으로 직무 만족을 유발하는 동기 영역과 직무 불만족을 유발하는 위생 요인으로 나누어져 있다고 한다. 허츠버그의 연구에 따르면, 동기 영역의 자극은 직무 만족을 높이면서 업무에 대한 성취도를 높이는 효과로 작용하는 반면, 위생 영역의 자극은 직무 만족에는 별 영향을 미치지 않지만 직무 불만족에는 영향을 끼치는 요소로 작용한다는 것이다. 즉 위생 영역에 해당하는 것들이 충족이 되었다고 해서 만족도가 올라가는 것은 아니지만, 충족이 되지 않았을 때는 불만족의 큰 요인으로 작용한다는 것이다.

　쉽게 말해 보건에서 말하는 위생 개념을 떠올리면 이해가

빠를 것이다. 손을 씻고 몸을 청결히 한다고 해서 건강이 좋아지는 것은 아니지만 이런 것들이 누락이 되었을 때, 심각한 질병에 걸리는 것과 같은 이치로 이해하면 좋을 것이다. 급여, 복리후생, 작업장의 근무환경 등 이런 모든 것이 위생 영역에 들어가는 것들이다. 최상의 상태로 수치를 올린다고 해서 직무 만족도가 올라가는 것은 아니지만 동종 업계의 경쟁사들과 비교해서 수치가 떨어졌을 때는 불만족을 일으키는 요인으로 작용한다는 것이다.

인간은 상대적인 동물이기 때문에 자신의 상황을 주변과 비교하고 살면서 거의 본능에 가깝게 행동한다. 주변 회사와 우리 회사를 비교했을 때, 상대적으로 떨어지는 급여나 복리후생 그리고 열악한 작업장의 근무환경은 조직에 대한 불만을 불러일으키는 요인으로 작용할 가능성이 매우 높다. 이런 이유로 근무환경에 대한 개선 노력이 필요한 것이다. 다른 것들이 아무리 매력적으로 보여도 이 부분이 부족하다면 다른 영역에서 취득한 매력도를 다운시켜버릴 것이기 때문에 최소한 업계 평균은 유지하기 위해 노력해야 한다.

여기에 덧붙여, 앞으로의 인사 정책의 방향성에 있어서도 '인재 획득'보다는 '인재 유지 전략'을 취할 것을 권유하고 싶다. 인재가 회사를 선택하는 시대로 접어들면 인재를 확보하는 것보다는 '지금 보유하고 있는 숙련된 인재들을 얼마나 잘 지키고 있는가?'가 더 중요해지기 때문이다. 즉 '일하고 있는 직원들의 능력을 어떻게 하면 한 단계 더 끌어올릴 수 있을까?', '이렇게 능력이 올라간 직원들의 이탈을 어떻게 하면 방지할까?'에 대한 고민이 더 중요해지는 시대로 돌입하게 되는 것이다.

결국 이런 궁극적인 목적을 실현할 수 있는 가장 좋은 해결책은 그들이 다른 회사와 비교했을 때 자신들의 회사에 대해 좀 더 높은 매력을 느끼게끔 만드는 것인데, 앞에 제시한 3가지 노력은 좋은 솔루션이 될 것이다.

05
지나친 카리스마는
독이다

하는 일이 조직개발과 관련된 컨설팅이다 보니 경영자들을 만날 일이 많다. 조직 활성화를 위한 밑그림을 그리기 위해서는 조직의 최고책임자가 그리는 이상적인 조직의 모습을 알아야 하고 그러기 위해서는 그 조직이 지금까지 걸어왔던 길에 대한 고찰이 필요하기 때문이다.

대부분은 그 기업을 일군 오너 CEO에 대한 인터뷰가 주류를 이루지만, 간혹 가다 전문경영인을 통한 기업 성장의 히스토리를 듣는 일도 적지 않다. 어느 쪽이든 조직의 정점에 서 계시는 CEO들과의 인터뷰는 나의 시야를 넓혀주는 큰 지렛대가 될 뿐 아니라 좀 더 열심히 사업을 해야겠다고 스스로 다짐하게 만드는 동기 부여의 촉매제가 된다.

또한 이 일은 현재 내가 하고 있는 일 중에서 가장 보람되게 생각하는 작업 중 하나다. 이런 마음가짐 때문인지는 몰라도 기업을 경영하는 분들과의 인터뷰가 잡히는 날이면(참고로 CEO 인터뷰 종류에는 3가지가 있는데, 프로젝트 시작 전의 고객사 인터뷰, 월간지나 협회지에 실을 원고를 위해 리포터 자격으로 만나는 인터뷰, 리더십 탐구를 위해 개인 요청으로 이루어지는 개인 자격의 인터뷰가 있다) 전날 밤의 금주는 물론이거니와 그분이 걸어온 길을 연구하기 위해 네이버 검색이나 그분을 알만 한 분을 통한 자료 수집에 돌입한다.

전문경영인과 자수성가한 오너 CEO 사이에는 확실히 큰 차이가 존재한다. 뭐가 다른지에 대해서는 따로 설명하지 않아도 모두 알고 있으리라 생각하고, 여기서는 오너 CEO들이 가지고 있는 몇 가지 특징들에 대해 적어보고자 한다.

자수성가로 기업을 일군 CEO의 리더십을 연구하다 보면 한 가지 공통점을 발견할 수가 있는데, 대부분의 리더십 스타일이 '카리스마형'이라는 점이다. 본론에 앞서, 카리스마에 대한 사전적 정의를 살펴보면 다음과 같다.

카리스마는 '신의 은총'이란 뜻의 그리스어에서 유래된 말로, 사람을 끌어당기는 특별한 능력이나 자질을 말한다. 독일 사회학자 막스 베버는 카리스마란 "어느 특정한 사람을 다른 사람들과 구분되게 하는 특징으로서 초자연적인, 초인간적인 또는 비상한 힘과 능력을 가졌다고 사람들이 믿음으로써 생기는 것"이라고 말했다. 베버는 정당한 권력의 3가지 유형으로 군주 또는 부족장 같은 전통적 권력, 민중의 지도자 같은 카리스마적 권력, 법률로 정해진 절차에 따라 부여받은 합법적 권력 등을 들었다. 카리스마 지도자는 순전히 개인적 매력으로 기존의 규칙과 구조를 변화시킬 수 있는 이들을 말한다. 베버는 이들을 "개인적 모범의 힘에 의해서 규범 체제를 정당화시킬 수 있는 영웅"으로 설명했다.

카리스마란 무엇인가에 대한 사전적 정의에서도 언급했듯, 내가 만난 자수성가형 오너 CEO들은 모두 '개인적 매력'을 통해 사람을 끌어당기는 힘이 있었다.

이 말의 유래에서 '신의 은총'이라고 표현했듯, 창업하여 기업을 일군 분들 대부분에게서 이런 신의 은총을 발견할 수 있었다. 그래서 그분들과 인터뷰를 하고 있노라면 '그들은 이렇게 자신만이 가지고 있는 개인적 매력을 통해 기존의 규칙과 구조를 변화시키기 위해 창업한 것이구나!' 하는 생각과 함께 정말로 많은 것을 배우는 기회의 장이 되기도 한다.

그런데 가끔은 이런 기대감을 무너뜨리는 분들을 만날 때

도 있다. 그분들의 특징은 리더십은 없고 카리스마만 있다는 점
이다. 리더십이란 자신을 따르는 사람들이 있을 때 존재하는 것
으로 그를 따르는 사람들이 없으면 아무 소용이 없는 단어다.
따라서 그 기준은 자신이 아닌 그를 따르는 사람들의 관점에서
생각해야 하며 그러기 위해서는 동료들이 잘 따라오고 있는지,
그들을 올바른 목적지로 안내하고 있는지, 지금 우리가 가고자
하는 방향은 우리 모두가 원하는 목적지인지에 대한 질문들에
항상 답을 내어놓을 수 있어야 한다. 가끔은 이런 질문에 대한
답 없이 본인이 이루고자 하는 목적지만 바라보고 혼자서만 달
려가는 분들을 만나곤 하는데, 2017년 알게 된 어느 사장님도
이와 비슷한 경우였다.

그 사장님은 충청도 어느 산골에서 태어나 고등학교 때 서
울로 상경한 분이었다. 일가친척 하나 없는 서울에서 다행히 운
이 좋아 어느 중견 건설회사에 취직이 되었다. 낮에는 건설 현
장을 다니며 동료들이 귀찮아하는 일들을 도맡아서 처리하고,
저녁에는 아무도 몰래 야간학교를 다니며 공부를 하기 시작했
다. 피나는 주경야독의 생활을 한 지 10년 만에 학위도 받을 수
있었다고 한다.
이렇듯 그 누구에게도 지지 않는 타고난 끈기와 성실성 덕
분에 조직 내에서도 인정받으면서 하나둘씩 그에게 중요한 일

들이 넘어왔다. 공사 발주 업체의 고객을 접대하는 일부터 그 기업에 원자재를 납품하는 회사 사장들까지 폭넓은 인간관계가 만들어졌던 것이다. 자기 사업을 하는 사람들이 가지고 있는 대표 특징들인 '호기심'과 '전달력'에 더하여 '언변'과 '인간관계'까지 그 어느 것 하나 '창업'에 필요한 것이라면 부족한 요소가 없었다. 워낙 가진 게 없어서 꿈만 꾸고 있었는데, 마침 거래하고 있던 기업의 사장이 도와주겠다는 말을 해서 드디어 자신의 이름을 딴 회사를 설립하게 되었다.

창업 이후, 회사의 성장세는 업계에서 주목받을 정도로 가파르게 상승했다. 처음에는 하청의 하청을 받아 공사 일감을 마무리하는 작은 개인 기업에 불과했는데, 시간이 흐르면서 자신의 이름으로 공사 발주를 따내는 수완을 발휘하더니 언젠가부터 공공기관이나 지방자치단체에서 발주하는 조달공사 현장까지도 공사 수주를 따내는 놀라운 영업 수완을 발휘하게 된 것이다.

거기에는 대표의 탁월한 친화력이 큰 영향을 끼쳤다고 한다. 그분은 누구든지 저녁식사 자리만 한 번 갖게 되면 친구가 되고, 형이 되고, 동생이 되는 인간관계론의 대가라는 데일 카네기도 배우고 가야 할 정도로 놀라운 대인 친화력을 갖고 있었던 것이다.

그 회사가 이렇게 무서운 성장세를 구가하고 있을 때 그분을 만났었는데, '정말 카리스마가 장난 아닌 분이네!' 하는 인상을 받았던 기억이 난다. 다만, HR 담당 임원과의 인터뷰에서 "회사가 무서운 속도로 성장하는 것은 좋은 일입니다만, 혼자 가지 말고 같이 같으면 좋겠어요. 저희들이 따라가기가 너무 힘이 드네요. 그래서 신 대표님을 부른 겁니다. 앞서가는 저희 대표님과 따라가는 저희 직원들의 속도를 좀 맞출 수 있는 좋은 방법은 없을까 해서요."

그런 생각은 나 또한 마찬가지였다. 1시간이라는 짧은 인터뷰였지만, 왠지 모르게 이분의 성격을 탐구하면서 불안한 마음이 약간 들었기 때문이다. 목적지에 도착하기 위해서는 수단과 방법을 가리지 않고 달려가는 스타일의 사람들을 가끔 만나곤 하는데, 그런 유의 사람이지 않나 하는 느낌이 들었던 것이다.

안 좋은 예감은 항상 적중한다고 누가 그랬던가? 이번 경우도 마찬가지였다. 그 회사를 방문하고 얼마 지나지 않아 대표가 구속되어 회사가 공중분해될 위기에 처하게 되었다는 소식을 동종 업계에 있는 지인으로부터 전해듣게 되었다.

공사 수주를 위해 공무원들에게 상당한 양의 뇌물을 주었다고 하는데, 들리는 말에 의하면 지금까지의 수주가 거의 모두 이런 식의 뇌물의 대가였다고 한다. 일장춘몽으로 끝나긴 했지만, 그분의 사업에 대한 열정과 카리스마 넘치는 추진력은 지금도 잊을 수가 없다.

앞에서 소개한 사장님보다 수십 배, 아니 수백 배 더 강렬한 인상을 느끼게 해준 분을 한 분 더 소개해볼까 한다.

'샐러리맨 신화'로 통하는 팬텍의 박병엽 부회장이다. 2000년 대 초반 팬텍이 여의도에 있을 때 박 부회장을 만난 적이 있다. 첫 만남의 자리에서 어찌나 인상이 강했던지 이야기를 듣는 내내 교주님의 설교를 열심히 듣고 있는 신도가 된 듯한 기분이었다.

박 부회장은 1987년에 맥슨전자에 영업사원으로 입사한 후 1991년에 전세자금 4,000만 원을 들고 팬텍이라는 회사를 창업 한 인물이다.

신월동의 작은 사무실에서 직원 7명과 시작한 팬텍의 초기 사업 아이템은 일명 삐삐라 불리던 무선호출기 제조였다. 이후 휴대폰 단말기 제조로 사업 영역을 확장하였으며, 2001년 현대 전자에서 단말기를 만들던 현대큐리텔을, 2005년에는 SK에서 단말기를 만들던 SK텔레텍을 인수할 정도로 성장했다. 이 여세 를 몰아 삼성, LG, 팬텍이라는 휴대폰 삼국지 구도를 만들었을 정도로 파죽지세로 성장했던 회사가 바로 팬텍이었다. 그리고 그 중심에는 박병엽이라는 범상치 않은 인물이 있었다.

그러나 지금의 팬텍은 이름만 존재할 뿐 실체가 없는 회사 가 되어버렸다. 회사의 총 자산 가치는 1,000만 원에도 미치지 못하는 구멍가게로 변했다.

그런데 최근 보도된 팬텍 신화를 다룬 언론 기사를 보면서 지나치게 강렬한 카리스마는 오히려 독이 될 수도 있겠구나 하는 생각이 들었다. 삐삐 만들던 조그만 중소기업이 어떻게 모토로라에 단말기를 공급할 수 있었는지, 현대큐리텔을 어떻게 인수할 수 있었고, SKY라는 브랜드로 최고 명성을 구가하던 SK텔레텍을 어떻게 인수할 수 있었는지, 그리고 연매출 3조 원에 이르는 스포츠토토 사업권의 우선협상 대상자로 어떻게 선정될 수 있었는지에 대한 비하인드 스토리를 알게 되면서, 과연 이분은 폭주기관차와도 같은 인물이었구나 하는 생각이 들었던 것이다. 지나치게 강렬한 카리스마 앞에서는 경영진 모두가 주눅이 들지는 않았을까 하는 생각이 들었다.

지나친 카리스마와 관련하여, 주리 호프만 벨기에 브뤼셀자유대 조직심리학 부교수와 필피프 드 프뤼 겐트대 사회심리학과 수석교수는 《HBR》(「지나친 카리스마의 함정」, 2017년 11월호)에 발표한 연구논문에서 "지나친 카리스마는 오히려 조직운영에 방해가 된다"고 말했다. 어느 시점에 이르면 카리스마로 인한 단점이 장점을 넘어선다는 것이다.

그들은 논문에서 카리스마가 일정 값을 웃돌면, 운영적 행동이 부족할 때 생기는 단점이 전략적 행동 덕분에 생긴 장점보다 훨씬 크게 나타나는 현상이 발생한다고 말했다. 카리스마 넘치는 리더는 전략적 야심은 클지 몰라도, 적절한 방식으로 수행

해야 하는 매일매일의 일상 업무에는 무능하다는 것이 그들의
주장이다.

나 또한 이 말에 100%는 아니지만 상당 부분 동의하고 있
다. 앞에 서술한 기업의 사례에서도 밝혔듯이 카리스마가 지나
치면 내부의 행정적 기능이 멎어버리는 현상을 종종 목격했기
때문이다.

그렇다. '적당한 카리스마'와 '지나친 카리스마'를 정확히 나
누기는 어렵지만, 연구 결과 지나친 카리스마는 오히려 조직에
독이 될 가능성이 높은 것으로 밝혀졌다. 아마도 강한 카리스
마를 가진 리더들은 보통의 리더들에 비해 의지와 열정이 훨씬
강한 편이기 때문에 이는 초기 성공에 큰 지렛대로 작용할 가
능성이 높기 때문이다. 이렇게 해서 획득한 작은 열매는 더 큰
자신감의 원동력이 되고 이런 지나친 자신감은 자기 과신과 도
취로 변할 가능성이 높다.

그리고 이들의 공통점은 지나치게 야심이 높다는 것이다. 그
런 야심을 채우기 위해서 그들은 앞만 보고 정신없이 달려가는
경향이 강했으며, 상대적으로 내부 문제는 별로 관심을 갖지 않
는 경향을 보인다. 일하는 동료들이 잘 따라오고 있는지에 대한
물음과 목적지 도착을 위해 필요한 수단과 방법이 과연 적법한
지에 대한 판단력에 있어서 다소 희미한 의식을 가지고 있는 듯

해 보였다.

　연구 결과처럼 나도 지나친 카리스마는 오히려 조직에 독이 되는 경향이 있다고 말하고 싶다. 혹시나 우리 조직의 CEO가 폭주기관차와도 같지는 않은지 점검해볼 필요가 있는 대목이다.

06
숭고한 신념에는
감동이 따른다

개인이든 조직이든 신념이라는 것은 참 중요하다. 신념이라는 것은 예기치 않게 찾아오는 시련이나 어려움 등의 고난을 이기는 데 가장 강력한 방파제 역할을 하기 때문이다. 또한 목표를 향해 걸어가는 데도 흔들리지 않고 앞으로 나아가게 해주는 등대 역할을 한다.

소위 성공했다는 사람들과 대화를 하고 있노라면, 신념이라는 것이 얼마만큼 습관이 되어 생활 속에서 발현되고 있는지를 어렴풋이 느낄 때가 많다. 그들과 이야기를 하면서 신념의 습관화가 인생이라는 마라톤의 종착역에 다다를 즈음에는 얼마나 중요한 역할을 했는지를 느낄 때가 한두 번이 아니었다. 그들에게는 평생을 관통해서 흐르는 삶의 특별한 가치관이 내재되어 있음을 확연하게 느낄 수 있었다.

비록 그분들과는 비교 불가한 초라한 위치에 있긴 하지만 나 또한 인생을 관통하며 흐르고 있는 신념이 있는데, 다름 아닌 '시간을 낭비하지 말라'는 슬로건이다.

아직도 많은 길을 가야 하고 지금까지 걸어온 길보다 앞으로 가야 할 길이 더 많이 남아 있는 시점에서, 그래도 가슴을 뛰게 하는 '해야 할 일'을 느끼고 있다는 건 정말 엄청난 축복이다. 이 모든 것은 '어떤 상황에서도 쉬지 않고 움직여야 한다'는 어린 시절 아버지로부터 받았던 강도 높은 교육 덕분이라고 생각한다. "멍청한 놈은 용서가 되도 게으른 놈은 용서가 안 된다"는 말씀을 늘 입에 달고 사셨던 아버지는, 한시도 가만히 계시는 법이 없으셨다. 심지어 교사들이 교직을 선호하는 가장 큰 이유 중 하나라고 말하는 '방학 시즌'이 되어도 가장 바쁘셨다. 전국을 다니며 희귀 곤충채집과 희귀 식물채집으로 곤충도감과 식물도감을 만드느라 시간을 보내셨기 때문이다.

'성실과 부지런함'이라는 단어는 어느 가정에나 걸려 있던 가훈이었지만, 우리 집에서는 아버지의 솔선수범으로 인해 단순한 장식품이 아닌 생활 속에서 실천해야 하는 습관 중 하나로 받아들여졌다. 시간을 낭비하는 행동은 해서는 안 될 가장 나쁜 '악의 축'으로 여겨졌기에 방학이라고 늦잠을 자거나, 일요일이라고 환한 대낮에 일어나는 행동은 아예 꿈도 꾸지 못했다. 그 당시 누구나 즐겨 찾던 오락실이나 만화 가게 같은 곳에서 보내는 시간은 아까운 시간 낭비로 여겨졌기에 어쩌다 한 번 친구들과 그런 곳에서 시간을 보낼라치면, 왠지 모르게 밀려드는 죄책감에 괴로움만 더해갔다.

다행히도 아버지께서는 내가 기원에 가는 건 시간 낭비라고 생각하지 않으셨다. 덕분에 또래 친구들과 취미생활 하나쯤은 공유할 수 있어 그나마 다행이었다.

아버지께서 만드신 우리 집 가훈 덕분에 나는 지금도 다른 사람들보다 빠른 아침을 맞이하는 편이다. 남보다 빨리 일어나서 운동을 하든, 책을 보든, 외국어 공부를 하든, 소중한 아침 시간을 그냥 낭비하지 않는 습관을 몸에 익히게 된 것이다. 그리고 이렇게 시간을 소중히 여기는 습관은 내가 무엇을 하든 내 삶의 중심축이 되어 좋은 결과물을 내는 큰 원동력이 되었다. 어릴 적에는 부지런하다고 칭찬받아서 좋았고, 커서는 무엇을 하든 남들보다 더 많은 시간을 들여 노력한 덕분에 수확하는 열매가 많아서 좋았다. 아버지께서 몸으로 보여주신 '시간을 낭비하지 말라'는 가훈은, 언제부터인가 습관을 넘어 신념이 되고 가치관이 되어 내 인생의 중심을 흐르는 좌우명으로 자리 잡게 되었다. 나는 이것을 아버지께서 물려주신 가장 가치 있는 유산이라고 생각한다.

이렇듯 한 사람의 신념이나 가치관이라는 것은 일생을 두고 자신을 지켜주는 보호막이 되기도 하고 자신의 정체성을 확립해주는 도구가 되기도 한다. 이런 정체성을 함께 일하는 사람들과 공유하며 일류 식당을 만들어가는 분이 있어 소개해볼까 한다.

우리 사무실이 있는 삼성동 포스코사거리 주변 맛집을 대표하는 곳 중에 '하동관'이라는 식당이 있다. 원래 '하동관'은 종로에서 해방 전부터 영업을 했던 유명한 곰탕 전문점인데, 자녀분 중 한 분이 10여 년 전에 이곳 강남으로 내려와 지금의 자리에 '하동관 강남분점'이라는 이름으로 가게를 오픈했다. 이 가게가 유명세를 탄 이유는 물론 맛의 탁월함도 있지만, 허영만 화백의 만화 『식객』에 이곳 사장님의 얼굴과 이분의 경영철학이 소개되면서부터다. 같은 동네에 있으면서도 잘 알지 못했던 이곳 식당을 다시 바라본 이유도 바로 이 『식객』이라는 만화 덕분이다. 곰탕 외에 다른 메뉴는 없으며, 1인분 가격이 1만 3,000원으로 주변 시세에 비해 거의 5,000원이나 더 비싼 데도, 점심시간이면 10분 이상 줄을 서서 기다려야 한다. 심지어 이런 가격대에도 불구하고 계산은 들어가는 입구에서 선불로 해야 하며, 추가 반찬이나 물 같은 서비스는 전부 직접 해야 한다. 요즘 유행하는 가성비(가격 대비 성능비)적인 측면에서 보면, 조금 이해가 가지 않는 곳이지만 그래도 이곳은 줄을 서서 먹어야 하는 인기 식당 중 하나다.

비싼 가격대에도 불구하고 셀프서비스로 식사를 해야 하는 이곳이 나의 호기심과 애정을 자극하는 이유는, 들어가는 입구 오른쪽에 걸려 있는 커다란 안내문 때문이다. "저희 식당의 폐점 시간은 오후 4시입니다. 혹시 준비한 음식이 더 빨리 떨어지는 경우에는 더 빨리 문을 닫을 수도 있으니 양해바랍니다"라고 쓰인 문구는 다음과 같은 해설이 이어진다. "어린 시절 식당을 하시는 부모님 때문에 저희 형제들은 항상 부모 없는 고아처럼 생활을 했습니다. 우리 자식들은 나처럼 키우지 말아야겠다는 생각에 가족 식사 전에 식당 문을 닫는 것이고, 최대한 신선한 음식을 제공하기 위해 그날 팔 분량만 아침에 준비를 하다 보니 빨리 소진이 되면 4시 전이라도 문을 닫는 것입니다"라는 말로, 왜 다른 곳보다 폐점 시간이 빠른지에 대한 설명을 적어놓았다.

아주 오래전에 홍보 업계에 종사하는 후배를 데리고 하동관에서 밥을 먹은 적이 있다. 그 후배는 곰탕 그 자체의 맛보다도 들어가는 입구에 걸려 있는 설명 문구에 더 관심이 많았다. "스토리텔링이 정말 죽이는데요. 이런 스토리면 맛을 떠나서도 강남 최고의 식당으로 충분히 자리 잡을 수 있을 것 같아요!"라고 하며, 일찌감치 '하동관 강남분점'의 유명세를 점치기도 했다. 그래서인지는 몰라도 유명 작가의 작품에도 여러 번 소개되기도 하고, 주요 언론사들이 즐겨 취재하는, 삼성동에서 가장 유명한 식당 중 하나로 자리 잡았다.

'같은 사물이라도 바라보는 시각에 따라 다른 해석을 한다'고 하는데, 이 경우도 그에 해당되는 것 같다. 후배와 나, 우리 둘이 하동관이 큰 인기를 끌 것이라고 예측한 결과론적인 관점에는 이견이 없지만, 그 이유는 서로 다른 시각에서 출발했기 때문이다. 내가 그 식당을 좋아하고 또 다른 사람들도 좋아할 것이라고 믿었던 이유는 그곳 사장님이 가지고 있는 경영 철학, 즉 가게를 운영하는 '신념'이 남달랐기 때문이다.

'자신이 겪었던 어린 시절의 아픈 추억과 최대한 신선한 음식을 고객에게 제공하기 위해 가게 문을 일찍 닫는다'는 개인 신념에서 '이분은 그냥 식당 주인이 아니구나' 하는 고상한 철학이 느껴졌다. 이런 분이라면, 가게를 찾는 손님들을 진심으로 대할 분이라는 생각이 더해졌기에 사람들이 많이 찾을 것이라는 예측을 해본 것이다.

그런데 홍보 업계에 종사하는 후배는, "현관에 있는 스토리텔링이 너무 재미있고, 사람들의 이목을 끌기에 충분한 소재거리를 담고 있어서 매스컴에서 많이 찾아올 거예요"라는 말로 내가 생각하는 인기 비결과는 약간은 다른 견해를 내놓은 것이다.

홍보 일을 하는 후배 관점에서는 입구에 걸려 있는 '가게 문을 일찍 닫는 이유'가 식당 PR에 불을 지피는 엄청난 소재가 될 것이라고 내다본 것인데, 누구의 생각이 더 적중했는지는 알 수가 없다. 아니, 어쩌면 내 입에만 보통이었던 곰탕 맛이 다른 이들의 입에는 천상의 맛으로 받아들여졌는지도 모를 일이다.

그렇다면 '그곳에서 일하고 계시는 분들은 어떤 생각을 가지고 있을까?' 하는 궁금증이 일었다. 나도 사업하는 사람의 입장이다 보니, 생각하는 사고의 기준도 항상 경영자의 시각에서만 바라보게 된다. 게다가 만나는 사람들도 거의 비슷한 레벨의 포지션에 있다 보니, 대화를 해도 일반 직원들의 입장을 대변하는 생각을 듣기가 언젠가부터 어려워지기 시작했다. 그래서 궁금하거나 호기심이 일었을 때, 일부러 일반 직원의 생각을 듣는 시간을 가지려 애를 쓰는데 그게 말처럼 쉽지가 않았다. 때문에 항상 한쪽에 치우친 결론을 낼 수밖에 없는 상황이 많아 뭔가 부족한 느낌이 들 때가 한두 번이 아니었다.

다행히도 이곳 '하동관 강남분점'은 같은 동네에 있다 보니, 서로 간에 얼굴이 통하기도 하고 해서 어렵지 않게 그곳에서 일하는 분들의 생각을 들을 수 있었다. 어느 날, 저녁식사를 하러 들어갔는데 마침 '하동관'에서 일하는 분과 만났다. "일찍 식당 문을 닫는 것에 대해 어떻게 생각하세요? 수입이 줄어들어서 불만이 많으실 것 같은데"라는 말로 운을 떼어보았다. "아니요!
전혀 그런 불만은 없습니다. 비슷한 규모의 다른 식당보다는 수
입이 조금 줄기는 하지만 신선한 음식으로 손님들을 기쁘게 하
고, 일찍 퇴근해서 내 생활을 즐길 수 있다는 점에서 모두 만족
해하고 있습니다"라는 답변이 돌아왔다.

그들이 지금 사장님이 지키려 하는 경영 철학에 공감해서
그런 말을 하고 있는지는 몰라도, 적어도 '하동관'의 사장님이
추구하는 신념에 자신들의 가치관을 일치시켜가고 있음은 충
분히 느끼게 만든 한마디였다.

'하동관'의 1년 매출이 200억 원 정도라고 하니 웬만한 중소
기업보다 규모가 크다고 말할 수 있다. 명동 본점에서 분가하여
10여 년 만에 이렇게 급속한 성장을 이룩한 비결에는 '70년 하
동관이 갖는 맛의 비결'도 당연히 중요한 역할을 했겠지만, 이
곳 사장님이 가지고 있는 특별한 경영 철학 덕분이라고도 생각
한다. 10년 동안 흔들림 없이 지켜온 개인 신념에 더하여 그곳
에서 일하는 직원 분들이 동화된 가치관 덕분에 모두가 찾는
강남의 명소로 자리매김하지 않았나 하는 생각이 든다. 작은
식당이긴 하지만, 한 사람의 신념이 만들어낸 위대한 성공 스토
리라는 생각이 들어 소개해보았다.

07
흥미와 관심을
일로 연결시켜라

봄이 되면 가장 많이 들려오는 소식이 2가지가 있다. 첫째가 "저 결혼해요!"라는 소식이고, 그다음이 "저 회사 옮겼어요!"라는 소식이다. 이런 소식을 계기로 또 한 번 대화도 나누고 얼굴도 볼 수 있어서 좋긴 하지만, 반가운 감정과는 별도로 걱정 반, 기대 반의 미묘한 감정의 기류가 형성되는 것도 부인할 수 없는 사실이다. 물론 이런 심리 변화는 후자의 경우가 훨씬 더 강하게 일어나는데, 전자는 배우자가 누구든 축하할 일이라고 여겨지지만, 후자는 '왜? 갑자기!'라는 의문에서 시작해서 '새로운 곳에서 다시 자리를 잡으려면 얼마나 고생이 많을까!' 하는 우려와 걱정이 훨씬 크기 때문이다. 그만큼 나이를 먹으면 안정추구형으로 변하므로 주변의 누군가가 새로운 도전을 한다고 하면, 걱정과 함께 말리고 싶은 심정이 강하게 일어나는 것도 숨길 수 없는 사실이다.

여기서 한 가지, 이직의 이유에 대해 알아보고 싶은 궁금증이 일었다. 이직을 위해 이력서를 써본 지가 까마득한 옛날이라 요즘 친구들은 어떤 이유로 회사를 옮기나 하는 궁금증이 생긴 것이다. 물론 인사를 업으로 하는 사람으로서 현장에서 접하는 실무 경험이 없지는 않으나 좀 더 객관적이고 광범위한 데이터를 보았으면 하는 욕심에 이것저것 관련 자료를 뒤져보았다.

'이직'이라는 주제어를 가지고 네이버 검색을 해보았다. 구인 구직 회사에서 조사한 각종 연구 결과가 즐비하게 네이버의 메인 화면을 장식하고 있었는데, 사실 우리가 일반적으로 추측해보는 이유와 크게 다르지는 않았다. 그중에서도 가장 공신력이 있어 보이는 '잡코리아'와 '사람인'이 조사한 설문 결과를 보자.

취업 포털 잡코리아가 2015년 7월 구직 활동 중에 있는 직장인 1,091명을 대상으로 조사한 '직장인이 이직하는 이유'에 대한 조사 보고서에 따르면, 직장인들은 이직하는 이유에 대해(복수체크), 회사의 미래와 비전에 대한 불확실성(50.0%), 복지제도에 대한 불만(39.9%), 연봉에 대한 불만(35.4%), 평가·보상에 대한 불만(25.0%), 상사·동료에 대한 불만(20.3%), 업무에 대한 불만(17.5%) 순으로 대답했다.

사람인도 비슷한 조사를 했는데, 2017년 6월 이직 경험 보유 직장인 1,093명을 대상으로 실시한 '이직의 이유'를 물어보는 질문에 대해, 연봉 및 처우 불만(44.9%), 경력 향상을 위해(11.4%), 기업 문화와 가치가 안 맞아서(10.8%), 성취감이 낮아서(9.5%), 상사·동료와의 불화(8.1%) 순으로 답했다.

대체적으로 비전(회사와 나), 근무 조건(연봉과 복리후생), 업무환경(인간관계와 일)이라는 트라이앵글 속에서 어느 한쪽이 무너지면 이직에 대해 심각하게 고민하게 된다는 사실을 보여주고 있음을 유추해볼 수 있다.

생각해보면 정말로 안타까운 일이 아닐 수 없다. 어렵게 채용해서 엄청난 비용을 들여 교육을 하고 이제 겨우 뭔가 조직에 공헌할 수 있는 포지션이 되었구나 하고 생각하는 순간, "회사 그만두겠습니다!"라는 말을 듣는다면, 경영진은 물론이거니와 담당팀장은 얼마나 하늘이 무너지는 듯한 느낌일까? 그래서 훌륭한 인재들이 조직에 적응을 하지 못하고 회사를 떠나는 현상을 미연에 방지할 수 있는 좋은 솔루션은 없을까 생각해보았다. 이런 궁리를 하는 와중에 갑자기 다른 생각이 들었다. 혹시나 앞에서 열거한 이직의 원인들을 제거할 수만 있다면, 지금 하고 있는 현재의 일에 좀 더 집중할 수 있을 뿐 아니라, 자신이 소속된 조직을 위해 좀 더 열정적인 자세를 가지고 일에 임하지 않을까 하는 생각이 든 것이다. 물론 이직 이유를 해소한다고 해서 바로 직무 만족으로 이어지지는 않는다. 왜냐하면 이직 사유를 해소한다는 것은 불만족을 제거하는 '위생 영역'에 해당하는 것이고, 직무 몰입을 높이는 행위는 만족도를 높이는 '동기 부여 영역'에 들어가기 때문이다.

그렇다 하더라도 업무 불만족의 해소에서 동기 부여까지 바로 연결이 가능한 영역이 있는데, 바로 업무환경(일과 인간관계) 영역이다. 여기서 말하는 인간관계란 주로 나를 관리 감독하고 나에게 업무를 지시하는 나의 보스, 즉 상사를 의미하기 때문에 나와 상사 그리고 상사로부터 전달받는 업무의 프로세스를 개선할 수만 있다면 불만 해소는 물론 동기 부여까지 이를 수 있을 것이다. 이는 더 나아가 이직의 가장 큰 요소로 자리 잡고 있는 회사의 비전과 나의 비전의 불일치와도 관련성이 가장 큰 영역이기도 하다. 실제로 직원들에게 들어가는 비전의 초기 인셉션은 상사가 그려주는 것이기에 그들이 어떻게 하느냐에 따라 "회사 때문에 퇴직합니다"라고 말하는 이유를 급격히 떨어뜨릴 수도 있다.

현장에서도 이런 발상의 전환을 통해 조직의 성과를 높이려고 노력하는 기업들이 늘어나고 있다. 성남에 있는 조그만 의료

장비 기업인 성남테크(가명)라는 회사에서 일어나고 있는 일을 소개해보고자 한다.

내가 성남테크를 처음 방문한 것은 1년 전으로 거슬러 올라가는데, 300명도 안 되는 조그만 중소기업에서 들고 나는 직원들의 퇴사율 때문에 경영진은 물론이거니와 인사팀도 골머리를 앓고 있던 시절이었다. 기존 직원들은 말할 것도 없고 신입사원들도 정착을 못하고 회사를 나가는 일이 다반사였다. 이유는 앞에서 열거한 '직장인 퇴사 이유'와 별반 다르지 않았다.

인사팀이 퇴사하는 직원들과의 인터뷰를 통해 분석한 퇴사 사유는 ① 미래에 대한 불확실성, ② 주먹구구식 조직 운영, ③ 낮은 임금과 열악한 복리후생 순이었다고 한다.

아마도 마지막 순위가 가장 큰 요인이었을 텐데 가장 뒤로 밀린 이유를 물어보니, "퇴사하는 이유를 돈에 둔다는 것이 왠지 모르게 속물적으로 보일지도 모른다는 심리가 작용했을 거예요"라는 답변이 돌아왔다.

표면적으로는 퇴사하는 직원들이 가장 중점적으로 제기한 성남테크의 문제는 '미래에 대한 불확실성'이었다. 대다수의 직원이 "우리 회사의 성장 가능성이 눈에 보이지 않는다"고 대답했으며, 이런 결과는 젊은 직원들일수록 더 많은 비중을 차지하고 있었다.

다음으로는 '주먹구구식 조직 운영'이었다. 이는 조직 내의 인간관계와 관련된 내용이다. 여기서 말하는 인간관계는 상사와 부하직원의 상하 관계를 말하는데, 특히 상사의 세련되지 못한 조직관리가 큰 문제가 되었다. 관리자로서의 마음가짐이나 조직관리에 대한 기본 교육을 제대로 받아본 적이 없는 기존의 관리자들은 늘어나는 신세대 직원들의 눈높이를 맞추려는 노력은커녕, 왜 저렇게 행동하는지에 대한 불만을 품고 그들을 관리했던 것이다. 그렇다고 그들의 인격이나 성향에 문제가 있었던 것은 아니다. 성남테크의 관리자들은 누구보다도 정직했으며 누구보다도 조직에 대한 애정이 많은 사람들이었다.

다만 문제가 있다면 변하는 시대에 맞추어 스스로를 업데이트시켜 나가고자 하는 학습 노력이 없었던 것인데, 어느 기업이나 안고 있는 전형적인 기득권 안주의 대표 사례다. 사고의 유연성이라도 있다면 주변의 강요에 의해서 조금씩이라도 진화할 수 있는 기회라도 얻었을 텐데, 이런 분들은 워낙 고정관념이 강하다 보니 자신만의 무인도 생활에 대해 전혀 불편함을 느끼지 못했던 것이다. '불편하다면 주변인들이 불편하지 내가 불편한 것은 아니지 않겠어?' 하는 생각을 가진 이도 일부 있는 것처럼 보였다.

우리는 우선 비전 문제에 무게중심을 두고 생각해보기로 했다. 임금이나 돈이 들어가는 재정 문제는 쉽게 접근할 수 없는 어려운 문제인지라 상황을 봐가면서 처리하기로 하고, 대신에 재정 부담이 비교적 덜 들어가는 비전 문제에 집중하여 해결책을 연구해보기로 했다. 그러기 위해 단계별 접근을 2가지 시도해보기로 했는데, 관리자들의 상황인식 교육과 구성원 개개인의 비전 설정에 포커스를 둔 것이었다.

첫째, 관리자 상황인식 교육은 누구나가 알고 있는 일반 리더십 교육을 의미한다. 한 가지 특징이 있다면 우리의 사고가 얼마나 과거에 머물러 있는지에 대한 상황 인식, 그로 인해 야기되는 폐단을 부각하여 본인들 스스로가 변화에 대한 의지를 갖게끔 유도하는 '자기성찰'에 무게를 두고 교육 프로그램을 설계하였다.

둘째, 직원 개개인의 비전 설정인데, 조직 비전보다 차라리 개인 비전을 만드는 쪽을 택했다. 왜냐하면 조직 비전은 경영진을 움직여야 하는데, 그곳 최고책임자의 성향이 쉽게 이를 수용하지 않으리라는 판단에서 조직 비전보다 개인 비전에 초점을 맞추기로 한 것이다.

단계별 접근은 다음과 같았다. ① 직원 개인별 성향 파악 → ② 개인별 성향에 맞춘 업무분장 → ③ 배분 업무에 대한 업무 적합도 측정 → ④ 업무 적합도에 근거한 커리어패스 작성 → ⑤ 희망직무의 기록 및 상담 순으로 부서 내의 모든 구성원에 대해 경력 관리의 로드맵을 작성케 했다.

여기서 가장 강조한 포인트는 '현재 하고 있는 일에서 재미를 느끼게 하는 방법이나 아이디어를 도출하는 것'이었다. 사고의 관점을 '위에서 아래로'가 아닌 '아래에서 위로'의 관점으로 생각해본 것이다. 개인별로 흥미와 관심을 가지고 있는 업무 요소를 파악하여 일에 임하는 동기 부여를 만들고, 최종적으로는 자신의 커리어패스를 그려보면서 개인 비전의 실현으로 이어지게끔 유도해본 것이다.

이는 조직심리학의 대가인 와튼스쿨의 애덤 그랜트 교수가 강조했던 부분이기도 하다. 그랜트 교수는 《HBR》(2018년 3월호)에 기고한 글에서 "훌륭한 인재를 계속 보유하고 싶다면, 관리자는 조직의 업무를 구성하는 방식에 더 많이 주의를 기울여야 한다"고 말했다.

그랜트 교수의 주장에 따르면, 대부분의 기업은 전체 업무를 구성한 다음 그에 따라 인재를 배치하지만 탁월한 관리자들은 정반대로 일한다는 것이다. 탁월한 관리자는 우수한 인재를 보면 어떻게 저 직원에게 맞는 업무를 만들지를 먼저 생각하는 특징이 있다는 것이다.

그가 제시한 데이터에 의하면, 커리어를 개발하는 데 필요한 실력이나 경험을 얻고 있다고 생각하는 직원은 31% 더 일을 즐겼고, 33% 더 자신의 강점을 활용했으며, 37% 더 자신감을 표출했다고 한다.

비단 그랜트 교수의 주장이 아니더라도, 인간은 기본적으로 자신이 하고 싶은 일을 할 때 가장 행복감을 느끼고 업무 집중도도 높은 편이기 때문에 조직을 위해서도 그 공통분모를 찾아주는 노력은 매우 중요하다. 개인의 흥미와 회사가 요구하는 직무 사이에 일치하는 업무 영역이 없다 해도, 개인의 흥미나 관심을 중요시 여기고자 하는 노력이 계속된다면 엉뚱한 방향에서 조직 공헌의 영역이 생겨날 수도 있다.

예를 들면, 요리에 관심이 많은 직원들이 구내 식당 자원봉사를 자처한다든지, 음악에 관심이 많은 직원들이 조직문화 개선을 위해 음악회를 준비한다든지 하는, 조직을 위해 봉사하고픈 마음이 자발적으로 생길 수도 있다는 것이다. 지금 이러한 시도가 성남의 어느 회사에서 진행되고 있다. 아직은 진행 중이라 결과를 말할 수 있는 상황은 못 되지만 퇴사율은 상당한 수치로 떨어졌으며, 직원들의 사기진작도 작년과 비교해서 눈에 띄게 올라가고 있다고 한다. 직원들의 흥미와 관심을 어떻게든 조직으로 연결시키고자 하는 일선 관리자들의 조그마한 시도가 '우리 조직의 비전은 이것이다'라고 거창하게 떠드는 것보다 훨씬 더 멋진 결과를 낳은 것이다.

08
리더는
직원에게 비전을 주는 사람

　　음향기기 관련 업종에서 일하는 후배에게서 "선배님, 저 오늘부터 평창에 가 있습니다. 혹시 연락이 안 되더라도 걱정하지 마세요!"라는 메시지가 날아왔다. "갑자기 웬 평창이냐?"는 질문에 "회사에서 평창 근무자 모집을 해서 건강한 육체를 갖고 있을 때 뭔가 뜻깊은 일을 하고 싶어서 응모했어요. 일생에 한 번 있을까 말까 하는 엄청난 행사잖아요!"라는 말을 남기고 평창으로 떠났다.

　　그리고 올림픽이 끝나고 다시 연락이 왔다. "선배님, 송승환이라는 사람 정말 무지무지 대단한 사람 같아요! 선배님 전공이 리더십이니까, 이분 리더십에 대해 연구해보면 어떨까요?"라는 문자와 함께 15일간의 벅찬 감동을 전하는 사진이 계속 들어오기 시작했다.

2018년 2월의 평창 동계올림픽은 평창으로 떠난 후배에게도, 현업에 있으면서 TV로만 시청한 보통 사람들에게도 많은 것을 던져준 의미 있는 국가 행사였다.

먼저 우리에게 많은 선물을 안겨준 지구촌 축제의 장이었다고 말할 수 있다. 그중에서도 대회 개최 기간의 깔끔했던 경기 운영 자체도 큰 감동이었지만, 개회식과 폐회식의 퍼포먼스 또한 빠뜨릴 수 없는 감동적인 선물 중 하나였다. 올림픽의 즐거움은 역시 개회식과 폐회식의 세리머니라고 하던데, 역시나 이번 올림픽의 개폐회식도 전 세계 시청자들의 눈과 귀를 즐겁게 해주었던 가장 화제가 된 이벤트 중 하나였다.

세계의 주요 언론은 평창 올림픽 개폐막식의 풍경에 대해 아낌없는 찬사를 보내주었다. "기술적인 역량과 유연한 문화적 힘을 펼쳐냈다."(《월스트리트 저널》) "수천 개의 드론이 오륜기로 변해 전 세계의 시청자를 놀라게 했다."(《타임》) "생동감 있고 화려한 불과 얼음의 개막식이었다."(로이터 통신) 이와 같은 반응으로 한국인의 창의력과 풍성한 문화 예술의 힘에 열렬한 박수갈채를 보냈다.

후배가 "연구를 부탁해요!"라고 말했던 송승환 총감독은 이런 열광적인 박수갈채를 뒤로하고 대회가 끝나자마자 조용히 평창을 떠났다. 언론과의 인터뷰를 일절 사양한 채 모든 공로를 자신을 도왔던 스태프들에게 돌리고 조용히 보따리를 싸서 서울로 가는 승용차에 몸을 실었다. 아무런 생각 없이 일단은 자고 싶은 마음뿐이었다면서 같이 일했던 사람들이 언론과의 인터뷰에 여러 가지 준비 과정의 에피소드를 털어놓는 와중에도 송승환 총감독은 한번도 언론에 얼굴을 내밀지 않았다. 그리고 다시 제주도로 떠났다. 자신에게 많은 이목이 쏠리는 것이 부담스럽기도 했고, 행여나 같이 고생한 동료들의 공이 묻힐까 봐 더더욱 조심스런 마음이 들었던 것이리라.

그런 송승환 총감독이 올림픽이 끝나고 한 달이 지난 후, 드디어 언론에 얼굴을 보였다.

전 정말로 올림픽 개폐회식이 성공할 수 있었던 것은 우리 크리에이터들이, 그리고 각 분야의 예술가들이 너무 열심히 일을 해줬고, 우리 출연자들과 스태프들이 그 추운 날씨에도 정말 올림픽을 성공시키기 위해서 한마음으로 뭉쳐서 열심히 해주셨기 때문에 가능했다고 생각합니다. 그분들이 없었다면 도저히 이룰 수 없는 일이었거든요. 우리 크리에이터들, 스태프들, 또 출연자들에게 정말 너무너무 고맙습니다.

오랜만에 얼굴을 내민 송승환 총감독이 미국 CNBC와의 인터뷰(2018년 3월 19일)에서 했던 말이다.

이처럼 송승환 총감독은 항상 자신에게 날아오는 찬사와 박수를 주변 사람들에게 돌리는 것에 익숙해져 있었다. 혹시나 잘못 들으면 "입에 바른 말이다"라고 오해 소지가 있을 수도 있으나 그의 눈을 보면서 들으면 "누구누구 덕분이다"라는 말에서 진정성이 느껴지기 때문에 이 사람을 좋아하지 않을 수가 없다.

비록 올림픽이 있기 한참 전의 일이기는 하지만, 오래전에 이분과 인터뷰를 한 적이 있다. 난타의 성공 비결이 뭔지가 궁금하기도 했지만, 어느 언론사와의 인터뷰에서 "CEO에게 가장 중요한 건 자신의 비전을 조직에 공유시키는 것입니다"라는 말을 한 적이 있어서, 과연 이분이 그리는 비전은 무엇이고 조직은 또 어떻게 그 비전을 공유할까 하는 궁금증이 일어서였다.

다행히 그분을 잘 아는 분이 주변에 계셔서 인터뷰할 수 있는 소중한 시간을 얻을 수 있었다. 그리고 그분의 인생 스토리를 들을 수가 있었다. 당시 그분과 대담했던 인터뷰 내용 중에서 특별히 인상 깊었던 내용만 추려서 옮겨본다.

신경수: 송승환 하면 난타의 이미지가 바로 떠오르는데요. 〈난타〉가 보유하고 있는 기록에 대한 설명을 간단히 부탁드립니다.

송승환: 그거에 대해서는 제가 나중에 자료를 드릴게요. 왜냐하면 다 외우고 있지는 못하니까요.(웃음) 그냥 얼른 떠오르는 대로 말씀드리면, 우선 한국 최초의 '비언어 퍼포먼스'라는 타이틀과 함께 〈에딘버러 페스티벌〉이라는 세계적인 공연 축제에 한국 연극으로 참여한 것도 최초였고, 그 이후에 전용 극장에서 계속 공연을 하고 있는 것도 우리나라 최초였고, 브로드웨이에서 1년 6개월 동안 장기 공연을 한 것도 우리나라 최초였습니다. 뭐 그런 것들이 생각이 나네요.

신경수: 회장님은 난타로 유명하지만, PMC프로덕션(법인명)이 하고 있는 일에는 또 어떤 것들이 있나요?

송승환: 저희들이 하고 있는 일은 공연 제작입니다. 공연을 기획하고 제작하는 일인데, PMC가 'Performance Musical & Cinema'의 약자예요. 그러니까 난타 같은 퍼포먼스뿐 아니라 뮤지컬, 영화 이런 걸 제작하는데, 요즘 주로 하고 있는 일은 뮤지컬이죠.

뮤지컬에 집착하는 이유는 제가 개인적으로 좋아하는 장르이기도 하고 또 뉴욕이나 런던을 제외하면 1년에 창작 뮤지컬이 만들어지는 나라는 전 세계에서 대한민국밖에 없거든요. 그렇게 많은 뮤지컬이 만들어지고 있는데 문제는 우리나라 시장이 너무 작다는 거죠. 그래서 이런 창작 뮤지컬을 가지고 아시아 시장, 더 크게는 세계 시장으로 진출하기 위해서 창작 뮤지컬을 만드는 일을 요즘 들어 가장 열심히 하고 있는 것 같습니다.

신경수: 갑자기 생각나서 드리는 말씀인데, 영감은 주로 어디서 얻으세요?

송승환: 하하하, 근데 그게 다 제 아이디어는 아니고요. 사실 저도 많은 아티스트하고 같이 작업을 하잖아요. 그러니까 제 주변에 늘 같이 만나는 작가도 있고, 연출자도 있고 작곡자도 있고 또 저희 직원들도 있고…. 그 영감이라는 게 뭐 그렇게 책상에 앉아서 골몰히 생각한다고 떠오르는 건 아닌 것 같아요.

저는 사람들 만나서 많이 대화하고 작가나 작곡자들하고 같이 밥도 먹고, 커피도 마시고 해요. 그게 대화하는 도중에 막 아이디어가 떠오르기도 하거든요. 또 대학로에 소극장이 약 140개 정도가 있는데, 거기 후배들이 만드는 많은 작품을 보면서 영감이 떠오르기도 하죠.

실제로 제가 1년에 한두 번씩은 꼬박꼬박 뉴욕이나 런던에 가서 외국 작품들을 보기도 하면서 아이디어가 떠오르기도 하고 그러거든요. 결국 영감이라는 것은 책상머리에서 떠오르는 것은 아닌 것 같아요. 많은 사람을 만나고, 많은 걸 보고 듣고 하는 가운데 떠오르는 것 같아요.

신경수: 혹시 직원들의 동기 부여를 위한 특별한 제도가 있나요?

송승환: 글쎄, 제 생각에는 직원들이 열심히 일하는 게 회사에 가장 큰 도움이 되는 건데, 그 열심히 일하는 것은 각자가 그 일에 흥미를 느끼고 재미를 느껴야 그렇게 되는 거라고 생각을 하거든요. 다행히도 공연을 만드는 회사라는 걸 알고 오기 때문에 대부분의 직원들이 공연을 만드는 일에 흥미를 갖고 있는 사람들이죠. 그런 의미에서 일의 집중도나 능률은 어느 정도 참 좋은 편이기도 한데, 제가 바라는 건 일터가 놀이터가 되었으면 좋겠다는 이야기를 많이 하거든요. 그 이야기는 그렇게 일을 즐길 수가 있어야 능률도 오르고 힘도 들지 않고, 재미도 있고 그렇단 말이에요. 그래서 저희는 일단 틀에 박힌 것을 안 하려고 애를 쓰죠.

저희 회사는 출퇴근 시간이 없어요. 정해져 있지 않아요. 그래서 알아서 출근하고 알아서 퇴근하고 그러죠. 그게 일이 많다 보면 늦게까지 남아서 일하는 직원들도 있을 수도 있고 그러다 보면 그 다음 날 좀 늦게 나와도 뭐라고 하는 사람도 없고 그런 식으로 좀 자유로운 편이죠. 또 제 복장이 청바지에 늘 이렇게 하고 다니니까, 양복에 넥타이 매고 구두 신고 이런 거 강요하지도 않고, 또 출퇴근 시간의 자유로움, 의상의 자유로움, 이런 활동들을 통해서 가능하면 즐겁게 일을 할 수 있는 그런 장소가 되게 하려고 애를 쓰는 거죠.

물론 스트레스도 받겠죠, 아무래도 직장이니까. 매출 올리고 수익을 내야 하는 스트레스를 안 받을 수는 없겠지만, 그 와중에서도 가능하면 즐겁게 일을 할 수 있는 그런 분위기를 만들려고 상당히 애를 쓰는 편이에요.

신경수: CEO로서 가져야 할 능력 중에 가장 필요하다고 생각하는 것은 무엇인가요?

송승환: 직원들에게 비전을 줄 수 있어야 한다고 생각을 해요. 왜냐하면 저희 같은 경우는 직원들이 되게 젊거든요. 물론 나이 든 직원도 있지만 대부분은 젊은 친구들이에요. 신입의 경우는 거의가 20대 초반이고, 그런 친구들이 이 회사에서 와서 자기 인생을 여기다 맡기고 사는데, 그 친구들에게 비전을 보여줘야 그 친구들이 계속 이 일에 흥미를 느끼고 열심히 살 수 있을 거 아니겠어요? 그래서 리더가 해야 할 일은 여러 가지 덕목이 있겠지만, 끊임없이 직원들에게 비전을 던져주는 일이라고 생각합니다. 그런 것들이 굉장히 중요하다고 생각을 하고, 또 저희 같은 경우는 매년 이익의 10%를 인센티브로 직원들에게 주고 있어요. 급여랑은 별도의 개념으로요. 각 팀마다 매출목표와 수익목표를 정해서 그걸 달성하면 별도의 인센티브를 주고, 그런 시스템이 동기 부여가 된다고 생각해요. 우리가 자본주의 사회에 살고 있으니까요. 하하.

인센티브 제도도 필요한 거 같고 또 끊임없이 비전을 제시하는 거, 실현 불가능한 목표가 아닌 우리가 열심히 하면 실현이 가능한 그런 목표를 계속 제시하는 거, 이런 것들이 직원들로 하여금 열심히 일하게 만드는 동기 부여의 힘이 된다고 생각을 하거든요. 무엇보다도 가장 중요한 건 일을 즐겁게 할 수 있게끔 분위기를 만들어주는 것, 사장한테는 이게 가장 중요하다고 생각하죠.

송승환 총감독이 들려준 말 중에서, "너무 공허하고 허무맹랑한 비전이 아닌, 현실적으로 실현 가능한 비전을 만들고 공유하고 그렇게 생긴 이익을 분배하고, 너무 심플한가요?"라는 대답이 가장 인상 깊었다. 그를 공연 기획의 전문가라고 생각했는데, 20년 동안 이 분야에서 일한 나보다도 더 구성원들의 마음을 움직이는 키워드가 무엇인지를 알고 있는 듯해 보였다. 아마도 이런 생각으로 이번 올림픽 무대도 준비했으리라.

그래서였을까? 평창 올림픽이 끝나고 《조선일보》(2018년 3월 3일)는 개폐회식을 평가하며 "영하 20도 이하로 떨어지면 추위가 살아 움직인다. 동계올림픽이 열렸던 17일 동안 평창의 추위는 감각이 아니라 존재였다. 45일간 새벽까지 이어지는 리허설을 매일 반복했던 공연 팀 사이사이로 타는 듯한 냉기가 얼굴과 등골을 헤집고 지나갔다. 이런 악천후를 극복할 수 있게 버팀목이 되어준 건 서로를 이어주는 끈끈한 믿음이었고, 그 믿음

뒤에는 송승환 총감독의 헌신이 있었다"라는 인상적인 멘트를
남겼다.

한마디로 개폐회식을 준비한 공연 팀과 그들을 지휘한 총감
독의 헌신을 칭찬했다.

이 또한 자신이 그리는 꿈의 모습을 모든 스태프와 공유하
고 같이 그려 나갔기 때문에 가능했던 일이 아닌가 생각한다.
IT 강국 대한민국, 문화 강국 대한민국의 저력을 유감없이 전
세계에 보여준 송승환 회장의 비저너리 리더십Visionary Leadership에
진심으로 경의를 표해본다.

09
지속 성장을 가로막는
4가지 장벽

아무리 반짝이는 아이디어를 가지고 창업한 기업이라 하더라도 5년 또는 10년을 버티지 못하고 사라지는 기업들이 허다하다. 두산처럼 100년 이상의 역사를 가진 기업이 겨우 7개에 불과한 우리나라의 현실에서 알 수 있듯, 대기업이 이럴진대 대한민국 중소기업의 역사는 초라하기 그지없다. 창업 후 30년 넘게 사업을 영위하고 있는 중소기업은 겨우 2%에 불과하고, 기업의 전체 평균 수명은 5년 전 12.5년에서 2017년 기준 11년으로 줄어들었다고 한다. 이런 이유로 정부에서는 중소기업의 지속 성장을 위해 '명문 장수기업'이라는 인증 제도를 두어 각종 세제 혜택과 함께 대상 기업의 홍보에 열을 올리고 있지만 '장수기업'에 들어갈 만한 기업은 많지 않다고 한다.

주변을 둘러보아도 이런 현실은 금방 느낄 수 있다. 설립 후 한동안 성장세를 이어가던 회사가 언제부터인가 제자리에서 답보 상태를 벗어나지 못하는가 하면, 오히려 역U자 곡선을 그리며 하강하는 기업도 많다. 어떤 기업의 대표는 회사 본연의 업무에서 올리는 매출보다 회사가 보유하고 있는 부동산 자산 가치의 상승으로 주목받는 경우도 있다. 반대로 회사가 보유하고 있던 부동산의 가치 하락으로 빚만 지고 시장에서 퇴출되는 회사도 여럿 볼 수 있었다.

"우리나라에서 사업을 해서 돈을 벌겠다는 생각은 버려야 해요. 돈이 될 만한 건물을 사서 회사 규모를 늘려가지 않는 이상 회사 성장은 그림의 떡입니다"라고 말하는 어느 사장님의 자조 섞인 한탄을 들으며 회사 본연의 비즈니스로 기업을 성장시키기가 얼마나 힘든 것인지를 새삼 느껴본다.

이처럼 기업을 설립하고 지속적인 성장을 유지하는 일은 정말 어렵다. 창업 초창기 좋은 아이템을 가지고 어느 정도의 성공을 거둔 대다수의 기업들이 얼마 지나지 않아 어려움에 봉착하는 모습을 보면서, 그 이유에 대해 많은 고민을 해보았다.

당연히 과제가 있으면 해결책도 있기 마련인데, 해결책을 마련하기 위해서는 원인 분석부터 이루어져야 한다는 생각에 아래와 같이 그 원인에 대해 분석해보았다. 조직이 성장해가는 데 필요한 전략적 행동이나 구조, 관리 시스템은 조직의 성장과 규모의 확대에 따라 변화해갈 수밖에 없다.

조직이 탄생하여 성장, 성숙해 나가는 단계를 ① 기업가 단계, ② 공동체 단계, ③ 공식화 단계, ④ 정교화 단계로 분류해볼 때 대부분의 문제가 이 4가지 단계로 이전하는 단계별 직전, 직후에 발생한다는 점에 주목할 필요가 있다.

도표에서처럼 '기업가-공동체-공식화-정교화'의 4단계로 나누어 설명해보고자 한다.

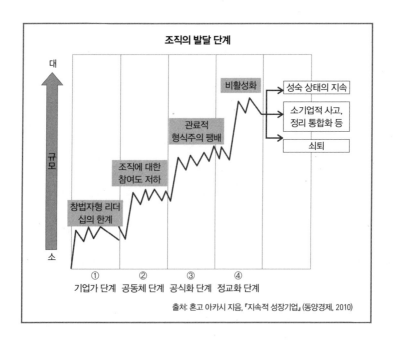

조직의 발달 단계

출처: 혼고 아카시 지음, 「지속적 성장기업」(동양경제, 2010)

우선 ① 기업가 단계에서는 기업가인 창립자 자신이 실무 활동에 주력하며 사활을 건다. 따라서 조직은 비공식적이다. 이 단계에서 중시하는 것은 창업자의 창조성과 혁신성이며, 조직을 통제하는 일도 창립자의 지휘로만 이루어진다. 그러나 조직이 성장하면 직원수가 증가하는 등 창립자의 능력만으로는 관리할 수 없는 자원을 다루게 되면서, 조직은 창립자 개인이 통제할 수 있는 한계를 넘어선다.

따라서 조직이 꾸준히 성장해서 다음 단계로 이동하기 위해서는 유능한 관리자를 고용하거나 조직 구조를 조정하는 등 지금까지와는 다른 새로운 형태의 리더십을 발휘해야 하는데, 많은 창업자가 당장 눈앞의 현안에서 벗어나지 못하는 근시안적인 사고에 머물러 있거나 혹은 작은 성공 체험의 늪에서 빠져나오지 못하는 상황에 놓여 있는 것이다.

판교에 있는 게임 소프트웨어를 개발하는 A사의 경우가 이렇다. 대형 게임 개발사에서 중요한 보직을 맡아 꽤 비중 있는 영향력을 발휘하던 대표가 자신이 데리고 있던 멤버 몇 명과 함께 독립해서 만든 회사가 A사다. 현장에서 개발자로 일한 대표의 실력 덕분에 설립 후 초창기에는 여기저기서 주문이 쇄도하고 같이 협력해서 일하자는 제의도 많이 들어오고 해서 한동안 사세는 확장일로에 들어서는 듯해 보였다.

그러나 이러한 성장은 오래가지 못했다. 눈앞의 현안에만 몰두해 있다 보니 큰 그림을 그리는 데 한계에 봉착했기 때문이다. 대표 자신이 개발자 출신이다 보니 큰 그림을 그리기에는 역량이 따라주지 못했던 면도 없지 않았다. 다른 영역의 전문가들과 교류를 하며 시야를 넓히고 지혜의 폭을 키우려는 노력을 했어야 하는데, 당장 눈앞의 과제 해결에만 몰입하다 보니 조직전체의 힘을 키우는 것까지는 미처 신경을 쓰지 못했던 것이다.

다행히도 ①의 단계를 극복하고 유능한 간부들이 그들의 리더십을 발휘할 수 있는 구조로 바뀌게 되면, ②의 단계를 지나가야 한다. ② 공동체 단계는 강력한 리더십의 발휘로 명확한 조직의 목표와 방향성이 제시되고 권한의 계층 구조와 분업체계가 확립되는 등 조직 내부의 통합을 꾀하는 단계다. 직원은 조직의 사명을 자신의 사명으로 인식하고 조직의 일원으로서 일하는 것에 긍지를 가지고 있으나, 아직까지는 가족적인 분위기에서 허물없는 의사소통과 리더의 특성에 따른 통제를 우선시하는 단계다.

그러나 조직의 규모가 커지고 강력한 톱다운 방식의 리더십이 두드러지면서, 구성원은 자기 자신이 충분한 권한을 갖고 있지 않다는 사실을 인식하게 되고 그러면서 조직에 대한 참여도도 떨어지게 된다. 따라서 지금까지 강력한 권한을 가지고 있던 경영자가 권한과 책임을 내려놓을 수 있는지, 그리고 경영자의 직접적 지휘 없이도 각 부문을 제어·통제할 수 있는 체제를 구축할 수 있는지가 다음 단계로 가는 성장의 가늠자가 된다.

② 공동체 단계의 극복을 위해서는 무엇보다도 창립자의 권한이양이 절대적으로 필요하며 이와 함께 조직이 경영자의 직접적인 지휘 없이도 아무런 문제없이 굴러갈 수 있는 체제나 시스템이 갖춰져 있어야 한다는 전제가 필요하다.

가끔 '권한이양'이 필요하다는 말에 아무런 대책 없이 관리자들에게 주요 권한을 넘겨주는 경우를 보곤 하는데, 무능한 관리자라고 해서 이미 넘겨준 권한을 다시 회수한다는 건 엄청난 리스크가 따르는 일이라는 점을 명심해야 한다. 권한이양을 할 때는 상대방이 그만한 자질이 있는지, 준비가 되어 있는지, 시스템이 갖추어져 있는지에 대한 충분한 검토가 이루어져야 한다.

이 과정을 통과하면 ③ 공식화 단계로 들어선다. 공식화 단계에서는 규칙과 순서, 통제 시스템이 도입된다. 비공식적인 의사소통은 줄어들면서, 보다 정형화된 시스템을 갖춰가는 모습을 보인다. 경영자는 전략을 세우는 데 더 많은 노력을 쏟게 되고, 현장 관리는 중간관리자에게 위임한다. 이 단계에서는 경영자와 현장을 연결하는 조직관리의 구조가 구축되어 있기 때문에 안정된 성장이 가능하다.

이를 관료적 형식주의라고 부르는데, 조직이 더 크고 복잡해지면 시스템과 제도가 증가하면서 현장을 책임지는 중간관리자가 막중한 부담을 느끼는 등의 폐해가 나타나기도 한다. 조직의 구성원에 따라서는 규칙 준수가 목표가 되는 '목표의 치환' 현상이 일어나기도 한다. 또 혁신을 꺼려하고 소속 부문의 목표에만 관심을 갖는 등 전체의 최적화를 방해하는 환경에 놓이면서 큰 위기에 직면하게 되는 경우도 있다.

구미에 있는 중견기업 B사가 이런 케이스에 속한다. 부지런한 대표이사의 탁월한 리더십과 직원들의 헌신적인 노력 덕분에 한동안 성장을 구가하던 B사에 갑자기 브레이크가 걸렸다. 원인 분석에 골몰하던 나는 간부회의에 참석하면서 이유를 어렴풋이 알게 되었다. 원인은 간단했다. 부서별 이기주의에 빠져 자기 부서의 이익을 우선시하는 현상이 조직 내에 만연해졌던 것이다. 정치적인 용어를 인용한다면 '파벌주의'가 어울릴 듯하다. 자신들이 손해볼 듯한 의사결정에는 드러내놓고 "NO"를 외치는 분위기였다.

조직이라는 것은 전체를 위해 때로는 본인이 있는 부서가 손해를 볼 수도 있는 것인데, 조금이라도 불리한 입장에 놓이게 되면 부서장이 나서서 자신이 속해 있는 부문의 이익을 사수하기 위해 필사적인 모습을 보였던 것이다. 그러다 보니 다른 부서도 단기적인 측면에서는 절대 손해를 보지 않으려는 경향이 뚜렷이 나타나면서 언제부터인가 미래를 이야기하는 중장기적 시각은 사라져버리고 말았다.

마지막은 ④ 정교화 단계다. 이 단계로 이동하기 위해서는 공식화 단계에서 발생하는 지나친 관료적 형식주의를 해결해야 한다. 사업 부문과 업무 부문을 수평적으로 연결하는 팀을 형성하는 등 새로운 협력 관계를 구축하거나, 조직을 복수의 부문으로 분할하여 모험을 기꺼이 감수하는 벤처적인 가치관과 발상을 재구축하고, 권한이양을 추진해야 앞 단계로의 이동이 가능해진다.

그러나 이 대목에서 가끔 새로운 조직체계나 비즈니스 모델에 대해 '우리와 맞지 않다' 등의 문제 제기를 하는 경우가 있다. 이 때문에 사업 영역과 비즈니스 모델을 쇄신하는 것과 같은 조직을 다시 활성화할 수 있는 방안에 대한 제로베이스의 검토가 필요하다. 거대한 공룡 조직의 몰락을 반면교사로 삼아 가급적 쉽게 움직일 수 있는 노마드 정신이 필요한 단계라고도 할 수 있다. 조직을 가급적 소형 유닛으로 슬림화하고 조직의 움직임에 생명력을 불어넣는 전략이 필요한 시점이다.

성장 단계별로 조직이 마주하게 되는 4가지 성장통에 대해 살펴보았다. 어떤 조직은 모든 장애물을 거침없이 걷어치우며 앞으로 나아가는 모습을 보여주기도 하지만, 대부분의 조직은 앞에서 열거한 성장의 벽 때문에 상당히 고통스러워했으며 심지어 주저앉는 경우도 있었다.

이런 모습을 보면서 한 가지 흥미로운 사실을 발견했다. 단계별 장애물을 극복하고 꾸준히 성장을 이어가는 기업과 도중에 주저앉아 일어나지 못하는 기업들 사이에는 혼의 유무가 있더라는 것이다.

조직의 근간에 창업자의 혼이 흐르는 기업은 다소 어려운 길을 걷기는 해도 결국에는 모든 장애물을 극복하는 반면, 혼이 없는 기업은 단계별 장벽에 어김없이 굴복하는 모습을 보여주었다. 혼이라는 것이 기업 경영에도 이렇게 큰 영향을 미치는구나 하는 감탄사가 절로 나왔다.

'영혼이 있는 기업이란 어떤 것인가?'에 대해 다시 한번 생각하면서 어떻게 하면 기업에 혼을 불어넣을 수 있을지에 대한 과제를 떠안은 계기가 되었다.

10
공평함이
최선은 아니다

　'평등'이라는 키워드는 언젠가부터 우리 사회에서 중요한 화두가 되었다. 나보다 잘난 사람을 절대 인정하지 않으려는 문화는 아마도 우리 민족만이 가지고 있는 독특한 국민성이 되어버린 듯한 느낌이다. 노력하여 큰 기업을 일군 사업가는 말할 것도 없고 사회적으로 유명한 학자나 천신만고 끝에 고위직에 오른 사람들처럼 누가 보더라도 존경을 받아 마땅한 인물에 대해서도 '저들이 나하고 다른 게 뭐야? 왜 저 사람들만 저렇게 대접을 받아야 돼?'라는 식의, 절대로 그들과 나의 차이를 인정하지 않겠다는 눈으로 유명 인사를 바라보는 사람들이 적지 않다.

　이 문제에 대해 수년 전에 『이분법 사회를 넘어서』라는 책을 발간한 서울대학교 사회학과의 송호근 교수와 대담을 나눈 적이 있다. 그분은 이 문제에 대해 "성장 위주의 국가 정책이 빚어낸 불평등의 문제입니다. 성장기에 발생한 잘못된 관행이나 편법이 아무런 제재 없이 그대로 정당화되어버린 이유가 가장 크다고 볼 수 있습니다"라고 말하며, "공정하지 못했던 과거의 대한민국에 그 책임이 있다"라고 주장하였던 기억이 난다. 이러한 견해는 이분뿐 아니라 대부분의 사회학자들이 갖고 있는 보편적인 의견으로 보인다. 그만큼 우리의 과거가 떳떳하지 못했기 때문에 결과에 승복하고 차이를 인정하는 문화가 형성되기 어려웠다는 것이다. 이를 바로잡기 위해서는 일정 기간의 여과과정이 필요하다고 다들 이야기한다.

비슷한 논리가 조직의 상황에서도 일부 보이는 경우가 있다. 다음은 최근에 경험한 어느 조직에서 있었던 '핵심인재'와 관련된 사건이다.

일반 소비자를 상대로 한 비즈니스 모델 때문에 나름 유명세를 타고 있던 A기업에서 얼마 전 있었던 일이다.

사장의 지시로 핵심인재를 선발하고 그들에 대한 지원책과 육성방안을 마련하여 전사에 공지했는데, 현장에서 난리가 났다. "핵심인재의 선발 기준이 뭐냐?"에서 시작해서 "왜 그들은 되고, 나는 안 되는지에 대한 명확한 이유를 설명해달라"는 식의 불만의 목소리가 쇄도한 것이다. 심지어 핵심인재에게 적용되는 각종 혜택들도 모든 사원에게 공평하게 적용해줄 것을 요구하는 연판장까지 작성되어 경영진에게 전달이 된 모양이다. 이유는 그 회사의 오너가 자격이 안 되는 주변 특정 인물들만 챙겼던 과거의 악습에 대해 직원들이 좋지 않은 기억을 갖고 있었기 때문이라고 한다.

결국 그 회사는 '핵심인재 관리 프로젝트' 자체를 없었던 일로 취소하면서 사태를 일단 마무리했는데, 이를 주관했던 부서 사람들의 고생과 허탈함은 이루 말할 수가 없었다고 한다. 물론 과거의 공정치 못했던 행적 탓에 핵심인재 선발을 반대하고 나서는 것도 이해가 가지 않기는 하지만, 사람의 능력이 균일하지 않다는 것을 모르지는 않을 텐데 이건 좀 상식 이하의 행동이 아닌가 하는 생각도 들었다.

퍼센트의 차이는 다소 있겠지만 어느 조직이든 상위 20%의 A급 직원과 하위 20%의 C급 직원이 같은 지붕 아래 공존하고 있는 것은 엄연한 사실이다. 거기에 더해 심한 경우 A급 직원들의 탁월한 업무능력 덕분에 조직 전체가 굴러가는 회사도 적지 않다. 그렇다고 C급 직원이 필요 없다는 말은 아니다. 그들이 없다고 C급 직원이 아예 사라지고 없느냐 하면 그렇지도 않기 때문이다. 때가 되면 다시 B급에서 C급으로 내려오는 직원들이 하나둘씩 생기기 때문에 내려오는 B급 인재를 예방하기 위해서라도 일정 부분의 C급 직원은 현실적으로 필수불가결한 존재이다. 문제는 조직에서 엄연히 존재하는 A, B, C의 능력 차이를 일부 직원들은 인정하지 않으려 한다는 점에 있다.

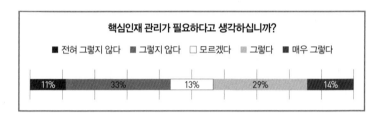

핵심인재 관리가 필요하다고 생각하십니까?
■ 전혀 그렇지 않다 ■ 그렇지 않다 □ 모르겠다 ■ 그렇다 ■ 매우 그렇다

11% 33% 13% 29% 14%

위의 도표는 2017년, 어느 교육기관에서 주관한 '핵심인재'를 테마로 한 세미나에 참석한 사람들을 대상으로 조사한 결과다. 230명을 대상으로 한 조사에서 핵심인재 관리의 필요성을 느끼는 사람들은 총 100명(그렇다 67명, 매우 그렇다 33명)이었고, 필요치 않다고 응답한 사람들의 숫자도 100명(전혀 그렇지 않다 25명, 그렇지 않다 75명)으로 필요성과 불필요성에 대한 의견이 정확히 반으로 갈리는 현상이 나타났다.

그러나 내용을 자세히 살펴보면 기업의 규모가 클수록 필요성을 느끼는 쪽의 의견이 많았고, 기업의 규모가 작을수록 필요성을 느끼지 않는 쪽의 의견이 많았다. 역시나 핵심인재 관리의 필요성은 기업의 규모에 비례함을 알 수가 있었다.

핵심인재 관리의 필요성은 공감하고 있지만, 현실적인 운용에 있어서는 애로사항이 크다는 의견들이 많아서 이 부분에 대한 질문을 따로 해보았더니 다음과 같은 결과가 나왔다.

다음의 도표에서 보듯이 "도입에 어려움을 겪는 이유는 무엇인가?"라는 질문에 대해 '기존 직원과의 형평성'(38%), '선발의 공정성'(29%), '비용 문제'(15%), '해당자원이 적어서'(10%), '기타'(8%) 순으로 나타났다. 논리적으로 생각해보면 선발의 공정성이나 비용 문제가 큰 장애요인으로 거론되는 것이 마땅할 텐데, 실제로는 기존 직원들과의 형평성의 문제, 즉 누구는 되고 누구는 안 되는 이유가 무엇이냐와 같은 현장에 깔린 '평등주의'를 어떻게 처리할 것인가에 대한 고민이 가장 큰 애로사항으로 여겨지고 있었다.

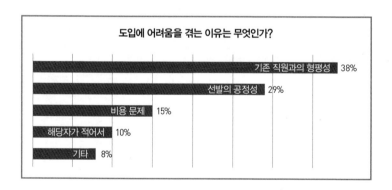

인도주의적 관점에서 본다면, 사람은 모두가 평등해야 하고

불공정한 대접을 받지 말아야 할 권리가 있다는 사실은 부정할 수 없다. 하지만 비즈니스적인 관점에서 보면 이런 논리는 매우 위험한 사고다. 이 부문은 인간의 기본적인 심리구조에서 그 해답을 찾을 수 있다. 인간은 절대적인 기준보다는 상대적인 비교에 훨씬 민감하게 반응하기 때문이다.

여기에는 크게 2가지 심리가 작용한다.

첫째, 상대적 박탈감이다. 예를 들면 열심히 일했음에도 불구하고 그에 상응하는 대가를 받지 못하는 현실은 참고 넘어갈 수 있을지 모르지만, 대충 일하면서도 열심히 일한 나와 아무런 차이가 나지 않는 대우를 받는 동료를 그대로 방치하는 상황은 용서하지 못한다는 사실이다.

그래서 조직은 불성실한 직원이 발생할 시에는 신속히 조치를 취해야 한다. 그런 상황을 내버려두고 방치할 경우 조직의 분위기가 이상해지는 것은 물론이고, 성실히 일하고 있는 직원들로 하여금 '왜 나만 열심히 일하는 거지?' 하는 상대적인 박탈감을 느끼게 만들기 때문이다.

둘째, 적당주의 현상의 만연이다. 이는 조직에 대한 충성도가 사라진 '애사심 제로'의 상황이라기보다는, 할 수 있는 범주의 절반 정도에서만 움직이려고 하는 적당주의 현상을 의미한다. C급 사원들에게서 보이는 무임승차 현상이 A급 사원들에게도 나타나기 시작하는 것을 말한다.

아무리 우수한 실적을 내도 C급 직원들과 별반 다를 바 없는 평등한 보상을 받는다고 한다면, 실적의 평균을 유지하며 아웃풋을 내려는 노력을 기울이지 않을 것이다. 이런 문제는 종종 개별 인센티브와 집단 인센티브 중에 어느 쪽이 더 효과적인가 하는 문제로도 연결된다.

이 문제에 대해 프랑스의 저명한 경제학자인 마야 보발레는 『인센티브와 무임승차』에서 "집단 인센티브의 효과는 거꾸로 된 U자형 곡선을 그리는 것과 같다. 간단히 말하면 최하위 사원과 최우수 사원은 집단 인센티브를 적용하면 일을 더 안 한다. 그런데 최우수 사원이 일을 덜 하는 것은 문제가 크다. 최우수 사원은 다른 동료들이 작업 속도와 효율성을 따라올 때까지 기다려도 된다고 생각하는데, 일을 신속히 하고 성과를 내는 일이 자신에게 아무런 도움이 되지 않는다고 생각하기 때문이다"라고 말했다.

이런 심리적인 이유는 둘째 치더라도, 기본적으로 모든 사람이 공평한 능력을 가지고 있지 않다는 사실을 조직은 엄중히 받아들여야 한다. 그런 사고를 기본에 깔고 인사정책을 시행해야 한다. A급은 A급에 맞게, C급은 C급에 맞는 대우를 해줘야 한다. 공평하고 평등하다고 무조건 좋은 것이 아니다. 우수한 업무능력을 보여주는 직원들과 아무리 가르쳐도 제대로 따라오지 못하는 직원들을 공평하게 대우할 경우 조직은 반드시 하향평준화의 길로 접어들 것이다. 그리고 무임승차하는 직원들의 숫자도 점점 늘어날 것이다. 그때 가서 후회해봐야 침몰하고 있는 배에서 아우성치고 있는 모습과 다를 바 없을 것이다.

11
일하는 방식보다
중요한 것

　요즘 HR을 담당하고 있는 사람들로부터 심심치 않게 듣는 질문 중 하나가, "재택근무 어떻게 생각하십니까?"이다. 우리나라에서 재택근무를 도입하고 있는 기업은 거의 없지만 이웃 나라 일본의 대기업들 사이에서 거세게 불어닥치고 있는 재택근무 열풍이 우리에게도 적지 않게 영향을 미치는 모양이다.

　실례로 일본의 최대 자동차 메이커인 도요타자동차가 2016년 6월 '일주일에 2시간만 회사에 나오고 나머지는 집에서 근무하라'는 재택근무 조항을 발표해서 큰 화제를 모은 바 있다. 적용 대상도 연구개발, 기술직 등 2만 5,000명으로 전체 직원 7만 2,000명 중 3분의 1에 해당한다. 그 뒤를 이어 일본 최대의 IT회사 후지쯔를 비롯하여 식품회사 아지노모토, 제과회사 가르비, 남성전용 화장품 메이커인 맨담 같은 내로라하는 대형 메이커들이 앞다투어 재택근무를 실시하겠다고 발표했다.

일본이 이렇게 재택근무에 열을 올리는 가장 큰 이유는 부족한 일손을 메우기 위함이다. 2020년 도쿄 올림픽을 앞두고 경제 호황을 누리고 있는 일본은 요즘 심각한 일손 부족 현상에 시달리고 있다. 이런 상황에서 개인적인 이유 때문에 사원들이 회사를 그만두는 일을 방지하기 위해 이런 현상이 벌어지고 있는 것이다.

이러한 현실적인 이유와 함께 일본 정부가 천명한 '일하는 방식의 개혁'도 한몫을 했다. 재택근무를 도입하는 회사에 대해서는 큰 세제 혜택을 주겠다고 발표한 것이다. 일본 정부는 탄력 근무, 재택근무를 확산해 고령화로 인한 노동 인력 부족 현상을 막겠다는 의도로 2020년까지 일본 노동 인구의 10%가 최소 1회 재택근무를 하는 것을 목표로 한다고 발표했다.

이웃 나라 일본의 노동 상황이 이렇게 돌아가자 우리나라 정부 관계자들이나 기업들 사이에서도 심각하게 재택근무에 대한 고민을 하기 시작했다. 그런데 갑자기 터진 외신 하나가 모든 관계자의 사고를 멈추게 했다. 2017년 2월, IBM이 발표한 '재택근무 완전 폐지' 선언이다.

사실 IBM 이전에도 애플, 구글 같은 미국의 많은 기업이 재택근무제를 폐지한다고 발표했었지만 IBM의 폐지 선언이 더 충격파가 큰 이유는 IBM이 수십 년간 많은 미국 기업에게 재택근무제의 전도사 역할을 해왔기 때문이다.

IBM이 사내영상 메시지를 통해 발송한 메시지의 내용은 다음과 같다.

"미국 내 마케팅 부문 직원들은 앞으로 30일 안에 샌프란시스코, 보스턴, 뉴욕, 애틀랜타, 롤리, 오스틴 등 6곳에 있는 지역 거점 사무실로 출근할 것을 결정하든지 아니면 사표를 내든지 둘 중 하나를 선택해야 한다."

IBM은 재택근무 폐지의 배경으로 구글, 페이스북, 애플과의 경쟁을 거론하며 소프트웨어와 시스템 등 모든 부문에 걸쳐 재택근무 폐지를 전사적으로 실행한다고 발표했다.

여기에서 IBM의 재택근무 역사에 대해 잠시 살펴보자. IBM의 재택근무는 대략 20년 전으로 거슬러 올라간다. 가장 많이 재택근무를 했던 때는 2009년으로 이 당시에는 38만 6,000명의 직원 중 40%가 재택근무 등의 형태로 원격근무를 시행한 것으로 기록되어 있다.

IBM처럼 재택근무제를 폐지하고 사무실 근무를 강화하고자 하는 노력은 다른 미국 기업들도 마찬가지다. 그중에서도 대표주자가 구글과 애플이다. 실제로 이들 기업에서는 가급적 개발자들이 많은 시간을 사내에서 보내게끔 유도하기 위해 회사 내에 세탁 서비스, 자전거 수리센터 같은 생활편의 시설의 서비스 이용까지 적극 제공하고 있는 추세다.

이처럼 상반된 방향으로 가고 있는 미국과 일본의 근무제도 변화를 우리는 과연 어떤 시각으로 바라보아야 할까? 동양과 서양의 문화적 차이로 해석해야 할까? 아니면 서구에서 태동하여 동양으로 옮겨가고 있는 근대 문화의 흐름처럼, 한때는 미국에서 널리 유행한 조직관리 시스템 하나가 이제는 자국에서 생명의 빛을 다하고 동양에서 새롭게 출발하는 전조의 하나로 봐야 할까? 정답이라고는 할 수 없지만 나는 그간의 경험을 바탕으로 '문화'와 '혁신'이라는 2가지 키워드를 가지고 이 문제를 다루어보고자 한다.

첫째, 문화적 관점이다. 우선 일본의 문화를 들여다보자. 우리가 일본의 문화를 이야기할 때 가장 많이 거론하는 단어 중 하나가 '정직과 배려'다. 정직은 자신이 어떤 상황에 놓여 있는지 조직과 약속한 것은 지켜야 한다는 책임감을 낳는다. 이런 책임감은 '나 때문에 조직에 피해를 끼치는 일은 있어서는 안 된다'는 국민성과도 귀결이 되는데, 실제로 일본의 모든 교육기관의 기본 철학은 '남에게 피해를 끼쳐서는 안 된다'는 배려에서부터 시작된다.

그래서 그들은 개인의 삶과 조직의 삶을 생각할 때, 조직을 우선시하는 경향이 있다. 이유는 자신이 속한 조직의 멤버들에게 절대 피해를 끼쳐서는 안 된다는 사고방식이 강하게 작용하기 때문이다. 일본인들에게 일하는 장소가 그리 중요하지 않은 이유다.

반면, 미국인들에게 삶의 우선순위는 가족이다. 아이들이 학교에 입학하거나 졸업할 때는 말할 것도 없고, 아이들이 스포츠 대회에 나가는 일이라도 생기면 부모들은 회사 출근보다는 운동장에 모습을 드러내고 아이들에게 열심히 응원을 보낸다. 미국에서 발간된 성공한 기업가들의 자서전에서 빠지지 않고 거의 공통적으로 들어가는 내용 중 하나가 '가족들과 보내는 시간의 소중함'이다. 가족들과 시간을 보내기 위해서 1~2년 휴직계를 내는 유명 CEO 소식도 심심치 않게 보도된다.

심지어 얼마 전에는 미국 공화당의 차기 대선주자로 불리는 폴 라이온 연방 하원의회 의장이 더 늦기 전에 아이들과 더 많은 시간을 함께하고 싶다면서 정계 은퇴를 선언하기도 했다. 폴 라이온의 정계 은퇴 선언은 대중적 인기도 높았을 뿐 아니라 유력한 대선 후보였기 때문에 사회적으로도 큰 이슈가 되었다. 사실 정계 은퇴 이유가 가족과 함께하고 싶다는 것이었기 때문에 더 큰 화제가 된 측면도 있다.

이렇듯 그들은 휴식을 취하는 집과, 일하는 직장을 철저히 분리해서 생각하는 경향이 강하다. 가족을 위해서 직장을 그만둔다는 사고가 그렇게 이상하게 들리지 않는 이유 중의 하나다.

둘째, 혁신적 관점이다. 기업이 어떤 비즈니스 모델을 가지고 있느냐의 문제다. 제조 기반의 비즈니스 모델에 비해 창의적 아이디어가 필요한 기업의 경우 최근 Face-to-Face 환경을 조성해주는 것이 큰 효과를 얻는 것으로 보고되고 있다.

예를 들면, 맥길대학교 심리학과의 케빈 던바 교수는 '창의적인 아이디어는 어떻게 만들어지는지'를 알아보기 위해 연구실 곳곳에 CCTV를 설치하고 무려 3개월에 걸쳐 과학자들의 행동 패턴을 녹화하고 분석했다.

과학 분야에서의 창의적인 아이디어를 생각한다면 흔히들 한 천재 과학자가 실험실에서 혼자 고개를 숙이고 현미경을 한참 들여다보거나 깊은 사색에 잠기는 그런 그림을 떠올리기가 쉬울 것이다.

하지만 던바 교수의 실험 결과는 이와 달랐다. 실제로 창의적인 아이디어는 한 사람의 피나는 노력보다는 몇 명의 사람과 커피를 마시며 최근의 연구 결과에 대해 수다를 떠는 가벼운 모임에서 자주 나왔다는 것이다. 던바 교수는 이 연구를 통해 탁월한 아이디어는 현미경이 아닌 커피 자판기 앞에서 얻어지는 것이라고 결론을 내렸다.

이런 연구 결과의 영향인지는 모르겠지만, 재택근무제를 폐지하는 데 앞장서고 있는 미국 기업들은 애플, 구글 같은 혁신형 기업이 대부분이다. IBM도 과거 기업형 컴퓨터 같은 제조 기반의 수익모델에서 탈피하여 클라우드 서비스 같은 지식 기반형 서비스 모델을 주력으로 삼고 있고, 최근의 "사무실로 출근하라"는 지시도 이런 사업 모델의 변화와도 무관하지 않은 것으로 보인다.

반면 재택근무를 늘리고 있는 일본 기업들의 이름을 면면히 들여다보면, 소프트뱅크 같은 혁신형 기업의 이름은 아직 나오지 않고 있고 대부분 제조를 바탕으로 한 기업군들의 이름만이 보일 뿐이다. 이런 면에서 볼 때, 주력으로 하는 사업 모델이 무엇이냐에 따라서 근무형태의 변화에 의한 효과 또한 다르지 않을까 하는 추론을 해본다.

그렇다면 우리는 어떤 모델을 따라가는 것이 좋을까? 그전에 우리나라 직장인은 재택근무 같은 유연근무제에 대해 어떤 생각을 가지고 있을까?

취업 포털 잡코리아가 전국의 직장인 1,009명을 대상으로 실시한 설문조사에 따르면(2018년 2월 19일, 복수응답), 직장인의 90.4%가 유연근무제에 찬성했으며 그 이유에 대해서는 업무효율성 증대(55.2%), 불필요한 야근 감소(23.8%), 육아 등의 개인적 사유(16.0%), 기존 도입 기업들의 긍정적 효과(4.0%) 순으로 나타났다. 업종별로는 금융업(27.3%), 중공업/조선/석유/화학(23.1%), 식음료/외식업(19.0%), 건설업(18.8%), 서비스업(17.5%), IT 정보통신(16.6%) 순으로 응답했다. 현재 유연근무제를 실시하고 있다고 답한 기업들에게 근무형태를 물어보는 질문에 대해서는 자율출퇴근제(37.7%), 선택적 근로시간(26.0%), 재택근무제(6.5%), 집중근무제(4.5%) 순으로 답하였다고 한다.

역시나 가장 많이 취하고 있는 형태는 출퇴근 시간의 조정에 있음을 알 수 있었다. 이 설문조사의 결과에도 나와 있듯이 유연근무제를 희망하는 직장인들이 압도적이라는 사실을 두고 볼 때, 점점 그런 쪽으로 근무형태가 변하게 될 거라는 점은 부정할 수 없는 사실이다.

문제는 근무형태에 있는데, 이 문제는 확연한 장단점이 있기 때문에 사실 조금 고민할 필요가 있다. 재택근무는 출퇴근이나 무의미한 회의에 들어가는 '불필요한 시간'을 줄일 수 있다는 장점이 무엇보다 돋보이는 제도다. 사무실 출근 근무는 '커뮤니케이션의 촉진'이라는 측면에서 탁월한 효과가 있다. 따라서 원격근무제를 생각함에 있어, '우리가 가지고 있는 문화와 사업 모델이 무엇이냐?'가 우선적으로 고려되어야 할 것이다.

전략을 세우고 제도를 시행하기에 앞서 지금 우리가 가지고

있는 조직문화는 어떤 것인지, 그리고 지금 주력으로 하는 사업
모델은 무엇인지, 어떤 방향으로 나아가기를 원하는지에 대한
방향성 설정에 대한 고찰이 먼저 선행되어야 하겠다. 사무실로
의 출근이냐, 재택근무냐의 문제는 그다음에 생각하는 것이 시
행착오를 줄이는 길이 아닌가 생각해본다.

12
<u>나눔과 도전의 인생에</u>
<u>후회는 없다</u>

타인에게 나를 이야기할 때 과거에 이룩했던 업적을 설명하는 것만큼 손쉬운 방법은 없다. 그러나 대한민국 인터넷 사업가 1호로 불리는 ㈜코글로닷컴의 이금룡 회장은 화려했던 과거보다는 항상 현재를 보고 미래를 설계하는 분으로 유명하다. 시간이 지나면서 그분이 말씀한 것들이 맞아떨어질 때는 마치 예언자인 듯한 착각마저 들게 만든다. 하지만 이분의 직업이 예언자는 아니다. 기업인이라면 모르는 사람이 없을 정도로 꽤나 유명한 비즈니스맨이며, 삼성맨 출신으로 홈플러스의 론칭을 거쳐 옥션의 신화를 이룩했을 정도로 벤처 업계에서는 꽤나 알려진 분이다.

그런 이금룡 회장이 얼마 전 한 통의 전화를 걸어왔다. "신 사장, 요새 내가 새로운 봉사활동을 하나 시작했는데, 도와줄 수 있겠어?" "예, 회장님. 물론이죠! 근데 무슨 일을 또 시작하셨는데요?" "새로 벤처 창업하는 젊은이들을 위해서 전문 분야별로 '멘토단'을 구성하려고 하거든. 내가 가지고 있는 인적자산으로 뭔가 뜻깊은 일을 하고 싶은 마음에서 시작했으니 신 사장도 꼭 들어와야 해!"

뭔지는 잘 몰랐지만, 선생님이 하라고 하면 무조건 하는 거라는 생각에 무조건 "Yes"라고 대답은 했는데, 구체적으로 뭔지가 궁금했다. 그리고 내친김에 요즘 쓰고 있는 책의 원고도 확보할 겸 그분의 '지혜의 샘'을 들여다보는 시간을 갖기로 했다.

이금룡 회장은 공채로 삼성물산에 입사했고, 삼성그룹 비서실을 거쳐 홈플러스를 론칭하고 인터넷 삼성몰을 오픈했던 인물이다. 일반인들에게는 '인터넷'이라는 용어 자체가 생소했던 시절, 과감히 지금의 인터넷 세상을 예측하고 대한민국에 '인터넷 사업'이라는 제3의 시장을 개척했던 인물이기도 하다.

신경수: 처음 인터넷 사업을 접했을 때 어떤 기분이었는지 여쭤봐도 될까요?

이금룡: 종합상사에 들어가면 가장 먼저 가르치는 게 있어요. 착안대국, 착수소국이지요. 이게 뭐냐 하면 사물을 볼 때는 크게 보고, 일을 시작할 때는 디테일하게 하라는 뜻이에요. 모든 일에는 양면이 있어요. 예를 들어 중동에서 혁명이 일어나서 회교 근본주의자가 정권을 잡는다면 규율이 엄격해지면서 여성들에게 히잡과 차도르를 쓰게 하겠죠. 그러면 섬유가 엄청나게 필요해지는 겁니다. 종합상사는 하나의 사건을 갖고 그 뒤의 일을 정교하게 예측해서 양쪽을 연결해 커미션을 얻는 사업이에요.

저는 인터넷 사업도 그렇게 봤습니다. 신규 사업을 할 때는 2가지 원칙이 있어요. 하나는 가능성, 다른 하나는 잠재성입니다. 이 사업이 가능성이 있다고 말할 때는 그 사업의 싹들이 돋아나고 있으니 사업이 커질 수밖에 없고, 잠재성이 있다고 한다면 지금은 안 보이는데 뭔가가 있다는 걸 말하는 거죠.

이금룡 회장은 가능성 속에서 확신을 얻는 가장 좋은 방법으로, 수많은 정보를 검색하고 조사하며 공부하는 것을 꼽았다. 이야기 중에 일어나서 가져온 두꺼운 스크랩북에는 삼성물산 조사과 기획실로 발령이 나면서부터 지금까지 쉬지 않고 모아온 신문 기사들이 가득했다. 누렇게 빛바랜 1983년도 기사가 눈에 들어오는 와중에 얼핏 봐도 컴퓨터 관련 기사 스크랩 숫자가 압도적이었다. 이와 별도로 역사와 관련한 스크랩북 역시 두

틈했다. 과거로부터 배우고 그것을 기반으로 미래를 예측하는 이 회장의 철학을 엿볼 수 있는 대목이었다.

신경수: 성공의 가능성은 어떤 기준으로 판단을 하세요?

이금룡: 잠재성은 시간 문제고 가능성은 전략 문제예요. 가능성에서 성공을 하려면 3가지가 필요해요. 바로 '혁신', '스피드', '규모'예요. 가능성의 승자를 전문용어로 '마지막 승자Last Winner'라고 하는데 이는 혁신적인 기술을 내놓음으로써 다른 모든 걸 없애버리는 것을 말하는 겁니다. 대표적인 게 네이버예요. 지식검색이 나오면서 다른 포털의 검색이 유명무실해졌으니까요. '가능성'으로 사업에 들어간다면 셋 중 하나는 반드시 있어야 합니다.

40여 년간의 경험과 철학이 담겨 있는 이 회장의 문장들이 날카롭게 사방을 찔러온다. 온라인 플랫폼과 한인을 기반으로 우리나라 중소기업의 해외 수출을 늘리려는 사업을 진행 중인 (주)코글로닷컴의 대표인 이금룡 회장은 기업인인 동시에 기업인들에게 가장 인기가 많은 강연자 중 한 명이기도 하다. 40여 년간 종합상사와 인터넷 산업에 종사하면서 쌓아온 무수한 경험에 자신만의 철학과 소신을 얹어 기업인들에게 피가 되고 살이 되는 조언을 아낌없이 나눠주고 있기 때문이다.

신경수: 요즘 기업인 대상 강연이 많으신데요. 주로 어떤 말씀을 하는지 궁금합니다.

이금룡: 현재 기업들이 가진 가장 큰 문제는 변화가 보이는데도 그걸 읽지 못하는 것이라고 봅니다. 자신에게 도취되어 있어서 그런 겁니다. 어떤 일을 할 때 단선적으로 하면 무조건 실패합니다. 내가 이걸로 승부를 건다? 천만의 말씀이에요. 왜냐하면 성공은 지속되지 않기 때문이에요. 성공이란 성공을 통해서 또 다른 걸 하라는 거예요. 그걸 유지하라는 게 아닙니다. 사업에서의 성공은 또 다른 사업을 위한 재원이라고 봐야 합니다. 세상이 이렇게 돌아가는데 그렇게 앉아 있으면 안 된다는 경각심을 심어주기 위해 많이 다니고 있어요.

어려울 때 버티게 하는 것은 나만의 가치관이다. 이금룡 회장은 자신이 새롭게 추진하고 있는 '도전과 나눔'이라는 사회공헌 사업이 이와 무관하지 않다고 이야기한다. 대한민국은 도전에 대한 자각 현상이 마비되어 있어, 시니어들이 이를 일깨우도록 힘써야 한다는 책임감을 가져야 한다는 것이다. 그렇지 않아도 궁금했는데, 먼저 말씀을 꺼내셔서 여쭤보기로 했다.

신경수: '도전과 나눔'이라고 하셨는데, 어떤 사업을 하는 건가요?

이금룡: 해외의 유력 회사들을 보면 전부 고수 게임입니다. 세계는 고수 게임을 하고 있는데 우리는 아마추어예요. 아마추어는 잘해 봐야 현상유지입니다. 아마추어는 혁신을 할 수 없어요. 야구 해설가였던 하일성 씨는 이런 말을 했습니다. "프로야구의 1군과 2군의 차이를 아느냐"고요. 1군 선수는 시합이 끝나면 "그때 쳤어야 하는데! 그때 친 게 넘어갔어야 하는데! 내가 그때 던졌어야 하는데!"라며 기회를 놓친 것을 안타까워하고 분노하는데, 2군은 이긴 선수나 진 선수나 경기가 끝나면 "나 실수한 거 없지? 괜찮았지?" 즉, 실패를 두려워한다는 겁니다.

두려움에는 2가지 종류가 있습니다. 내가 기회를 놓칠까 봐 두려워하는 사람과 내가 실패할까 봐 두려워하는 사람. 세상은 어떤 사람이 지배할까요? 사회는 기회를 보고 뛰어든 사람이 성공할 확률을 높여줘야 합니다. 이 생태계가 안 되면 기회를 보고 뛰어드는 세력이 줄어들 수밖에 없고, 9급 공무원 경쟁률을 40대 1로 만드는 겁니다. 저는 "요즘 애들은 말이야" 이렇게 말하면 안 된다고 생각해요. 사회가 뛰어들어 개선하고 해결해주기 위해 노력해야죠.

그러면서 한나 아렌트가 쓴 『예루살렘의 아이히만』 이야기를 꺼냈다. 유대인 학살의 주범으로 알려진 아이히만이 전범 재판에 회부돼 "나는 무죄다. 군인이기 때문에 명령에 따른 것밖에 없다"고 주장했지만 결국 인간이라면 생각해야 할 것을 외면

한 죄로 단죄를 받은 '악의 평범성'에 대한 이야기였다.

"이 책은 제게 엄청난 영향을 줬습니다. 제가 왜 '도전과 나눔' 사업을 위해 이리 뛰고 저리 뛰며 150명이 넘는 멘토를 모았겠습니까? 기업가들에게는 인간을 중심에 놓는 인본주의, 윤리의식, 소명의식이 있어야 합니다. 그래야 어려울 때 견딜 수 있어요. 사업에서 어려울 때 버티는 것은 돈을 뛰어넘는 형이상학적인 자기 나름의 가치관이에요."

이어서 이금룡 회장은 '스케일 업'을 강조했다.

"안정적인 수익이 창출되면 거기에 안주하지 말고 반드시 그 단계를 뛰어넘는 '자기혁신'으로 2단계 스케일 업을 이룩해야 합니다. 끝없는 혁신과 도전이야말로 기업인이 가져야 할 책임이에요. 왜 끊임없이 공부하고 책을 읽고 생각을 하냐고요? 인생을 살아보면 2가지 종류가 있어요. 하나는 명품 인생이고 하나는 상품 인생이에요. 전자는 가면 갈수록 가치가 올라가고 후자는 한때는 유용하게 쓰였지만 가면 갈수록 그 가치가 떨어집니다. 명품 인생을 사는 사람은 지혜를 갖고 점점 더 새로운 이야기를 해요. 상품 인생을 사는 사람은 자신이 찬란했던 시절의 이야기만 계속합니다. 나의 포지셔닝을 어디에 둘 것인가를 고민하고 끊임없이 노력하며 막연한 낙관, 근거 없는 낙관을 경계해야 합니다."

이야기를 하다 보니, 어느덧 1시간이 훌쩍 지나가버렸다. 고개를 들어 입구를 바라보니 회장님을 기다리는 듯한 모습의 남성이 나를 쳐다보고 있었다. 빨리 인터뷰를 끝내라는 무언의 시그널을 보내고 있는 느낌이었다.

신경수: 회장님, 다른 손님이 기다리는 듯해서 마지막 질문 하나만 하고 끝낼게요. 조직을 이끄는 데 필요한 리더십에 대해 한 말씀 부탁드려요.

이금룡: 우리가 말하는 리더는 리딩한다는 의미입니다. 리딩한다는 것은 앞으로 나가는 것이지 뒤로 가는 리딩은 없습니다. 그래서 결국은 세상이 어떻게 변하고, 이 변화 속에서 우리는 어떤 기회를 가질 것이고, 이 기회를 가지고 기존에 있는 패러다임을 어떻게 바꿀 것인가에 대한 명확한 자기 확신이 있어야 된다고 봐요. 어떻게 변하는지 그 변화에 대한 흐름과 트렌드와 내용을 자기가 명확히 이해한 다음, 그것을 실행하기 위해 어떻게 마인드를 바꿔야 되고, 어떤 공감대를 가져야 되고, 또 이것이 실현이 될 때까지 수많은 패턴과 어떻게 그 길을 가느냐가 중요합니다.

이를 위해 가장 먼저 해야 할 것은 그것들을 머릿속에 깊이 그리고 있어야 해요. 예를 들어, 5년 뒤에 어떻게 변할 것이라고 가정해 봅시다. 우리는 그것을 '생산 경영'이라고 표현하는데, '창조 경영'하고는 약간 다른 뜻이에요. 현재 안 풀리는 문제를 푸는 것이 '창조 경영'이고, '생산 경영'은 2~3년 후에 어떻게 될 것이라고 내 머릿속에 예상하는 것을 말합니다. 내가 2~3년 뒤에 어떻게 될 것이다, 변화가 올 것이니까 나는 이런 기회를 잡겠다, 나는 이런 변화가 와도 이런 정도로 버티겠다, 나는 이런 변화가 와도 이 정도는 더 하겠다는 그림이 있어야 합니다. 리더는 이렇게 미래를 예측하고 거기에 맞춰가야 할 비전을 그릴 줄 알아야 해요.

인터뷰를 마치고 돌아서는데, 갑자기 "이 책의 주 독자가 누구지요?"라는 질문을 하셔서, "주로 회사에서 일하는 관리자급 간부사원들이에요"라고 답했더니, 마지막 당부의 말이라고 하시면서 다음의 멘트를 꼭 넣어달라고 부탁하셨다. 글의 마무리 멘트로도 어울리는 듯하여 회장님께서 해주신 마지막 코멘트로 글을 정리해볼까 한다.

"가끔은 젊은 후배들이 성공하기 위해 필요한 게 뭐냐는 질문들을 많이 하는데, 꼭 들려주고 싶은 말이 있어요. 주변을 둘러보면 아무 생각 없이 회사생활 하는 직장인들이 너무 많은데, 일어나면 출근하고 시간되면 퇴근하고 그런 무의미한 직장생활은 하지 말라는 거예요.

성공이란 것은 내가 좋아하는 것, 내가 즐기는 것, 내가 잘하는 것, 혹은 내가 가치 있다고 느끼는 것을 추구하는 것이에요. 예전처럼 물건의 가치가 가격에 절대 비례했었던 시절에는 물건의 질과 등급으로 가격을 매겼는데, 지금은 그렇지가 않잖아요. 지식은 원가에 관계없이 가격이 매겨지게 되어 있으니까 어느 수준에 올라서야 한다는 말입니다. 그 어느 수준에 올라가려면 내가 좋아하는 것, 내가 잘하는 것, 내가 가치 있다고 느끼는 것을 가지고 그것이 뭔지 또 그걸 완성하려면 어떻게 해야 하는지에 대해 처절한 고민의 시간을 가져야 해요. 그렇지 않으면 어느 수준으로 올라가기가 어려워요. 좀 더 처절하게 생각하고 고민했으면 좋겠어요. 특히 조직을 이끄는 리더에게 당부하고 싶은 말입니다."

PART 3

리더의 사명

'리더의 사명'은 책임감과 관련한 의미로 해석해보았다. 이 부분은 우리나라에서 특히 강조되는 영역이기도 하다. 우리는 특히나 윗사람의 솔선수범, 즉 책임감을 매우 중요하게 여기는 국가이기 때문이다. 이는 아마도 우리가 유교 문화권에 속해 있었던 역사적인 배경에 그 원인이 있지 않을까 생각한다. 어쨌거나 이는 조직의 리더인 관리자들에게 매우 강조되는 영역이다.

01
책임감과 목표의식으로
무장하라

전문가들은 "앞으로는 직원이 회사를 선택하는 시대가 될 것이다"라고 입을 모아 말한다.

나도 그 말에 100% 동의하는 사람이지만, 그렇다고 능력도 없는, 최소한의 자격요건도 갖추지 못한 직원들조차 회사가 쩔쩔매며 고용을 유지하려 노력할 것이라는 생각은 절대 하지 않는다. 유능한 인재로부터 선택받기 위해 회사도 부단한 노력을 기울여야 하지만, 그에 못지않게 직원들도 회사가 필요로 하는, 회사가 붙잡고 싶은 마음이 들 정도의 매력을 갖고 있지 않으면 안 된다. 본인이 매력적인 직원으로 보일 수 있도록 부단한 노력을 기울여야 한다는 말이다.

그렇다면 매력적인 직원이란 어떤 직원을 말하는 것일까? 이에 대한 정의는 당연히 사람마다 차이가 있을 수 있겠지만 내가 생각하는 매력적인 직원의 이미지는 조직에 대한 공헌도가 높은 직원, 조직이 필요로 하는 직원이다. 한마디로 말하면, '프로 의식'을 갖고 있는 직원이란 뜻이다. 그렇다면 프로 의식이란 무엇인가? 이런 질문을 던지면 사람들의 머릿속에 그려지는 이미지는 대개 표준화가 되어 있다. '자신의 일을 사랑하며, 남의 탓을 하지 않고, 과업을 완수하기 위해 책임감과 사명감을 가지고 그 일에 매달리는 사람'의 이미지가 바로 그것이다.

너무 말만 앞서는 사람, 실패에 대해 남의 탓을 하는 사람, 난잡하거나 공공예절이 부족한 사람, 출근해서 사적인 일에만 매달리는 사람이 바로 옆에서 근무하는 직장 동료라고 한번 생각해보자. 정말 끔찍한 일이다. 꼰대 같은 상사를 둔 상황보다도 더 견디기 힘든 직장생활이 되고 말 것이다. 이런 생각을 입증하는 재미있는 설문 결과가 얼마 전에 보도가 되었기에 여기 소개해본다.

2017년 11월 14일, 현대모비스 사보 팀이 자사 임직원 521명을 대상으로 한 재미있는 설문 결과를 언론을 통해 발표했다. '현대모비스인이 생각하는 베스트&워스트 직장인'이라는 제목을 달고 실시한 설문이었는데, 조사 결과는 다음과 같다.

먼저 워스트 직장인 1위는 '자기 말만 하거나 말이 너무 많은 사람'(42%), 2위 '근무 시간에 다른 일하며 뺀질거리는 사람'(27%), 3위 '공공 매너를 안 지키는 예의 없는 사람'(27%) 순이었다. 상사가 부하에게 바라는 점 1위는 '남의 탓, 상황 탓 하며 핑계대지 않기'(42%), 2위 '지시사항 존중하기'(30%), 3위 '근무 시간에 딴짓 안 하기'(16%) 순으로 나타났다.

반면 부하가 상사에게 바라는 점 1위는 '보고 배울 수 있는 솔선수범의 자세'(44%), 2위 '퇴근시간 임박해서 업무 지시 참아주기'(29%)로 나타났다.

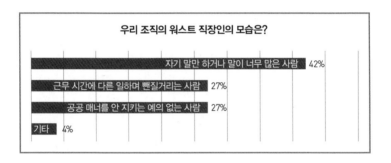

우리 조직의 워스트 직장인의 모습은?

자기 말만 하거나 말이 너무 많은 사람	42%
근무 시간에 다른 일하며 뺀질거리는 사람	27%
공공 매너를 안 지키는 예의 없는 사람	27%
기타	4%

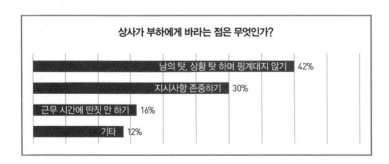

상사가 부하에게 바라는 점은 무엇인가?

남의 탓, 상황 탓 하며 핑계대지 않기	42%
지시사항 존중하기	30%
근무 시간에 딴짓 안 하기	16%
기타	12%

솔선수범을 바라는 상사의 모습은 귀에 못이 박히도록 수도 없이 다루었던 테마인지라 여기서는 생략하겠다. 대신 상사들이 바라는 부하직원의 자세와 워스트 직장인의 모습에 주목하고자 한다. 2개의 서로 다른 질문이지만 공통으로 연상되는 '불량 직장인의 모습'이 살짝 그려지는 듯하다. '핑계를 대면서 회사 일에 집중하지 않는 사람'의 이미지가 그려지지 않는가?

현대모비스 직원들이 '꼴 보기 싫은 동료의 모습'으로 지적한 '회사 일에 집중하지 못하고, 사적인 일에 매달리며 뺀질대는 모습'은 요즘 많은 기업이 고민하고 있는 불량사원 1위의 모습이다. 그들은 'Work and Life Balance'의 의미를 숙면 시간 8시간, 회사 안의 시간 8시간, 회사 밖의 시간 8시간으로 규정하고 있다. 시간 개념으로 '일과 휴식의 균형'을 해석하면서 6시만 되면 하던 일도 접고 퇴근해버리는 것이다. 심지어 제안을 위해 찾아온 어느 회사의 영업사원은 "회사가 얼마를 남기든 나와는 상관없는 일이다"라는 말을 하며, 퇴근 시간을 넘기지 말고 빨리 계약해줄 것을 나에게 요구한 적도 있다.

그렇다면 'Work and Life Balance'의 슬로건이 광풍처럼 몰아치고 있는 2018년의 길목에서 자신의 삶에 대한 만족도를 높여가면서, 조직으로부터도 인정받기 위해서 우리는 어떤 자세를 가져야 하는 것일까? 모두에게 인정받는 직장인의 자세란 어떤 것일까? 그런 것들을 배우고 학습할 수 있는 처세술에는 어떤 것이 있을까? 아니 처세술이란 단어보다는 '바람직한 사고방식'이라는 용어를 쓰자.

결론은 명확하다. 글의 서두에서 언급했듯이 최종 목표는 '매력적인 직원'이 되는 것이다. 팀장들은 물론이거니와 조직의 최상층부도 나를 붙잡기 위해서 직접 나서지 않으면 안 될 정도의 매력을 발산하는 것이다. 나는 이런 매력적인 모습이야말로 진정한 프로의 모습이라고 생각한다. 이런 매력을 발산하는 사람들은 크게 다음과 같은 행동 특징들이 있는데, 2개로 나누어 소개한다.

첫째, 그들은 절대 남의 탓을 하지 않는다. 다른 말로 하면, 프로는 모든 책임을 스스로 떠안는 강한 책임의식을 가지고 있다. 현대모비스의 사원 의식조사에서도 나와 있듯이, 조직에는 실패의 원인에 대해 핑계를 대거나 남의 탓을 하는 사람들이 적지 않다. 가장 보편적으로 나오는 핑계가 회사 탓이고 상사 탓이다. 회사의 브랜드 파워가 약해서 실패했다거나, 지원이 약해서 실패했다는 말은 상습적인 핑곗거리다. 심지어 상사의 잘못된 방향 제시를 거론하며 상사가 책임질 일이지 자신은 아무 잘못이 없다고 말하는 부하직원도 있다.

얼마 전, 을지로의 어느 인터넷 기업에서 있었던 일이다. 급격하게 떨어진 판매 부진의 원인을 분석하는 과정에서 모 과장이 갑자기 일어나 담당팀장이 잘못된 전략을 수립하는 바람에 엉뚱한 타깃이 설정되었고, 그 바람에 자신이 담당하던 분야의 매출이 급락했다며 자신이 책임질 일은 아니라는 취지의 말을 한 적이 있다.

사실 관계를 떠나서 같이 일하는 동료를 공개석상에서 비난하는 것은 직장인의 도리가 아니다. 자신의 상사에게 책임을 떠넘김으로써 위기를 모면할 의도였지만, 결과적으로 그 회사의 어느 누구도 그 과장과 같이 일하겠다는 사람은 나타나지 않았다. 모두에게 '의리 없는 사람'으로 낙인이 찍혔기 때문이다. 비록 실패했다 하더라도 책임을 자신에게 돌리는 사람은 사람들이 붙는다. 그 사람들의 힘으로 다음번에는 멋진 작품을 만들어내는 것이다.

둘째, 그들은 결과에 집중한다. 결과에 집중한다는 것은 모든 과정이 결국은 조직의 이익으로 이어질 수 있게끔 고민에 고민을 거듭한다는 의미다.

현장을 다니다 보면, 100의 월급을 받기 위해서 내가 얼마를 회사에 가져다주어야 하는지에 대한 개념을 전혀 가지고 있지 못한 직원들이 한둘이 아니다. 그동안 슈퍼 엘리트라고 생각했던 어느 직원이 "숭고한 사회적 가치를 위해서는 아무런 이익이 없어도 상관없어요. 과정이 충분했다면 결과는 없어도 괜찮다고 생각합니다"라고 자신 있게 말하는 모습을 보면서 '그러면 차라리 NGO에서 일하지 왜 민간 기업에 있니?'라는 말이 목구멍까지 나온 적도 있다. 이익을 못 내는 기업은 생존할 가치가 없다는 너무나 당연한 사실을 왜 모르는 것일까?

1세기에 한 번 태어날까 말까 할 정도로 그 통찰력을 인정받은 경영학의 구루 피터 드러커 교수는 『프로페셔널의 조건』에서 "이익을 못 내는 기업은 사회적으로 큰 죄를 짓고 있는 것이다. 지식 근로자는 그가 속한 기업이 이익을 창출할 수 있도록 끊임없이 노력해야 하며, 조직을 위해 어떤 공헌을 할 것인지에 초점을 맞추고 결과에 대해서도 책임을 져야 한다. 공헌에 몰입한다는 것은 목표 달성에 대한 책임을 진다는 것이다. 공헌에 몰입하지 않은 사람은 자신을 속이고 조직을 쇠퇴시키며 함께 일하는 사람들을 기만하는 것이다"라고 강조했다.

피터 드러커 교수의 말에 내가 생각하는 프로의 이미지가 고스란히 담겨 있다. 세상을 즐겁게 하는 기업, 세상을 행복하게 하는 기업도 좋지만, 기업의 존재 이유는 '영리 추구'에 있음을 명심하지 않으면 안 된다. 기업은 이익을 내기 위해 존재하는 것으로 이익을 내지 못하는 기업은 존재가치가 없다는 사실은 프로의 세계에서는 당연한 명제로 통한다. 그런 의식으로 무장한 직원이 어찌 매력적으로 보이지 않겠는가? 강한 책임감과 목표의식으로 무장한 그 직원을 조직은 절대 놓치지 않으려 할 것이다. 이런 사고야말로 조직의 일원으로서 당연히 가져야 하는 기본적인 '직원의 도리'인 동시에, 매력적인 직원으로 성장하기 위해 필요한 '프로 정신'의 기본이라고 생각한다.

02
평범함에서 출발한
위대한 리더십

2002년 한국인들이 가장 친근하게 느끼고 가장 좋아했던 나라 중 하나가 네덜란드였다고 한다. 유럽 국가 중에서 우리와 가장 교역관계가 적은 네덜란드가 갑자기 무슨 이유로 우리나라 사람들이 가장 좋아하는 국가로 꼽히게 되었을까? 의구심도 잠시, 아하 하는 짧은 감탄사와 함께 그 이유가 금방 떠올랐다. 6월 한 달을 뜨겁게 달구었던 월드컵이 있었고, 그 중심에 '거스 히딩크'라는 네덜란드 출신의 감독이 있었던 것이다. 월드컵 본선에서 단 한번도 16강 진출을 해본 적이 없는 우리나라에 4강 신화를 만들어준 히딩크 감독에게 대한민국은 열광적인 환호를 보냈고, 이런 한국인들의 사랑과 애정은 비단 히딩크라는 한 개인에만 머물지 않고 그의 조국 네덜란드에 대한 한국인의 무한 사랑으로 이어지는 계기가 되었다.

비슷한 현상이 지금 베트남에서 일어나고 있다고 한다. 얼마 전, 사업 차 베트남을 다녀온 선배의 말에 따르면, 지금 베트남은 온 나라가 '대한민국 신드롬'에 푹 빠져서 어디를 가든 한국에서 왔다고 하면 융숭한 대접을 해준다고 한다. 이유는 바로 베트남 축구 국가대표팀을 맡고 있는 박항서라는 이름의 한국인 감독 때문이다. 박항서 감독이 이끄는 베트남 축구대표팀이 2018 아시아 축구연맹 U-23 챔피언십에서 준우승을 하는 파란을 불러일으켰기 때문이다.

베트남 축구가 AFC 같은 메이저 대회에서 결승에 진출한 것은 이번이 처음이다. 사실 베트남 축구는 아시아에서는 변방에 속한다. 월드컵 본선 진출 경험이 전혀 없으며, 아시안컵에서조차 1960년 4위, 2007년 8강 진출 외에는 뚜렷한 성과가 없다. 2007년 8강 진출도 주최국이었기 때문에 가능했던 일로, 세계 축구의 중심에는 단 한번도 가본 적 없는 나라다. 그런 베트남에게 박 감독은 아시아 대회 준우승이라는 트로피를 선사해주었고 이런 공로로 베트남 총리로부터 국가훈장까지 수여받게 된다. 이쯤 되면 16년 전, 우리나라에 불었던 '히딩크 열풍'을 떠올리지 않을 수 없다. 언론과의 인터뷰에서 본인은 "히딩크 감독과 비교되는 것은 과분하고 분에 넘치는 칭찬이다"라는 말로 겸손을 보이긴 했지만, 변방의 작은 축구팀을 아시아 대회의 준우승까지 이끈 박항서 감독의 리더십을 결코 가볍게 보아 넘길 수 없다.

그렇다면 박항서 감독은 어떤 인물일까? 대학 졸업 후 1981년 실업팀인 제일은행에 입단해 1년 정도 선수생활을 했다. 그러다 군에 입대해서 육군 축구팀에 있다가 프로축구가 시작되면서 1984년 럭키금성에 입단한다. 5년 뒤에 선수에서 코치로 포지션을 이동한 후로는 줄곧 지도자의 길을 걸었다. 1994년 미국 월드컵 때는 대표팀의 공격수 코치를 맡았고, 2002년 한일 월드컵 때는 수석코치를 맡았다. 이후 경남 FC, 전남 드래곤즈의 프로팀 감독을 맡다가, 2016년 실업리그인 창원시청의 감독으로 자리를 옮기게 된다.

박항서 감독은 이처럼 인생의 대부분을 코치와 감독으로 보냈는데, 현역으로 활동했던 5년보다 지도자로 보낸 나머지 15년이 그의 인생을 훨씬 빛나게 해준 세월이었다고 사람들은 이야기한다. 이쯤 되면 누구와 닮았다는 생각이 들지 않는가? 그렇다. 바로 그가 가장 존경하는 인물로 꼽으며 인생의 롤모델이라고 말한 거스 히딩크 감독의 경력과 상당 부분 일치한다.

다음은 히딩크의 경력이다. 1967년 네덜란드 더 흐라프스합

에서 선수생활을 시작한 히딩크는 1970년 PSV 에인트호번에 입
단했지만, 주전 자리를 얻지 못하고 1년 만에 더 흐라프스합으
로 돌아가 1976년까지 선수로 활동했다. 이후 잠시 미국에서 선
수로 뛰다가 고향으로 돌아와 1982년 현역에서 은퇴했다. 현역
시절 히딩크는 훌륭한 선수로 인정은 받았지만 그다지 화려한
선수생활을 보내지는 못했다. 그런 그가 세간의 주목을 받기
시작한 건 지도자로 포지션을 옮기고부터다. 감독으로 데뷔한
1998년 조국 네덜란드를 월드컵 4위에 올려놓았으며, 2002년에
는 대한민국 국가대표팀의 감독을 맡아 월드컵 4위, 2006년에
는 호주를 16강에 올려놓았다. 2006년 월드컵이 끝난 후에는
러시아 대표팀 감독을 맡아 러시아를 유로 2008 4강에 진출시
켰고, 2012년에는 터키를 유로 2012 플레이오프에 진출시키는
능력을 발휘했다. 사람들이 이를 가리켜 '히딩크 매직'이라고 부
르는 이유가 여기에 있다.

물론 차범근 감독처럼 훌륭한 현역 시절을 보내고 지도자로
서도 탁월한 업적을 남긴 분도 있지만, 화려한 현역 시절을 보
낸 선수들 대부분은 지도자로서는 큰 업적을 남기지 못했다. 그
래서 "선수에게 필요한 기량과 지도자에게 필요한 기량은 다르
다"는 말이 있는 건지도 모르겠다. 조직으로 치면 "탁월한 업적
을 남긴 멤버가 반드시 훌륭한 관리자가 되는 것은 아니다"라

는 말과도 같다. 현장에서 보면 탁월한 실적을 남긴 직원들이 리더가 되었을 때 오히려 더 트러블이 발생하는 경우가 많은데, 이는 아마도 모든 행동기준을 자신을 중심으로 생각하기 때문인 것으로 보인다. 본인 중심의 사고로 팀원들을 바라보고 행동하기 때문에 조직력을 형성하는 것이 어려운 것이다. 반대로 보통 멤버들 중에 관리자로 승진해서 탁월한 업적을 남긴 직원들의 행동 특징을 보면, 사고의 관점을 자신이 아닌 멤버들에게 두는 경향이 강하다. 멤버들을 이해하기 위해 부단한 노력을 아끼지 않는 것이다.

멤버들에 대한 뛰어난 관찰력과 통찰력으로 축구 역사의 한 페이지를 장식한 인물이 또 있다. 그 역시 박항서, 히딩크 감독만큼이나 선수 시절은 평범했으나 지도자가 되어 탁월한 역량을 발휘한 인물이다. 영국 맨체스터 유나이티드(이하 맨유)를 세계적 명문구단으로 만들어낸 알렉스 퍼거슨 감독이다.

퍼거슨 감독은 약 38년간 감독생활을 했으며 1986년부터 2013년까지 26년간 맨유의 감독을 맡아 세계적 수준의 축구팀으로 만들었다. 재임 중 프리미어리그 우승 13회, 잉글랜드 FA컵 5회, UEFA 챔피언스리그 2회 우승 등 총 38회의 우승 기록을 세웠으며 1999년 영국 축구 역사상 최초로 트리플 크라운을 달성한 공로로 기사 작위에 서임되기도 했다.

퍼거슨 감독은 『리딩』이라는 책에서 "우리의 시스템에서 가장 중요한 부분은 훈련이었다. 토요일 오후 경기장에서 벌어지는 모든 상황은 이미 훈련장에서 시작된 것이다. 내가 감독직을 수행하면서 가장 중요하게 생각한 것은 훈련에 임하는 선수들의 태도다. 훈련에 진지하게 임하고 반드시 필요한 재능과 의지를 갖고 있다면, 그 선수에게 좋은 결과를 기대해도 좋을 것이다. 그러나 게으른 선수는 아무리 오랜 세월이 흘러도 그 습관을 고치지 못한다"라는 말로 자신의 신념을 밝혔다.

이와 비슷한 이야기를 박항서 감독도 얼마 전에 언론과의 인터뷰에서 말한 적이 있다.

"일정한 기량이 쌓이게 되면 자만심이라는 것이 생기는데, 지금의 한국 선수들에게는 그런 현상이 종종 눈에 보인다. 반면 베트남 선수들은 순수한 태도를 갖고 있으며 강한 헝그리 정신으로 무장되어 있다. 가르치면 빨아들이고 빠르게 바뀐다. 마치 스폰지와도 같다."

박 감독과 함께 현지 선수들을 지도하는 이영진 수석코치와 배명호 코치도 "여기 선수들을 보면 20년 전의 한국 선수들을 떠올리게 된다. 우리에게 존재하지 않는 헝그리 정신을 여기서 느낄 때가 많다"고 현지 언론과의 인터뷰에서 말했다고 한다.

일류 구단을 만든 3명의 명감독에게서 일류 조직을 만든 비법을 유추해보았다.

첫째, 실력 있는 직원을 알아보는 관찰력과 통찰력이다. 재능 있는 직원을 선발하고 그들이 자신들이 가지고 있는 각자의 능력을 유감없이 발휘할 수 있게끔 적재적소에 배치하는 것이다.

둘째, 목표를 향해서 죽어라 노력하고 게으름을 피우지 않는 것이다. 퍼거슨도 게으른 자를 가장 싫어한다고 저서에서 말했지만, 지독한 연습과 훈련으로 대표팀을 이끌었던 히딩크도 "게으른 선수는 절대 용서하지 않았다"는 이야기를 종종 하곤 했다. 이는 박 감독도 마찬가지였는데, 위의 인터뷰에서 나오는 '헝그리 정신'이 모든 것을 대변하는 단어이지 않을까 생각한다.

셋째, 그들의 에너지가 쓸데없는 곳으로 새어 나가지 않도록 사적·공적 비전을 심어주는 것이다. 그들은 선수들에게 목표가 달성된 이후의 세계에 대한 청사진을 보여주었다. 국가대표를 이끌었던 히딩크와 박항서는 '조국의 영광'이라는 공적 비전과 함께 해외 유명 프로구단으로의 진출이라는 사적 비전을 심어주었고, 맨유를 이끌었던 퍼거슨은 '명문 구단과 함께한다'라는 자긍심과 함께 그에 수반되는 부와 명성에 대한 그림도 보여주었다.

대충 정리해보면, 다음의 3가지로 요약해볼 수 있다. '멤버의 재능을 알아보는 통찰력', '목표를 향한 강한 집념', '상황에 맞는 비전 제시'. 나는 여기에 더하여 이들 3가지 요소의 밑바탕에 '소통과 공감'이라는 단어를 집어넣고자 한다. 감독과 선수들, 리더와 직원들 간에는 조직의 밑바탕에 신뢰관계가 기본적으로 깔려 있어야 하는데, 그러려면 '소통과 공감'이 지속적으로 유지되어야 하기 때문이다.

박항서, 히딩크, 퍼거슨 감독이 다른 감독들보다 뛰어났던 점이 바로 이 '소통과 공감' 능력이었다는 점은 사실 많은 언론 보도에서 쉽게 찾아볼 수 있다. 이 모든 것이 화려한 선수생활을 하지 못한 데서 기인한 건 아닌가 하는 생각을 해본다. 그런 점에서 볼 때, 지나치게 화려한 실적을 올린 멤버보다는 약간은 부족한 멤버를 선발하여 위대한 세 분의 감독이 가진 후천적 리더십을 배양시키는 것이 조직 성장을 위해서는 더 도움이 될는지도 모르겠다.

03
리더의 솔선수범이
미치는 효과

프로젝트를 추진함에 있어서 성공적인 결과를 내기 위해 필요한 것 중 하나가 담당자의 '자기선언'에 의해 일이 진행되게끔 유도하는 것이다. 담당하는 직원이 스스로의 의지를 가지고 업무를 추진하게끔 유도하는 것인데, 그런 무드를 만들기 위해 가장 효과적인 방법이 본인 스스로 "제가 한번 해보겠습니다!"라고 선언케 하는 것이다. 이런 '자기선언'에 의한 프로젝트의 추진은 상사의 '강제적인 업무 지시'에 비해 훨씬 더 나은 결과를 만들어내는 놀라운 효과가 있다. 이는 아마도 자신의 입으로 내뱉은 말에 대해서는 특별한 의지를 가지고 성공시키고자 하는 인간의 기본 심리에 기반한 것이 아닐까 한다.

이런 '자기선언'에 의한 집념에 대해 새삼 돌아보게 된 에피소드가 하나 있다. 구미에 있는 '석원'이라는 회사와 관련된 일화다. 해외에 의존하던 코팅 기술을 최초로 국산화에 성공시켜 대기업을 대상으로 박막 장치를 납품하던 석원에게 생각지도 않은 중국 진출의 기회가 주어졌을 때의 일이다.

대당 수십 억 원에 달하는 고가의 코팅 기계를 2대 납품해달라는 주문서가 중국에서 날아왔다. 거기에 더해 더 반가운 소식은 우선 2대를 받아보고 성능이 좋으면 추가로 20대를 더 발주하겠다는 조건부의 추가 발주서도 끼어 있었다. 생각지도 않은 해외 진출에 대한 기회는 그동안 외산 코팅제품을 대체하고 있다는 자부심을 가지고 있던 직원들의 마음속에 더욱 더 큰 꿈을 심어주는 좋은 기회로 작용했다.

그러나 이런 기회를 놓치지 않기 위해서는 큰 난제 하나를 극복해야만 했다. 바로 납기 문제를 해결해야 했던 것이다. 중국에서 요구한 사양에 맞는 제품을 만들려면 두 달 정도의 시간이 필요한데, 날아온 주문서에는 1개월 내에 완제품을 만들어서 선적해달라는 요구서가 들어 있었던 것이다. 사장은 고민에 빠졌다. 모처럼 찾아온 기회를 놓치고 싶지 않은 개인 욕심과 함께 촉박한 납기일에 도저히 완제품을 선적하기 힘들다는 현실적인 문제 사이에서 깊은 딜레마에 빠진 것이다. 사장은 이 문제를 간부회의에 부쳐서 논의해보기로 했다. 혼자서 결정하기에는 중대한 사안이기도 했고, 중요한 사안은 직원들과 상의하고 결정하는 평소 스타일도 크게 작용했다.

"우문현답이라고 하잖아요! 모든 현장의 문제는 현장에서 답을 찾아야 한다고 생각했기 때문에 직원들에게 어떻게 하면 좋겠느냐고 물어본 후에 오더를 거절할 것인지, 아니면 수용할 것인지 결정할 생각이었지요. 저는 직원들의 힘을 믿는 편이거든요!"라고 말하는 목소리에는 비장함까지 묻어나왔다.

"사장님도 아시다시피 이번에 들어온 오더의 성공 열쇠는 기술연구소에 있습니다. 그들이 요구하는 사양이 기존에 우리가 다루었던 것들이 아니기 때문에 기술연구소에서 얼마나 빨리 신제품의 사양에 부합하는 설계도면을 만들어주느냐가 중요한데, 기술연구소 직원들은 지난달에 받아놓은 주문서 때문에 현재 여유가 없는 상황입니다. 아깝기는 하지만 이번 건은 물리적으로 어렵지 않나 생각합니다"라고 말하는 생산부장의 말에 사장은 물론 그 자리에 참석한 모든 간부는 '포기할 수밖에 없구나!' 하는 생각을 갖게 되었다고 한다.

아쉬운 마음에 모두가 자그마한 탄식을 하는 순간, 맨 뒤에서 이야기를 듣고 있던 연구소장이 자리에 참석한 동료들을 향해 다음과 같은 말을 꺼내기 시작했다.

"물론 물리적으로 어려운 건 사실입니다. 하지만 어렵게 찾아온 해외 진출의 기회를 붙잡지 못하고 그냥 눈앞에서 놓쳐버리는 것도 너무 아깝다고 생각합니다. 사실 이 자리에 참석하기 전에 옆자리에 앉아 있는 김 차장과 많은 이야기를 했습니다. 현재 김 차장과 제가 맡고 있는 프로젝트는 비교적 쉬운 작업이니 이것들은 다른 직원들에게 넘기고 우리 둘이 중국 프로젝트를 맡아서 해보는 것은 어떨까 하고 말입니다. 저희가 맡아서 한번 해보겠습니다."

이렇게 시작된 해외 첫 주문은 연구소장과 김 차장의 헌신적인 노력 덕분에 성공적으로 마무리되어 고객이 요구한 납기일에 맞춰 선적이 되었다고 한다. 물론 추가 주문서도 날아왔다. 솔직히 나는 앞에서 언급한 일화가 있었을 당시의 상황을 잘 알지 못한다. 그 당시 그 상황이 벌어지는 장소에 같이 있지 않았기 때문이다. 시간이 한참 흐르고 그 회사의 대표이사인 이종윤 사장을 만난 자리에서 전해 들었을 뿐이다.

이종윤 사장은 아직도 당시를 생각하면 눈물이 날 정도로 직원들이 고맙다고 말한다. 아무리 사장이라도 직원들 개인의 시간을 희생시키면서 일을 시킬 수는 없는 일이라, 아깝기는 하지만 중국으로부터의 주문을 포기해야지 하는 생각에 간부들 의견을 물었던 것인데, 담당 부서장이 스스로 나서서 문제를 해결해주었던 것이다. 물론 근 한 달간 문제해결을 위해 몸부림치는 직원들을 보면서 고맙고 미안한 마음만 가득했을 뿐, 해줄 수 있는 것이 별로 없어서 마음만 졸였다고 한다. 거기에 더해 이종윤 사장은 이렇게 말했다.

"직원들의 헌신적인 노력은 단지 해외 진출의 성공에만 국한 된 건 아닙니다. 솔선수범하는 리더의 자세에 대해 저도 공부가 되었고, 다른 직원들에게도 좋은 교훈이 되어 지금의 회사를 만 드는 데 큰 초석이 되었다고 생각합니다."

리더의 솔선수범이나 책임감은 리더의 덕목을 이야기할 때, 가장 중요한 키워드이기도 하다. 그래서인지 몰라도 앞에서 언 급한 사례는 리더의 책임감에 대해 이야기할 때 좋은 사례가 되어 기회가 있을 때마다 빠뜨리지 않고 소개하는 내 강의의 단골 레퍼토리가 되었다.

리더의 솔선수범은 일반 직원들에게는 좋은 귀감이 되어 조 직에 대한 충성도를 높여주는 효과도 있지만, 더 나아가 현장 에 있는 직원들의 행동 규범을 바꿔주는 부수 효과도 빠뜨릴 수 없는 긍정적 효과 중 하나다. 직원들은 책임감 있는 리더의 행동을 보면서 자연스럽게 '사명감'이나 '책임감'을 몸에 습득해 가는 것이다. 조직의 위계질서나 명령 체계가 위에서 아래로 흐 르는 구조이다 보니 현장의 직원들에게 영향을 끼치는 행동 대 부분은 상사의 행동이나 의식이 영향을 끼칠 수밖에 없다. 이런 상황에서 '석원'의 연구소장이 보인 '자기선언'을 통한 솔선수범의 행동은 누가 어떤 자리에서 책임감을 발휘해야 하는가에 대한 좋은 사례가 되기에 충분하다.

다음의 도표는 5년간 지속적인 성장세를 이어가고 있는 기업과 5년간 별 변화 없이 정체되어 있는 조직에 근무하는 직원들을 대상으로 한 설문조사 항목 중에서 '책임의식'과 관련된 대목이다. 당연한 결과겠지만, 직원들의 책임감이 높은 기업이 실적 측면에서도 좋은 결과를 이어가고 있었으며 책임의식이 희박한 회사의 경우는 실적 또한 좋지 않았다.

그중에서도 실적이 우수한 기업의 경우는 일반 직원들보다 간부들의 책임의식이 압도적으로 높은 것으로 나타났다. '실적 상승 기업 VS 실적 정체 기업'의 팀원 비교인 경우 '43.2% VS

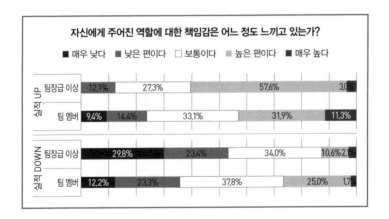

264

26.7%'로 2배 정도 차이가 나는 것에 비해 팀장 비교의 경우 '60.6% VS 12.7%'로 5배나 큰 차이를 보이고 있었다.

하지만 모든 기업이 이런 '솔선수범형 리더'로 채워져 있는 것은 아니다. 판교에 있는 어느 보안 솔루션 기업에서 있었던 일이다. 얼마 전에 주요 보직에 있던 간부 하나가 중국 기업에 스카우트되어 이직한 사건이 발생했다. 회사를 옮기는 건 어디까지나 개인 자유이기 때문에 이직 그 자체가 문제될 것은 없다. 문제는 이 간부가 최근 국책기관의 대형 프로젝트를 총괄하는 중요한 보직을 맡고 있었고, 아직 프로젝트가 끝나려면 절반의 기간이 남아 있는 상황에서 갑작스럽게 이직을 해버린 것이다.

내막을 들어보니, 중국 측에서 제시한 액수가 꽤 큰 금액이라 그 유혹을 뿌리치기 힘든 상황에서, 구인 회사가 요구하는 일정에 맞추다 보니 프로젝트 중간에 이직을 하는 상황으로 치닫게 되었다고 한다.

"그래도 그렇지 프로젝트의 최고책임자가 도중에 자리를 옮겨버리는 것은 너무 무책임한 행동이지 않습니까" 하는 사장의 하소연을 접하면서, 혹시나 이 간부에게 프로젝트를 시작하기에 앞서 '자기선언'의 기회를 갖게끔 했더라면 어떻게 되었을까 하는 생각이 들었다. 스스로의 입으로 책임감을 언급하게 유도했다면 프로젝트 중간에 중국 측의 유혹을 뿌리쳤을 수도 있지 않았을까 하는 생각이 든 것이다.

조직은 리더에게 높은 윤리의식과 책임감과 희생정신을 요구한다. 앞에서 언급한 보안회사의 경우도 마찬가지다. 중국 회사로 이직한 간부가 보여준 윤리의식, 책임감의 결여는 고스란히 좋지 않은 조직문화로 남게 되었다. 최근 실시한 의식조사에서도 전체 직원들의 확연히 떨어진 목표의식을 확인할 수 있었다.

애사심이나 책임감에 대한 수치는 떨어뜨리기는 쉬워도 올리기는 거의 불가능에 가깝다. 또한 다른 영역에까지 악영향을 끼치는 것이 일반 현상이다. "지극히 개인적인 이직 이슈가 시간이 지나면서 조직 전체에 검은 연기를 퍼트리고 있는 것 같습니다"라고 말하는 사장의 목소리에서, 최소한 간부들만이라도 자신이 맡고 있는 자리가 얼마나 중요한 자리인지를 인지시키는 '자기선언'이라는 이름의 소소한 의식을 거행해보는 것은 어떨까 하는 생각을 해보았다.

04
글로벌 2위
다카타의 파산이 주는 교훈

위키피디아의 기록에 의하면, 1950년 한국전쟁에 동원된 남한과 북한 정규군의 숫자는 남한 60만 명, 북한 80만 명으로 기록되어 있다. 그중에서 전사자수는 남한 15만 명, 북한 30만 명이라고 하는데, 장교들의 경우 남한은 3만 3,000명이 참전을 했고 1만 8,000명이 전사했다고 한다. 전쟁 중에 사망한 일반 사병의 전사 비율이 23%인 데 반하여, 장교 비율이 55%로 사병보다 2배 정도 더 많았음을 알 수 있다.

누가 보아도 당연한 결과라고 생각할 것이다. 자신은 뒤에 있으면서 부하들에게는 "앞으로 나서라!"라고 외치는 소대장은 없을 것이기 때문이다.

조직도 마찬가지다. 어려운 상황일수록 조직을 지키기 위해 온몸으로 나서는 리더의 모습을 모두가 기다린다. 훌륭한 리더의 존재는 항상 어려운 시기에 빛을 발한다. 문제없이 잘 돌아가는 평온한 시절에는 리더의 존재감이란 별로 의미가 없다. 하지만 조직이 침체기에 들어갔거나 암초를 만나 좌초될 위기에 놓였다거나 하는 어려움이 닥쳤을 때는 조직을 살리기 위해 동분서주하며 조직을 끌고 나가는 리더의 모습을 모두가 기대한다. 마치 전쟁터에서 부대원의 사기진작을 위해 누구보다 먼저 참호 밖으로 달려나가는 최전방 소대장의 이미지와 다를 바 없다.

그런데 최근 이런 리더의 모습에 반하는 행동을 하다가 7조 원대의 회사를 순식간에 날려버린 어처구니없는 사장을 보았다. 비록 이웃 나라 일본의 사례이긴 하지만 반면교사의 심정으로 그 회사가 겪은 그간의 사건 경위에 대해 정리해보고자 한다.

2017년 6월 26일, 85년의 역사를 자랑하는 세계 2위의 에어백 생산업체인 일본의 '다카타'가 미국과 일본에서 동시에 파산 신청서를 제출했다. 2017년 3월 기준으로 매출액 7조 원, 영업 이익 4,000억 원, 전 세계 4만 5,000명의 직원을 거느린 세계적인 기업이 갑자기 파산 신청서를 냈다고 하니 「제조업의 몰락인가?」라는 제목을 붙인 그 이유에 대한 상세 보고서가 연일 일본 주요 언론의 헤드라인을 장식했다. 파산 신청의 이유는 지금까지 발생한 사고에 대한 배상비용도 있지만 그보다 앞으로 밀려들 리콜 비용을 감당할 여력이 없기 때문이라고 했다. 그렇다면 도대체 이 회사에 무슨 일이 일어난 것일까?

사건의 경위는 다음과 같다. 다카타는 에어백과 시트벨트 분야에서 세계 시장 점유율 2위를 기록하고 있는 글로벌 기업인데, 이 회사에서 만든 에어백에 문제가 생겨 18명이 죽고 180명이 부상당하는 사고가 발생했다. 최초의 결함은 2008년 11월 혼다자동차에서 발견되었는데, 당시에는 큰 문제로 여겨지지 않았던 사건이 사회적 이슈가 된 건 2009년 5월에 발생한 운전자의 사망 사고 때문이라고 한다. 초기 대응이 깔끔했더라면 그나마 나았을 텐데, 이 회사는 사고 원인을 파악하는 과정에서 자신들의 문제를 은폐하고 정직하지 못한 방법을 쓰는 바람에 일을 더 꼬이게 만드는 어리석음을 범했다. 그들은 은밀히 진행한 비밀 실험에서 '인플레이터'라고 부르는 부품에 문제가 있어 파열로 이어지는 징후가 포착되었음에도 불구하고 실험 결과를 공개하지 말 것을 지시함과 동시에 테스트에 사용된 모든 부품을 폐기처분하도록 명령을 내렸다고 한다.(《뉴욕 타임스》, 2014년 11월 7일)

이후 다카타의 행적은 많은 사람을 의아하게 만들었다. 에어백 결함으로 연이어 사람이 죽어 나가는 상황이 발생했음에도 불구하고 '조사 중'이라는 이유로 책임을 지지 않으려고 한 것이다. 결국, 2015년 11월 미국 사법부는 10억 달러(1조 1,500억 원)의 벌금을 다카타에 부과했고, 간부 3명에 대해서는 제품 결함을 알면서도 은폐한 혐의로 기소했다. 문제는 여기서 끝나지 않았다. 이미 판매된 자동차에 대한 리콜 문제가 진행 중인데, 그 금액이 천문학적인 숫자이다 보니 2017년 6월 파산 신청을 하게 된 것이다.

여기까지가 그간의 사건 경위인데, 전문가들은 대체로 다카타의 몰락에 대해 '품질 관리의 소홀'로 여기며 여러 가지 비평을 쏟아내고 있는 분위기다. 혹은 '위기 대응에 대한 실패'로 보는 측면도 적지가 않다. "사건 발생 초기에 좀 더 적극적으로 대처했어야 했다"는 의견과 함께, "테스트 결과를 은폐하려 한 부정직한 행동이 더 큰 사고를 초래했다"는 의견도 적지 않다.

모두가 맞는 말이다. 하지만 나는 관점을 조금 바꿔서, 다카타의 최고경영자인 다카타 시게히사 회장 겸 사장의 책임론을 제기하고자 한다. 거기에는 2가지 이유가 있다.

첫째, 2009년도에 실시한 제품 테스트 결과를 은폐한 사건이다. 이런 중요한 일이 위에까지 보고되지 않았을 리도 없고, 설령 회장이 몰랐다고 하더라도 최고경영자는 회사의 모든 일에 책임을 지는 무한책임의 위치에 있는 사람이니만큼 모든 책임을 지고 은폐 사건을 해결했어야 했다고 보기 때문이다.

둘째, 미국 법무부로부터 배상 판결을 받은 이후의 행보다. 2015년 11월, 미국 사법부로부터 배상 판결을 받은 이후 그는 모든 공식석상에서 자취를 감추었다. 파산까지 2년이란 시간 동안 최고경영자가 선두에 서서 고객과 주주들을 대상으로 적극적인 설명과 문제 해결 의지를 보여주었어야 함에도 불구하고 전혀 그런 행동을 취하지 않았던 것이다. 사람들은 이런 어려운 상황에서 무엇을 어떻게 하면 좋을지를 고민하는 회장의 진지한 모습을 기대했지만 그 어디에서도 최고경영자의 모습은 보이지 않았다고 한다.

여기서 대조되는 장면이 있다. 세계적인 관심을 모으며 시판에 들어갔던 삼성의 갤럭시 노트7의 폭발 사건의 뒤처리 과정이다. 2016년 10월 11일, 삼성전자는 "갤럭시 노트7의 판매, 생산을 중단하기로 했다"고 발표했다. 갤럭시 노트7의 회수에 들어가는 비용이 약 1조 5,000억 원, 여기에 판매 재개 후 생산한 제품의 리콜 비용까지 합하면 대략 3조 원대의 비용이 발생할 것을 알면서도 소비자의 신뢰를 얻기 위해 갤럭시 노트7을 완전 폐기 처분한다고 발표한 것이다.

다음은 갤럭시 노트7의 생산 중단을 발표하면서 고동진 사장이 삼성의 모든 직원에게 보낸 메시지의 일부분이다. 고동진 사장은 임직원들에게 장문의 이메일을 보냈다.

"최고책임자로서 참담한 마음을 금할 길이 없습니다. 모든 고객이 우리 삼성 제품을 다시 신뢰하고 즐겁게 사용할 수 있도록 반드시 근본 원인을 철저히 규명할 것을 약속드립니다. 시간이 걸리더라도 끝까지 밝혀내서 품질에 대한 자존심과 신뢰를 되찾을 것입니다. 또한, 이번 일을 계기로 우리가 무엇을 더 해야 하고 무엇을 하지 말아야 할지를 겸허하게 깨닫는 계기가 되도록 하겠습니다."

이렇듯 문제를 해결하는 과정에 있어서 삼성의 경영진은 확연히 다른 리더십을 보여주었다. 그룹의 총수인 이재용 부회장은 "무슨 일이 있더라도 문제를 해결하여 소비자의 신뢰를 회복하겠다"라는 선전문구와 함께 해외 언론에 자신의 얼굴을 내세운 전면 광고로 사과문을 게재하였으며, 고동진 사장은 내부 직원들의 사기진작을 위해 직접 현장을 누비며 소통 경영을 시도했다. 전문가들은 이들의 행보를 보면서, 자칫 꺾일 뻔한 갤럭시 신화가 책임 있는 경영진의 모습을 통해 다시 정상으로 돌아왔다고 평가했다. 그리고 1년이 지났다. 절치부심의 결과인지는 몰라도 이번에 새로 출시된 갤럭시 노트8의 반응이 생각보다 뜨겁다. 아마도 사태를 수습해가는 경영진의 모습에서 모두가 자극을 받은 것은 아닌가 하고 추측해본다.

다음의 도표는 당사가 10년간(2012~2016) 직장인 3만 5,000명을 대상으로 의식조사를 하면서 '어떤 상사를 원하는가?'에 대한 항목에 표기된 답변을 정리해본 것이다.

순위	팀장	중시도	팀원	중시도
1순위	방향성을 제시하는 상사	46.7%	멤버들의 목소리에 귀 기울이는 상사	60.3%
2순위	솔선수범하고 책임감이 강한 상사	41.4%	솔선수범하고 책임감이 강한 상사	46.1%
3순위	멤버들의 목소리에 귀 기울이는 상사	40.3%	계획을 제시하고 끝까지 멤버를 이끄는 상사	35.1%
4순위	계획을 제시하고 끝까지 멤버를 이끄는 상사	39.1%	멤버의 성장을 고려하면서 업무를 배분하는 상사	33.7%
5순위	멤버의 성장을 고려하면서 업무를 배분하는 상사	28.9%	방향성을 제시하는 상사	20.1%

여기에서 팀장의 상사는 본부장이나 임원, 경영진을 의미하는 것이고, 팀원들의 상사는 팀장을 의미하는 것이다. 도표에서 보듯이 팀장이 원하는 임원의 모습과 팀원이 바라는 팀장의 모습에는 약간의 차이가 있는데, 팀장이 바라는 임원의 모습 1순위는 '방향성 제시'이며, 팀원이 바라는 팀장의 모습 1순위는 '경청'인 것으로 나타났다. 다음으로는 팀장이 바라는 임원의 모습은 솔선수범하며 어드바이스해주는 상사, 멤버의 성장을 지원해주는 상사의 이미지를 그리고 있었고, 팀원의 경우는 앞에서 멤버를 이끌며 멤버의 성장을 고려하면서 업무를 배분

하는 팀장의 모습을 그리고 있었다. 팀장들이 바라는 상사 이미지인 방향성 제시는 상대적으로 후순위로 밀려나 있는 것이 큰 특징 중 하나다. 그러나 도표에서 보듯 직급에 따라 이상적인 상사의 1순위는 약간의 차이가 있지만, 이어지는 2순위의 모습에는 공통적으로 '책임감이 강한 솔선수범 리더'의 모습을 바라고 있는 것으로 조사되었다.

일본의 다카타와 한국의 삼성은 그 규모에서 비교가 되지 않을 정도로 큰 차이가 있기 때문에 서로 견주어가며 논하는 것은 무리가 있다고 생각한다. 하지만 우리가 팀장과 팀원 사이의 하늘과 땅만큼의 입장 차이에도 불구하고 '상사의 솔선수범과 책임의식'을 가장 바라는 상사의 이미지 2위에 랭크시킨 점은 그것이 회사의 규모와 상관없는 리더십의 원천이기 때문이라고 생각한다. 평온한 시절에는 리더의 차이가 크게 부각되지 않는다. 어려운 시절일수록 책임지고 앞장서는 리더의 모습이 얼마나 중요한지를 85년 기업 다카타의 몰락과 갤럭시 노트8의 화려한 부활을 만들어가는 삼성을 통해 다시 한번 느껴본다.

05
회사와 직원 간
신뢰의 중요성

인사 현장에서 일을 하다 보면, 자격이 안 되는 팀장이 만들어낸 사건 사고 때문에 골머리를 앓고 있는 기업들을 볼 때가 한두 번이 아니다.

조직에서 중간관리자인 팀장의 위치와 역할은 신체에서 사람의 허리에 비견될 정도로 중요한 자리이기에 능력이나 자격이 안 되는 팀장이 보직자로 임명될 경우 그 피해는 해당 팀 하나만의 문제가 아닌 조직 전체로 퍼져 나간다는 사실을 우리는 주목할 필요가 있다.

얼마 전 방문한 다난건설(가명)에서 있었던 일이다. 메이저 건설사는 아니어도 시공 플랜트 분야에서 역사와 전통을 가진 중견 건설회사로 최근 해외사업에 대한 물량이 급증하면서 기존의 팀들을 합체 분해하여 팀의 숫자는 늘리고 팀원의 숫자는 줄이는 방식을 택함으로써 조직의 기동력을 강화하는 인사 정책을 도입했다. 누구의 아이디어인지는 몰라도 적절한 타이밍에 필요한 제도가 시행되었다고 모두가 입을 모아 제도의 도입을 반겨했다고 한다. 그런데 이러한 환호성은 제도가 시행되고 채 반년을 넘기지 못하는 시점에서 '원점에서의 재검토'라는 상황으로 역전되었다고 한다.

'설계-시공-검수' 같은 건설 분야의 전반적인 프로세스를 다루는 과정에서 각 분야별 팀장의 숫자를 대폭 늘리며 신임 팀장의 임명 기준을 회사에 입사한 연차와 생년월일 나이 기준으로 연공서열 체계를 만든 것이 발단이 됐다. 기존 차·부장급 직원들 중에서 회사에 들어온 기간이 오래되고 나이가 많은 고참 사원들 순으로 팀장의 보직을 맡겼던 것이다.

많이 사라지고 없어졌다고는 하지만 아직도 많은 기업이 승진 승급 과정에서 나이와 입사 연도를 기준으로 한다는 사실은 부정할 수 없다. 삼강오륜 장유유서 같은 유교 문화가 만들어낸 나이, 선배라는 형식적인 프레임에서 벗어나지 못한 채 조직관리를 하는 기업이 아주 없는 것은 아니지만, 그래도 요즘은 능력이라는 키워드를 중심에 두고 경험과 연륜을 참고자료로 활용하는 기업들이 대부분이다. 그러나 이 기업의 경우는 사원에서 부장까지의 승진 정책이 전부 나이 순으로 이루어져 있었다. 심지어 임원 승진도 나이와 입사 순으로 이루어져 있었던 모양이다. 뭐든지 '선배님 먼저! 형님 먼저!'였던 것이다.

이렇게 대우받은 선배들이 능력에 있어서도 앞서가는 분들이었다면 문제될 것이 없었겠지만, 능력이 안 되는 사람들이 많았던지 새로 구성된 팀 중 일부에서 상당수에 달하는 구성원들이 집단으로 사표를 제출하는 일이 발생해버렸다. 새로 임명된 팀장의 무능력과 불통을 문제 삼으며 불협화음을 일으키다 급기야 집단행동으로 옮겨갔던 것이다.

사건의 중심에 서 있던 어느 젊은 대리의 말에서 얼마나 이 회사의 인사가 엉망이었는지를 느낄 수 있었다.

"나이 순으로 할 것 같으면 인사 고과는 왜 있는지 모르겠습니다. 단지 선배로 머물러 있는 것과 저런 분들이 나의 보스가 된다는 것은 다른 문제이지 않겠습니까?"

생각지도 않은 집단 반발에 놀란 회사는 새로 변경된 팀 제도를 원점으로 돌리는 것으로 사건을 수습할 생각에 기존 체제를 그대로 유지하기로 했다고 전사 공지를 내렸다. 잘못된 승진이나 승급도 문제지만 이 회사의 더 큰 문제는 이런 식의 일처리에 있다는 생각이 들었다. 개인적으로 누구를 비난하고 싶지는 않지만 이 회사의 인사팀장은 정말 자격 미달이구나 하는 생각을 지울 수가 없었다.

인사 문제는 정말 신중해야 한다는 말을 누구나 다 하는데, 그 이유는 조직과 구성원 간의 신뢰 문제 때문이다. 친구들 사이의 관계처럼 신뢰라는 것은 겉으로 드러내놓고 "너하고 나하고는 이제부터 굳건한 신뢰관계가 형성이 됐어! 우리는 이제부터 의형제야!"라고 말한다고 해서 그 관계가 형성이 됐다고 말할 수 있는 것은 절대 아니다. 이러한 말이 나오기까지는 그만한 행동들이 차곡차곡 발현이 되어서 믿음이라는 것이 쌓인 결과이기 때문에 굳이 말하지 않아도 그런 관계가 있고 없음이 느껴지기 때문이다.

반대로 신뢰관계의 붕괴도 마찬가지다. 가끔은 드러내놓고 "너하고 나하고의 신뢰관계는 회복 불능이니까 이제 만나지 말자!"라고 단도직입적으로 말하는 관계도 있긴 하지만 이러한 경우는 대개 연인들의 경우에 해당되지, 남자들의 경우는 "안 보고 말지!"라는 식으로 믿음과 의리가 사라진 것에 대한 의사 표현을 굳이 구두로 표현하는 사람은 많지가 않다. 조직도 마찬가지여서 회사와 직원들 사이의 신뢰관계가 어느 정도인지는, 그 조직 내부의 밑바닥에 자연스럽게 퍼져 있는 정서를 측정해보면 알 수 있다. "우리 회사는 상하간에 신뢰가 강하다, 약하다"

라고 말로 표현한다고 해서 정확히 측정되는 것은 절대 아니다.

　　다난건설처럼 중요한 정책을 시행하고, 시행한 정책이 실패로 끝났을 때는 '왜 그렇게 되었는지'에 대한 반성, 즉 실패의 원인이 어디에 있었는지에 대한 정확한 진단과 설명이 최소 중간관리자급 이상의 간부들 사이에서는 이루어졌어야 했다. 더 나아가 이렇게 공유된 정보가 중간관리자들을 통해서 자연스럽게 아랫단계로 내려가게끔 유도하는 프로세스를 거치다 보면, 제도의 실패는 더 나은 조직을 만들어가는 과정에서 발생한 좋은 교훈으로 받아들여지게 된다. 하지만 이처럼 유야무야 아무 일도 없었다는 듯이 원점으로 복귀하는 것은 회사의 경영능력에 대한 불신만 증폭시킬 뿐, 아무런 도움이 되지 못하는 인사재난으로 비화될 가능성이 매우 높다고 볼 수 있다.

　　미국《포춘》이 선정한 '경영 구루 10인' 중 한 사람인 패트릭 렌치오니 더테이블그룹의 대표는 조직 성장의 비밀을 강조하면서 "성공적인 기업들과 그렇지 못한 기업들 간의 핵심적인 차이는 그들이 '얼마나 많이 아는가'나 '얼마나 똑똑한가'가 아니라 '얼마나 건강한 내부의 신뢰관계를 가지고 있는지'에 달려 있다"라고, 『무엇이 조직을 움직이는가』를 통해 강조했다.

　　경영 구루 렌치오니의 말에서도 알 수 있듯 조직 내부 구성원들이 느끼는 조직에 대한 신뢰도의 정도는 기업 성장의 가장 큰 핵심동력임에 틀림이 없다.

나는 지금까지 크고 작은 많은 기업의 내부를 들여다보면서 현장에서 일하고 있는 직원들이 느끼는 조직에 대한 신뢰도가 얼마나 해당 기업의 성장에 큰 영향을 끼치는지를 수도 없이 보아왔다. 이러한 경험적 추측을 증명하기 위해 얼마 전에 '구성원들의 신뢰도가 미치는 실적의 상관관계'라는 제목으로 설문조사를 한 적이 있는데, 내가 생각한 추측을 뒷받침할 만한 결과가 도출되었다.

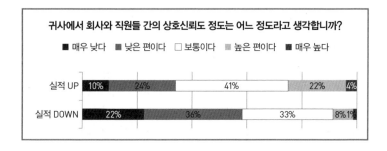

위 도표는 당사에서 현재 거래하고 있는 고객들을 대상으로 하여 설문조사를 벌인 것이다. '실적 UP'이라고 표시한 기업들은 최근 3년간 꾸준한 성장세를 이어가고 있는 5개의 기업들에 근무하는 직원들이 참여한 설문 결과이고, '실적 Down'이라고 표시된 기업들은 최근 3년간 성장이 멈추었거나 실적이 오히려 하락한 기업들에 근무하는 직원들을 대상으로 설문해본 결

과다. 놀랍게도 실적이 향상 중인 기업과 그렇지 않은 기업들의 가장 큰 차이 중 하나에 이러한 '경영진과 직원들 간의 신뢰관계'의 정도가 크게 자리 잡고 있었다.

도표에서와 같이 실적이 향상되고 있다고 응답한 회사 중에서 내부의 신뢰도에 대해 긍정적 답변을 한 응답자는 26%(긍정 22%, 강한 긍정 4%)인 반면, 실적이 하락한 기업의 경우는 긍정적 답변이 불과 9%에 머물렀고, 부정적으로 응답한 비율은 전체 구성원의 절반이 넘는 58%에 육박했다. 내부 구성원의 절반이 조직의 정책에 대해 신뢰하지 못하고 있는 안타까운 현실인 것이다.

사람인 이상 누구나 다 실수할 수 있다. 기업도 마찬가지다. 세상에 완벽한 기업은 절대 있을 수 없다. 하지만 성장하는 기업과 실패하는 기업의 조직문화를 들여다보면 실수를 바라보는 시각에 있어서 매우 큰 차이가 있다.

다난건설 같은 실수가 발생했을 때, 사후처리하는 수습과정에 있어 사소하지만 큰 차이가 있다. 성장하는 기업의 경우, 절대 나이가 많다는 이유로 또는 먼저 들어왔다는 이유 하나만으로 그냥 감투를 주지는 않았을 것이다. 설령 내부 사정에 의해 어쩔 수 없이 그런 식의 인사를 했다 하더라도 잘못된 부분이 발견되었을 때는 즉각적인 시정 작업에 돌입했을 것이다. 절대 아무 일도 없었던 것처럼 시곗바늘을 6개월 전으로 돌리지는 않는다는 말이다.

"역사를 기억하지 못하는 민족에게 미래는 없다"라는 말이 있듯이 "실패를 분석하고 기록하지 않는 기업의 성공은 기대할 수 없다." 아무런 반성이나 관련자들에 대한 문책이 없는 상태에서 그냥 넘겨버린다면 구성원들은 조직을 우습게 볼 것이다. 그러는 순간 조직의 규율은 무너지고 책임감도 사라지게 될 것이다. 규율과 책임의식이 사라진 조직은 회사라고 볼 수 없다. 필요에 의해서 이합집산하는 동호회와 다를 바 없기 때문이다.

06
임원에게
안전지대는 없다

조직의 임원이 된다는 것은 정말 어마어마한 것이다. 대표이사를 보좌하여 조직의 나아갈 방향을 설정하는 자리이기도 하거니와 수십 명, 수백 명에 이르는 부서원들의 생사여탈을 관장하는 자리이기도 하기 때문에 임원이라는 자리는 자기가 하고 싶다고 해서 마음대로 할 수 있는 자리가 절대 아니다. 특히 대기업 임원은 우리의 상상을 초월하는 자리다. 그렇다고 중소기업의 임원을 과소평가하는 말은 절대 아니다. 오히려 기업의 규모가 작으면 작을수록 권한이나 중요도가 차지하는 비중에 비례해서 커지는 경우가 대부분이기 때문이다.

그렇기 때문에 누가 임원의 자리를 차지하고 있느냐의 문제는 회사의 성장은 물론 해당 부서의 미래를 결정하는 중요한 요인이 되기도 한다. 이 말은 결론적으로 우리 부서의 임원이 누구냐에 따라 내가 속한 부서 그리고 나의 미래에도 지대한 영향을 끼칠 수밖에 없다는 말로도 해석할 수 있다.

그렇다면 하늘의 별로 비유되기도 하는 임원 자리는 과연 누가 차지하는 것일까?

기업의 규모나 현재 처한 상황변수 등과 같은 여러 가지 가정의 수가 다양하게 작용하는 자리라는 점을 감안하고 다음의 2가지 요소를 거론해보고 싶다.

첫째, 기본조건이라 할 수 있는 성과적 차원의 접근인데, 임원 후보군에 드는 사람은 일단 평균 이상의 성과는 담보해주어야 한다. 아니 좀 더 허들을 올려서 상위 30% 안에 드는 퍼포먼스를 내주어야 한다. 그래야만 임원 후보로 이름이 거론되어도 조직 내에서 이상하게 보는 사람이 생기지 않는다.

둘째, 충분조건으로 볼 수 있는 인성과 태도적 차원의 접근이다. 이 문제는 사내 인간관계와 밀접한 관련이 있다. 임원의 자리에 오르고자 하는 사람은 반드시 자신을 신뢰하는 든든한 후견인이 사장단급 최고경영진 안에 반드시 한 명쯤은 있어야 한다. 또한 최고경영진에 있는 누구와도 소원한 관계에 있어서는 안 되며, 아무리 성격이 맞지 않는 최고경영진이라 하더라도 최소한 적당한 거리의 친분은 유지하고 있어야 한다는 말로 해석할 수 있다.

이와 관련된 재미있는 에피소드가 하나 있다. 수년 전 어느 중견 기업의 임원 선발에 관여하면서 조직 내부의 역학관계를 피부로 경험한 소중한 사건이 있었다. 다음은 이와 관련된 일화 중 하나다. 대개 임원 선발과 관련해서는 기본조건이 안 되는 간부를 억지로 임원으로 승격시키는 기업은 거의 없기 때문에 대부분 문제는 미묘하게 작용하는 사내 역학관계와 관련될 때가 많다. 내가 경험한 그 기업도 회장 직속의 HR에서 추천한 A부장에 대해 A부장이 속해 있는 계열사의 사장이 자질 문제를 들고 나오며 결사반대하는 바람에 결국 임원 승진에서 누락되었다.

이런 장면을 보면서 끌어주는 사람도 있어야 하지만, 뒤에서 잡아당기는 사람도 없어야 하는구나라는 생각이 들었다. 이렇듯 실력이나 인간관계에서 어느 것 하나 소홀함 없이 최상의 상태를 유지하며 조직생활을 해왔다는 것은 그만큼 자기관리가 뛰어나다는 방증일 수도 있다. 그렇기 때문에 이런 간부가 임원이 되면 어느 정도 자기 소신을 갖고 일할 수 있다. 자기 주관이나 소신, 가치관, 신념을 가지고 조직을 이끌어간다면 어느 정도의 검증이 끝난 상태이기 때문에 실패 확률은 그리 높지 않다. 문제는 이런 자체 검열 없이도 오너의 지시로 순식간에 에 스컬레이터를 타고 올라가는 사람들에게서 종종 발생한다. 다음은 앞에서 언급한 기업의 사례와는 정반대의 케이스다.

을지로에 있는 중견 A기업의 회의실에서 HR팀장과 간부 리더십 파이프라인과 관련된 미팅을 하는데 담당팀장이 불쑥 이런 질문을 던진다.

"신 대표님, 움직이지 않는 임원을 움직이게 하려면 어떻게 하면 좋을까요?"

갑자기 나온 담당팀장의 질문에 나 또한 머릿속이 정리가 되지 않아 눈만 끔뻑거리고 있는데 그가 다시 이렇게 말을 던진다.

"이것저것 제 나름대로 시도해보긴 하는데요. 위에 임원이 새로운 것은 절대 안 하려고 합니다. 그래서 미치겠어요. 이것도 제 나름대로는 필요할 것 같아서 의욕적으로 추진해보기는 하는데, 우리 임원이 이런저런 이유를 붙여서 없었던 걸로 할 공산이 매우 크답니다."

이런 경우는 대개 스스로의 능력으로 임원이 되었다기보다는 누군가의 강력한 도움으로 얼떨결에 임원에 오른 케이스가 많다. 앞에서 하소연의 대상이 된 그 회사의 임원도 들어보니 오너의 일방적인 지시로 임원이 되었고 가급적 회장이 시키는 일만 처리할 뿐 새로운 것은 만들지도, 추진하지도 않는 보신주의 업무 스타일의 전형이었다.

이런 상황이 되면 답답한 건 해당 부서의 직원들이다. 어떻게든 과제를 만들고 조직에 적용해가면서 자사에 맞는 스타일로 교정도 하며 일에서 보람을 느끼곤 했던 직원들인데, 이런 직원들에게 납작 엎드리고 아무 일도 하지 말라고 지시를 내리니 모두가 답답해서 속앓이만 하는 것이다. 게다가 지금 임원의 스타일은 "일은 찾아서 하는 거야!"라고 강조했던 깨어 있는 조직의 일원이기를 바라는 조직의 행동강령에도 위배되는 것이어서 혼란은 더욱 가중되었다. 나와 상담했던 팀장도 해당 부서 멤버들이 하나둘씩 영혼 없는 직장인이 되어가고 있다며 긴 한숨을 내쉬었다.

다음의 도표는 수년 전에 코스닥에 상장되었던 회사 중에 지속적 성장을 구가하고 있는 회사와 정체되어 있는 회사를 골라서 조사한 데이터의 결과다. '리더십이 조직 구성원의 업무 만족도에 끼치는 영향'을 알아보기 위해 설문한 문항 중에 주관성을 가지고 조직을 통솔해 나가는 부서장과 위만 바라보는 해바라기형 부서장의 업무 스타일이 구성원의 직무 만족에 끼치는 영향을 알아보기 위해 조사한 것이다.

도표에서처럼 자기 주관이 뚜렷한 리더가 이끄는 기업이 해바라기형 리더가 이끄는 기업에 비해 업무 만족도가 2배 이상 높게 나온다는 사실을 파악할 수 있었다. 자기주도형 임원이 이끄는 부서의 경우 업무 만족도가 27%인 반면, 해바라기형 부서의 업무 만족도는 12%라는 것을 알 수 있고, 불만족 또한 '35% VS 55%'의 수치로 해바라기형이 자기주도형에 비해 2배 이상 높게 나왔다.

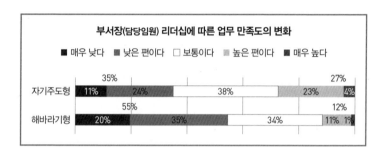

여기서 설문에 참여한 기업의 직원들 의견을 잠깐 소개해보고자 한다. '자기주도형' 임원이 이끄는 부서에서 근무하는 어느 중간관리자의 말이다.

"옆에 부서만 보더라도 위에 눈치만 보느라 아무 일도 하지 않으려고 합니다. 괜히 긁어 부스럼 만들지 말라는 부서장의 의도가 반영이 되어서 그러는 건지, 그냥 시키는 일이나 잘하자라는 분위기가 팽배한데 우리 부서의 경우는 본부장님 스타일이 우리에게 자꾸 새로운 뭔가를 요구하고 또 그렇게 올라오는 의견에 대해서 워낙 강력하게 현실화시키는 스타일인지라 실무적인 일을 하는 직원들 입장에서는 재미있고 신바람이 날 수밖에 없지요."

이와는 반대로 '해바라기형' 임원이 이끄는 부서에 소속된 직원은 이렇게 말했다.

"처음에는 저희도 새로운 시도를 하기 위해 무던히도 노력했지요. 그런데 이상하게도 적극적인 의견 개진에도 불구하고 우리 본부장님은 항상 부정적인 말씀만 하셨습니다. 뭐 때문에 안 된다, 뭐 때문에 결재가 안 될 것이다 등과 같이 아무리 새로운 기획안을 말씀드려도 항상 부정적인 말씀만 하셨습니다. 몇 번의 시행착오가 있고, 나중에는 '어차피 안 되는 거, 무엇 때문에 골치 아픈 생각을 해'라는 의견이 직원들 사이에 퍼지면서 점점 영혼을 잃어가는 조직 분위기로 전락해갔습니다. 가끔은 이건 아니지 싶다가도 지금의 생활에 익숙해져서 새로운 변화가 솔직히 겁이 나기도 합니다."

문제의 원인은 무엇일까? 어디서부터 잘못된 것일까? 이런 궁금증에 대해 전혀 생각지도 않은 곳에 힌트가 있었다. '해바라기형' 임원의 부서에 소속되었던 어느 주니어 직원이 인터뷰 도중에 갑자기 던진 말이다.

"우리 본부장님은 팀장 시절부터 잘 알고 있던 분이라서 이런 말을 하는 건데요. 직원들 그 누구도 이분이 임원으로 승진할 거라고는 전혀 생각지 못했거든요. 근데 갑자기 연말 인사이동에서 임원 승진이 되었다고 발표가 난 거에요. 모두가 정말 의아해했지요. 근데 나중에 알게 됐어요. 이분이 회장님과 각별한 관계에 있다는 사실을…. 그 사실이 사내에 퍼지고 난 뒤로는 이분의 생각이 회장님의 생각이라는 소문이 퍼졌고, 다음부터는 사장님도 이분을 함부로 못하는 것 같더라고요. 그때부터였어요. 더 이상 생각하지 않아도 된다는 사실을 깨닫게 된 건."

앞에서 인터뷰한 회사는 지금 최악의 상황에 처해 있다. 문제의 원인이 어디에 있는지 자명함에도 불구하고, 그 회사의 오너는 직원들만 닦달하고 있다고 한다. "왜 다른 회사 직원들은 저렇게 열심히 일하는데 너희들은 그렇게 여유만만이냐!"고 하면서 하루가 멀다 하고 비상대책회의만 한다고 한다.

하지만 나는 이 문제의 책임을 사람 볼 줄 모르는 회장의 리더십에 두기보다는 회장의 각별한 신뢰로 임원 자리에 오른 그분에게 돌리고 싶다.

거기에는 2가지 이유가 있다.

첫째, 일단 임원이라는 자리에 올랐으면 책임지는 부서 직원들의 사기를 생각했어야 한다는 것에 있다. 위를 바라보기보다는 밑을 보면서 어떻게 하면 현장에서 일하는 직원들의 사기가 오를까를 먼저 생각해야 하는데 위만 바라보다 보니 아래의 생각은 전혀 들어오지 않았던 것이다. 그 기업의 몰락의 원인 첫 번째가 바로 여기에 있다.

둘째, 부족한 자신에게 임원이라는 큰 직책을 맡긴 회장에 대한 배신이다. 임원으로 승격시킨 이유가 무엇이든지 간에 자신에게 기회를 준 회장을 위해서라도 큰 틀에서의 조직관리를 생각했어야 마땅하다. 새로운 시도를 거부하는 복지부동의 자세는 자신을 믿고 본부장이라는 막중한 직책을 맡긴 회장에 대한 신뢰를 저버리는 배신행위와 다를 바가 없다. 이런 인물을 임원으로 승진시킨 회장의 안목도 문제가 있지만 이와는 별도로 기대에 부응하지 못한 해당 임원의 행동은 조직 침몰의 가장 큰 원인 변수임에 틀림없다.

마땅히 실력으로 임원의 자리에 올라야 하겠지만, 생각지도 못한 엉뚱한 변수에 의해 임원 자리에 오르는 사람도 적지 않다. 어느 쪽이 되었든 임원에게는 "안전지대가 없다"라는 말을 명심해줬으면 한다. 사적인 이해보다는 공적인 이해를 먼저 생각하고, 자신이 이끄는 부서의 단편적인 면만 보기보다는 거시적인 안목에서 조직의 전체 틀을 생각하는 사고가 필요하다는 말을 하고 싶다. 임원은 아무나 하는 게 아니라는 말로 글을 마무리하고자 한다.

07
잉여인력이
성장에 미치는 파장

　　인력 충원과 관련하여 인사부서에서 각별히 주의를 기울여
야 하는 분야 중 하나가 '적정인력 산정'이다. 어느 산업 분야
를 막론하고 지금까지 현장 인력이 부족하다고 말하지 않는 회
사는 본 적이 없을 정도로 현업 부서에서는 항상 '일손 부족'을
호소한다. 물론 회사에 따라서는 지나치게 타이트한 인력 정책
을 유지하느라 정작 필요한 직원 채용을 이런저런 이유를 들어
회피하려 드는 곳도 있긴 하지만, 그렇다고 한없이 충원을 미루
는 것도 있을 수 없는 일이라 결국에는 인력 충원으로 현장의
요청을 수용할 수밖에 없는 것이 현실이다. 따라서 현업의 채용
요청은 적극적으로 지원하되 '적정인력'인지 아닌지에 대한 과

학적인 분석이 수반되어야 한다.

얼마 전, M&A를 위한 실사작업을 위해 파이시스템(가명)을 방문한 친구가, "이 회사는 한 명이면 충분히 할 일을 2명이 하고 있네? 비단 어느 한 팀의 문제가 아니라 거의 모든 부서가 필요 이상으로 직원들을 고용해서 쓰고 있는 모습을 보니 이 회사가 M&A 시장에 매물로 나온 이유를 알겠다"라는 말을 한 적이 있다. 나 같은 경우는 항상 봐오던 일인지라 새삼 그리 놀라운 일로 보이지도 않는 일인데, 회계사인 그 친구의 눈에는 희한하게 보였던 모양이다.

우리나라처럼 인력 운용의 출구전략이 거의 불가능에 가까운 나라에서 기업의 인사부서가 정말 신경 써야 하는 분야 중하나가 바로 채용이다. 앞에서도 언급했듯이 현업에서는 항상일손 부족을 호소하며 인력 충원을 요청하기 때문이다. 물론 정말로 필요한 곳도 있지만 대개는 내부에서 효율적인 업무 분담이 이루어지지 못하고 있거나, 업무가 미숙한 담당자들 때문에 발생하는 경우가 태반이다. 사람을 신규로 채용한다고 해서 해결될 문제는 아닌데 현업에서는 항상 충원해달라는 요구가 끊이지 않는다. 오히려 필요 이상의 인력 고용은 생산 효율성 측면에서 기업에게 큰 부담으로 작용하기 때문에 장기적으로 봤을 때는 부작용만 낳을 뿐이다.

나는 여기에 더해 잉여인력이 있는 조직에서 피어나는 '조직 갈등'에 대해 이야기해보고자 한다. 실제로 앞에서 언급한 파이 시스템처럼 M&A 시장에 매물로 나온 기업들 대부분이 이러한 조직 갈등을 경험한 적이 있다고 나와의 인터뷰에서 여러 차례 증언했기 때문이다.

"처음에는 사람들이 늘어나는 것이 좋았지요! 시간에 쫓기지 않아도 되고 여유를 갖고 생각할 시간도 생기고…. 하지만 시간이 흐르면서 모두가 그런 생활에 익숙해져가다 보니 여유가 아닌 나태와 태만이 조금씩 생겨나고 있다는 것을 느끼게 되었습니다."

"3~4명이면 충분히 소화할 수 있는 일을 5~6명이 나누어서 하다 보니 '이래도 되나?' 하는 생각이 처음에는 들더군요. 하지만 어느 누구도 이런 여유에 대해 문제 제기를 한 사람은 없었어요. 솔직히 말해 여유 있는 회사생활을 마다할 사람은 없으니까요."

3년 전 PMI, 즉 기업인수합병후의 통합관리 의뢰를 받고 방문한 피인수기업의 간부들이 전해준 말이다.

기업이 경쟁력을 키우려면 적절한 위협 요인과 자극이 필요하다는 '메기 이론'의 신봉자는 아니지만, 그래도 조직 내부에는 어느 정도의 긴장감이 있어야 자신의 미션을 완수하고자 하는 개개인의 책임감도 올라간다는 사실을 침몰하는 조직의 내부 직원들과의 인터뷰를 통해 나는 수없이 경험해왔다.

다음의 도표는 코스닥에 상장되어 재무제표가 일반인에게 공개되어 있는 기업들 중에서 전년 대비 10% 이상 성장한 기업과 전년 대비 실적이 그대로이거나 하락한 기업의 직원들을 대상으로 실시한 설문의 결과다.

직원 의식조사 항목 중에서 '잉여인력'과 '긴장감·책임감'과 관련한 항목에 대한 결과는 다음과 같이 나왔다.

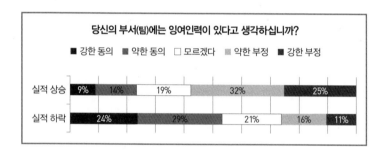

2개의 그래프 중 상단의 그래프는 실적이 상승한 기업의 직원들(201명)에게서 받은 결과이고, 아래의 그래프는 실적이 그대로이거나 하락한 기업의 직원들(160명)에게서 받은 결과다. '잉여인력이 있다고 생각하느냐?'는 질문에 대해서 실적이 상승한 기업의 경우 응답자의 57%(약한 부정 65명, 강한 부정 51명)가 '잉여인력은 없다'는 취지의 부정에 체크한 것과 대조적으로 실적

이 하락한 기업의 경우는 응답자의 53%(강한 동의 38명, 약한 동의 47명)가 우리 조직에는 '잉여인력이 있다'는 취지의 동의에 체크해주었다.

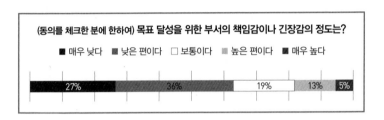

(동의를 체크한 분에 한하여) 목표 달성을 위한 부서의 책임감이나 긴장감의 정도는?
■ 매우 낮다　■ 낮은 편이다　□ 보통이다　■ 높은 편이다　■ 매우 높다
27%　36%　19%　13%　5%

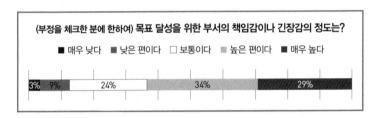

(부정을 체크한 분에 한하여) 목표 달성을 위한 부서의 책임감이나 긴장감의 정도는?
■ 매우 낮다　■ 낮은 편이다　□ 보통이다　■ 높은 편이다　■ 매우 높다
3%　9%　24%　34%　29%

이어지는 질문은 잉여인력이 있다고 느끼는 조직과 없다고 느끼는 조직의 긴장감·책임감을 물어보는 질문이었는데, 잉여인력이 있다고 느끼는 조직에서의 긴장감·책임감의 정도는 18%(높은 편이다 17명, 매우 높다 7명)인 반면, 잉여인력이 없다고 느끼는 조직의 경우는 긴장감·책임감의 정도가 63%(높은 편이다 54명, 매우 높다 46명)로서 잉여인력이 있다고 느끼는 조직에 비해 조직에 흐르는 긴장이나 책임의식이 3.5배 정도 더 높은

것으로 나타났다.

요약하면, 긴장감이나 책임감이 강한 조직일수록 잉여인력을 느끼지 못할 정도로 바쁜 생활을 하고 있다는 뜻으로 해석해볼 수 있다. 다시 말해서 이런 바쁜 생활은 조직 실적에도 긍정적 영향을 끼치는 반면, 정신적으로 해이하거나 책임감이 없는 조직일수록 잉여인력이 존재하고 있으며, 이는 조직의 실적에도 부정적 영향을 끼친다는 사실을 나타내고 있는 것이다.

그렇다고 나를 '직원은 쥐어짜야 하는 존재'라고 생각하는 사람으로 오해하지 않았으면 좋겠다. 오히려 나는 반대영역에 있는 사람이다. 나는 필요 이상으로 압박을 가하여 현장의 담당자가 본인이 감내할 수 있는 범위를 훨씬 오버하는 생산성을 요구하는 회사를 경멸하는 사람이다.

여기에서 내가 지적하고자 하는 사항은 "기존 직원들에게 심한 압박을 가하는 회사가 성장한다"는 말을 하고 싶어서가 아니라 잉여인력을 느끼지 못할 정도로 바쁘게 돌아가는 조직에는 강한 책임감과 긴장감이 흐르고 있다는 취지의 말을 하고 싶은 것이다.

이런 조직일수록 책임감도 굉장히 강한 편이다. 내 경험에 의하면 이는 원래부터가 책임감이 강한 사람들로 구성된 집단이어서라기보다는 조직의 분위기가 내부의 구성원들에게 조금씩 책임감에 대한 의식을 고취시켜갔기 때문이라고 본다. 반대로 아무리 책임의식이 강한 사람도 전반적인 조직의 분위기가 오늘 할 일을 내일로 미루는 분위기에 물들어 있다면 그쪽으로 동화되어갈 확률도 상당히 높다. 원래 인간은 어렵거나 고생하는 쪽보다는 쉽고 편한 쪽을 택하고픈 기본 본능이 작용하기 때문에 자신의 소신을 지키고픈 욕구도 길어야 3개월이다.

그렇다면 왜, 잉여인력에 대해 아무도 문제 제기를 하지 않는 것일까? 이유는 쓸데없는 분란을 일으키고 싶지 않아서이다. 조지워싱턴대학교 경영학과의 제리 하비 교수도 자신의 저서 『왜 아무도 NO라고 말하지 않는가?』에서 "수많은 조직과 조직의 구성원들이 실제로는 비합리적이라고 생각되는 일이 있어도 목소리를 내지 않는 이유는 아무도 동의하지 않는 암묵적 합의에 의해서 끌려가기 때문이다. 누구도 원하지 않지만 또 누구도 반대하지 않는 상황을 말한다"라고 말했다.

결국 정리해보면, 성장세가 멈춰 일어서지 못하고 있는 기업들의 가장 큰 특징은 긴장감이나 책임감이 현저히 부족하다는 점에 있다. 거기에는 여러 가지 이유가 있겠지만 앞의 도표에서처럼 잉여인력이 많다고 답한 기업일수록 긴장감이 떨어진다고 답한 결과를 두고 볼 때, 긴장감이나 책임감의 결여 문제는 적정인력을 넘어선 오버 채용도 한 요인으로 작용하고 있다고 추론해볼 수 있다. 결국 메기 이론까지는 아니어도 인간은 어느 정도 경쟁이 될 만한 부류에서 경쟁이 될 만한 사람들과 어우러져야 성장이 이루어진다는 사실을 다시 한번 느끼게 만드는 설문 결과라고 볼 수 있다.

08
능력이 없는 게 아니라
모르는 것이다

"우리 회사 팀장들은 왜 그리도 무능한지 모르겠습니다. 일일이 하나씩 말을 해야 알아들어요. 아니 그리도 간단한 걸 꼭 말을 해야 알아먹습니까? 딱 보면 금방 알 수 있는 것들을, 모른다는 게 말이 되느냐 말입니다!"

눈앞에 마주 선 어느 사장님이 울분을 토해낸다. 옆에 있는 분이 "여기 신 사장님은 조직관리 컨설팅만 20년이라 고민 있으시면 상담하세요. 좋은 해결책을 주실 거예요"라는 말에 혹시나 도움이 될 만한 어드바이스를 들을 수 있지 않을까 하는 기대감을 가지고 그동안 마음속에 품었던 불만을 쏟아내고 있는 듯해 보였다.

그럴 때면, 항상 "아이고, 우리 사장님. 참 고생이 많으십니다. 조금만 기다려주시면 그들도 충분히 기대되는 역할을 잘 소화해낼 겁니다. 조금만 더 관심과 애정을 갖고 지켜봐주세요"라고 100% 정답은 아니지만 어느 정도 모범답안에 근접한 접대성 멘트를 날린다. 하지만 속내는 '혹시나 사장님한테 문제가 있는 건 아닐까요?'라는 말이 목구멍까지 치고 올라온다. 그러나 차마 면전에서 해서는 안 되는 말인지라 머릿속에서만 빙빙돌 뿐이다.

물론 그들의 답답한 심정을 모르는 바는 아니다. 하지만 대부분의 중소기업에서 근무하는 관리자들은 적어도 조직관리에 있어서만큼은 능력이 없어서가 아니라 몰라서 실패하는 케이스가 많다. 이런 현상은 비단 관리자에게만 국한된 것은 아니다. 이제 막 들어온 신입사원부터 고위 임원에 이르기까지 거의 비슷한 증상을 보이고 있다. 조직이 자신에게 기대하는 역할이 무엇인지 모를 뿐 아니라, 설령 기대되는 역할이 무엇인지 안다 할지라도 어떤 방식으로 자신에게 주어진 미션을 클리어하면 되는지 모르기 때문에 진급이 되어도 과거에 했던 패턴을 답습하고 있는 것이다.

이런 상황이고 보니, 새롭게 부여받은 보직에 어울리는 역할행동을 하지 못하는 것이다. 어찌 보면 당연한 일인데 마음이

급한 경영자들 눈에는 답답하게 보이는 것이다.

　그렇다면 어떻게 해야 하는 것일까? 과연 어떻게 해야 일일이 간섭하지 않아도 조직으로부터 부여받은 미션을 깔끔히 소화해내는 스마트한 관리자라고 칭찬받을 수 있을까? 거기에는 2가지 단계가 필요한데, 관리자가 되기 전에 필수적으로 거쳐야 하는 사전 단계와 관리자가 된 이후의 사후 단계로 나누어서 살펴보아야 한다.

　사전 단계라 함은 과연 그 포지션에 어울리는 능력을 갖춘 관리자가 제대로 임명되어 있느냐의 질문에서부터 시작한다. 일선 현장을 돌아다니다 보면, 아직도 많은 조직에서는 나이 많은 직원을 팀장이나 임원으로 임명한다거나, 회사에 들어온 지 오래된 고참 직원을 자연스럽게 관리자로 임명하는 연공서열식 문화를 유지하고 있는 회사가 적지 않다.

　혹시나 이런 분위기를 가지고 있는 회사에서 "우리 회사 관리자들은 정말로 한심하다"라고 불평하는 사장님이 계시다면, "문제는 사장님한테서 시작된 것입니다. 본인부터 반성하셔야 할 것 같네요"라고 말해주고 싶다. 조직이 크든 작든 관리자의 선발은 엄격하고 공정해야 한다. 철저하게 능력 위주의 선발이 이루어져야 한다.

능력 위주의 관리자 선발은 2가지 측면을 고려해야 한다. 멤버 시절에 충분히 기대에 어울리는 실적을 남겼느냐의 '실적 베이스의 조직 공헌도'와 관리자가 된 후에 전체를 아우르는 리더십을 발휘할 수 있느냐의 '잠재적 리더십'에 대한 고찰이 그것이다.

그중에서도 후자의 관점에는 깊은 고민이 필요하다. 그 이유는 뛰어난 선수가 반드시 유능한 코치가 되는 것은 아니기 때문이다. 오히려 반대의 케이스가 훨씬 많은 이유는 자신이 이끌고 있는 팀원들의 행동기준을 모두 자신에게 맞추는 경향이 강하기 때문이다.

"내가 멤버일 때는 하루 24시간 일했는데, 저 친구들은 왜 저 모양이야!" 하는 식으로 조직을 위해 헌신한 자신에게 모든 기준을 맞추려고 하고, 플레이어로서 탁월한 능력을 갖춘 자신을 기준으로 팀 멤버들의 잠재역량을 측정하기 때문이다. 성공체험이 많은 자신의 높은 업무 역량을 보통 능력밖에 안 되는 멤버들과 비교하려니 모든 게 맘에 들지 않는 것이다. 그러다 보니 답답하고 화가 나서 직원들을 혼내게 된다. 이렇게 혼이 난 직원들은 더욱더 팀장과 거리를 둘 수밖에 없고, 그러다가 자연스럽게 소통의 부재가 일어나고 상호신뢰에도 금이 가는 것이다. 그래서 생겨난 말이 "훌륭한 선수가 반드시 훌륭한 감독이 되는 것은 아니다"라는 말이다.

이런 상황을 우리는 축구나 야구 같은 대중 스포츠에서 많이 경험해서 잘 알고 있다. 일단 관리자로서 기본 자질을 갖춘 인물이 발탁되었다는 전제하에, 두 번째 단계인 사후 단계, 즉 하드 트레이닝의 단계에 돌입해야 한다.

아무리 뛰어난 플레이어로서 활약한 멤버라 할지라도 관리자로서 어떤 역할이 기대되고 어떤 리더십을 발휘해야 하는지를 아는 사람은 많지 않다. 우선 플레이어와 매니저의 차이가 무엇인지부터 시작해서 혼자의 힘이 아닌 전체의 힘에 의해 100을 만들어내는 관리자가 어떤 의미인지에 대해서 일깨워주어야 하는데, 그러기 위해서는 모르는 것을 알려주는 교육의 힘이 필요하다.

그러나 현실의 벽은 높기만 하다. 직원들의 역량 개발에 팔을 걷어붙이고 매달리는 중소기업은 그리 많지가 않기 때문이다. 이유는 간단하다. 직원교육까지 신경 쓸 정도로 경제적인 여유를 가진 기업이 거의 없기 때문이다.

당사가 조사한 「2016년도 교육연감」에 따르면, 대기업의 경우 1년에 쓰는 교육예산이 직원 1인당 평균 200만 원인 것에 비해, 중소기업의 경우는 1인당 교육예산이 겨우 50만 원에 불과했다. 그것도 역량 개발에 쓰는 순수교육비 성격이라기보다는 조직의 단합을 위해 쓰는 레저용 교육비의 성격이 강하기 때문에 실질적인 역량 개발에 들어가는 교육비는 거의 없다고 보아도 무방하다.

그럼에도 불구하고 많은 사장님은 이렇게 말한다.

"없는 돈을 써가며 그렇게 교육을 시키는 데도 능력 개발이 전혀 안 되니 정말로 답답할 뿐입니다."

모든 기준이 본인에게 있다 보니, 투자 대비 아웃풋이 없는 것이 한심하고 답답하게 느껴지는 것이다. 그러나 무지를 깨우쳐주는 데 교육의 목적이 있었다면, 개개인의 능력 개발이나 역량 개발에 교육비가 투자되는 것이 맞는 것이지, 레저용 바이크를 타거나 야외에서 캠핑을 하는 아웃도어 프로그램을 위해 투자한 것을 가지고 "교육을 위해 많은 돈을 썼다"라고 말하는 것은 앞뒤가 맞지 않은 궤변에 불과할 뿐이다.

특히나 신임 관리자들의 관리 역량을 키우기 위한 교육은 정말로 투자를 많이 해야 한다. 조금은 엉뚱한 비유이긴 하지만, 리더십의 요체라는 장교 교육을 예로 들어 생각해보자.

1명의 훌륭한 장교를 육성하기 위해 들어가는 총 예산은 미국의 웨스트포인트 육군사관학교의 경우 4년 동안 30만 달러(3억 5,000만 원), 우리나라 사관생도의 경우 4년 동안 2억 3,000만 원이 투자된다고 한다. 1명의 리더를 만들기 위한 과정은 그 정도로 비용이나 시간이 만만치 않은데, 지금 우리 기업들 대부분은 아무런 대가도 치르지 않고 자연스럽게 리더가 태어나기를 바라고 있는 실정이다.

　이런 현상에 대해 경영학의 그루로 일컬어지는 피터 드러커 박사는 『변화 리더의 조건』에서 "육체 근로자를 지식 근로자로 전환하는 데는 지속적인 교육이 절실하다는 신념을 고수했다. 이러한 근로자들은 아이디어도 많이 내고 주도적으로 판단하는 일이 많아진다는 것이다. 새 시스템을 도입하고 패러다임을 전환한 직후 1년 동안 지식 근로자들이 내놓은 업무 개선 및 혁신 아이디어는 전보다 1,200건이나 늘어났다"는 말을 통해 지식 근로자와 그들의 상위계급에 있는 관리자들을 키우기 위한 기업의 노력과 지속적 학습에 대한 필요성을 역설했다.

　2015년 11월, 제16회 세계지식포럼에 참석한 라구 크리슈나무르티 GE 크로톤빌 원장 겸 최고교육책임자는 다음의 말처럼 GE의 리더 육성에 대한 소명의식을 설명했다.

　"크로톤빌에 투입되는 연간 예산만 10억 달러에 달하며 매년 4만여 명의 GE 직원들이 리더십 교육을 받습니다. 직원 모두가 리더라는 철학 아래 개인의 성장이 곧 조직 성장으로 이어지게끔 지속적인 학습을 강조하고 있습니다. 연못에 조약돌을 던지면 파장이 일어나듯 매년 키워낸 4만 명의 리더들이 자신의 자리로 돌아가 주변 직원들에게 긍정적인 영향을 끼치고 조직 발전을 이끌어내고 있는 것입니다. 크로톤빌을 통해 우리는 '시대정신'을 실현하고 있는 것입니다."

이런 생각은 GE 같은 전통 산업군에 있는 기업뿐 아니라 혁신형 기업의 아이콘으로 통하는 애플, 구글에서도 그대로 나타나고 있다. 이들이 관리자들의 리더십을 향상시키기 위하여 쓰고 있는 연간 예산은 우리의 상상을 초월하는 금액이다. 그렇다고 이런 투자가 꼭 돈 많은 실리콘밸리의 기업에서만 나타나는 현상이라고 생각하면 큰 오산이다. 실리콘밸리에서는 직원 수가 10여 명에 불과한 기업에서도, 리더십을 맨 먼저 신경을 쓰는 조직관리를 위한 기본교육으로 인식하고 있기 때문이다.

우리나라도 상황은 마찬가지다. 대기업의 관리자들이라고 해서 모두가 처음부터 훌륭한 리더십을 발휘하는 것은 아니다. 조직관리, 성과관리, 목표관리 등 조직 성과를 이끌어내기 위한 관리자의 업무 역량을 발휘하기 위해서는 팀장이 되기 전의 사전 단계에서부터 철저한 검증을 받아야 한다. 대리에서 부장에 이르는 승진의 과정에서 반드시 새로운 직급에 어울리는 교육과정을 이수해야 한다.

뿐만 아니라 팀장 후보군으로 선별이 된 이후에는 업무평가와 잠재능력에 대한 다양한 관찰을 통해 팀장의 자격이 있는지 없는지를 끊임없이 검증받는다. 이렇게 팀장의 선발이나 육성에 많은 공을 들이는 이유는, 팀장은 조직의 허리와도 같은 정말 중요한 역할을 하는 자리라고 인식하고 있기 때문이다.

이렇게 중요한 자리를 아무런 검증 없이 임명하는 것도 문제이고, 임명시킨 이후에도 아무런 훈련 없이 알아서 하라는 식으로 방치해두는 것은 더욱더 큰 문제다. 이런 문제에 대해 그 원인을 조직에 두기보다는 사람에 두고 있는 경영자들이 적지가 않은 듯하여 문제 제기를 해본 것이다.

09
해피빅마우스를
적극 양성하라

경제학 용어 중에 "악화가 양화를 구축한다"는 말이 있다. 16세기 영국의 금융가였던 토머스 그레셤이 제창한 법칙으로 "Bad money will drive good money out of circulation"을 우리 말로 바꾸어놓은 것이다.

원래의 의미는 시장에 좋은 품질의 화폐와 나쁜 품질의 화폐가 동시에 존재할 때 품질이 떨어지는 화폐만 남고 좋은 화폐는 사라진다는 뜻이다. 다양한 분야에서의 해석이 파생되다 보니 HR에서는 '자질이 높은 사람은 조직에서 사라지고 자질이 낮은 사람들만 남게 된다'는 의미로 해석되어 쓰이고 있다.

조직에서 악화는 불평불만이 많은 직원을 의미한다. "우리 조직은 이래서 안 돼!" "우리 조직에는 미래가 없어!" "우리 조직은 무능한 사람들뿐이야!" 이처럼 불평불만으로 가득 찬 사원은 쉽게 접할 수 있어도 "우리 회사는 너무 좋은 회사야!", "우리 팀장님은 정말 훌륭하신 분이야!"처럼 행복한 미소를 가득 담고 조직을 칭찬하는 사람은 쉽게 찾아보기 힘들다. 왜일까? 앞에서 언급한 '악화', 소위 말해서 불평불만이 많은 사원이 '양화', 즉 자신의 조직을 칭찬하고 다니는 직원들보다 자극적이고 센 기를 가지고 있기 때문이다.

의견이라는 것은, 옆에 있는 사람들이 동의하고 동조해줘야 더 힘이 나고 주장할 마음이 생기는 것인데, 사람들이 악화의 의견에만 귀를 기울이고 그들의 의견에 쉽게 동조해버리는 현상이 나타나기 때문에 양화, 즉 착한 직원들의 힘이 빠지고 점점 소멸되어가는 것이다. 조직에서는 이런 '악화' 역할을 하는 인물을 가리켜 '어글리빅마우스'라 부른다.

"빅마우스 때문에 골치 아파 죽겠어요"라는 말로 상담의 운을 뗀 A기업 인사팀장의 경우는 대부분의 회사가 고민하고 있는 어글리빅마우스의 대표적인 예였다.

강명호(가명) 인사팀장의 말에 따르면, 3년 전에 신입으로 들어온 박 모라는 여직원 때문에 골치가 아파 죽겠다고 했다. 한꺼번에 들어온 젊은 주니어 멤버들의 중심에 서 있던 여직원의 위치도 중요했지만, 다부진 성격의 그녀의 행동을 다른 동료들도 상당히 좋아했다고 하는데 이런 상황이고 보니 그녀의 입김이 자연스럽게 커지게 되었던 것이다. 이 여직원이 긍정 바이러스를 발신해주는 해피빅마우스 역할을 해주었더라면 아무 문제가 없었을 텐데, 안타깝게도 사물을 바라보는 그녀의 시각은 항상 부정적인 면이 강했다고 한다.

한번은 인사팀 직원 모두가 워크숍에 참석하기 위해 대부도를 다녀온 적이 있는데, 돌아오는 길에 팀장의 지시로 잠깐 포도 농가에 들르게 되었다고 한다.

"저희가 직접 재배한 맛있는 포도입니다. 한번 드셔보시고 맛이 없으면 사지 않으셔도 됩니다"라는 농부의 말에 다른 사람들은 맛있게 포도를 먹는데 이 여직원만 들이미는 포도를 한사코 거부하며 차 안으로 들어가 버리더라는 것이다. 왜 맛이나 보지 그냥 차 안으로 들어가버리느냐는 팀장의 질문에 "문제가 있어서 자기들이 먹지 못하니까 우리한테 주는 것 아니겠어요. 사람들이 참 순진하기는…" 하고 답하더라는 것이다. "참 특이한 친구네"라는 이미지가 강 팀장의 머릿속에 형성이 되었고, 그 이후로 관심을 갖고 유심히 관찰하기 시작했다고 한다.

그런데 관찰하면 할수록 이 여직원의 부정적인 성격에 걱정만 늘어나게 되었다고 한다. 한번은 "저녁 식사는 지정한 식당에서 야근 유무에 관계없이 누구나 할 수 있습니다"라는 공지가 나갔는데 이 친구가 주변 동료들에게 퍼트린 것은, "말로는 저렇게 해도 사실 위에서는 늦게까지 남아서 일해주기를 바라는 거예요. 밥만 먹고 퇴근해보세요. 누가 좋아하겠어요. 괘씸죄에 걸릴 게 확실합니다. 절대 속지 마세요!" 같은 소문을 퍼트려 경영자 측의 의도와는 전혀 다른 해석으로 공지사항처럼 전파하더라는 것이었다.

그녀는 위에서 내려보내는 모든 지시에 항상 본인의 생각을 담아 주변에 전달하는 행동 특징이 있다고 한다. 그런데 그 생각이라는 것이 '좀 삐딱한 것'들로 똘똘 뭉쳐 있다 보니 아무것도 모르는 현장 사원들은 인사팀 소속인 이 친구의 말에 큰 영향을 받아서 회사에 대한 부정적인 인식이 자연스럽게 형성되었다고 한다. 이런 말을 하는 강 팀장의 얼굴이 순간적으로 굳어지기 시작했다. 조직문화가 이상하게 형성되어가는 모습에 공포감이 밀려왔던 것이다.

백과사전에 어글리빅마우스, 해피빅마우스 같은 용어는 없다. 내가 지어낸 용어일 뿐이다. 사전에는 단지 '빅마우스'라는 단어만 있을 뿐이다. 참고로 빅마우스의 사전적 정의는 '주변의 여론 형성에 영향력을 끼치는 사람'이다. 그렇다 보니 해피빅마우스를 가진 회사는 긍정 바이러스가 퍼져 더욱더 활기차게 회사가 돌아가는 것이고, 반대로 어글리빅마우스를 가지고 있는 회사는 소개한 A기업처럼 경영 의도와는 전혀 상관없는 엉뚱한 부정 바이러스가 퍼져서 전체적인 조직문화가 부정적인 방향으로 흘러가고 있는 것이다.

여기에서는 생각이라는 것이 초기에 어떤 이미지로 시작되느냐에 따라 이후에 이어지는 모든 의사 결정의 각도가 벌어진다는 이론을 이해할 필요가 있다. 우리는 이런 현상을 영화 〈인셉션〉에서 충분히 경험한 바 있다.

영화 〈인터스텔라〉로 유명한 크리스토퍼 놀란 감독이 만든 영화인 〈인셉션〉에서 주인공 A는 주인공 B의 의사 결정이 본인에게 유리하게 내려지게끔 하기 위해 꿈이라는 도구를 활용한다. 최면을 걸어 주인공 B의 꿈속으로 들어가 자신에게 유리한 초기 설정을 한 다음에 꿈에서 나오는 것이다. 꿈속에서 주인공 A가 만들어놓은 상황 설정은 이후 이어지는 주인공 B의 모든 행동에 지속적으로 영향력을 행사하게 되는데, 여기서 활용되는 꿈이라는 도구의 역할을 조직에서는 빅마우스가 하게 되는 것이다.

A기업과는 반대로, 해피빅마우스 덕분에 직원들의 회사에 대한 신뢰가 더 공고하게 된 케이스도 있다.

얼마 전에 대구에 있는 모 기업에서 있었던 일이다. 생산 근로자들의 휴일 근무와 관련된 민감한 노동 정책을 발표함에 있어서 불필요한 오해를 불러일으킬 위험이 있다고 판단한 그곳의 인사팀장이 해피빅마우스 전략을 썼다고 한다. '무슨 말이지?' 하고 고개를 갸우뚱거리는 나에게 그곳의 인사팀장이 한 말이다.

"휴일 근무와 관련해서 몇 가지 중요한 정책을 발표하기 전에, 평소 우리 회사를 좋아하고 이곳에서 일하고 있다는 것을 행복하게 생각하는 직원 몇몇을 불렀지요. 그리고 그들에게 이야기했어요. 새로 발표될 정책은 조직의 성장을 위해서 꼭 필요한 정책인데 근로 시간과 임금이라는 민감한 사안과 관련된 정책이다 보니 자칫 불필요한 오해를 낳기 쉽다. 너희들이 도와주었으면 좋겠다."

호기심 가득한 눈으로 "그래서 어떻게 되었어요?"라고 묻자 그곳의 인사팀장은 "대성공이었지요! 다음에도 미묘한 사안이 발생하여 분란의 소지가 있다고 판단될 때, 해피빅마우스를 적극 활용할 예정입니다"라고 답변해주었다.

마침 어글리빅마우스 때문에 매우 괴로워하며 나에게 상담을 요청한 강 팀장을 만난 곳이 모 교육기관에서 주관하는 HR 포럼이 열린 장소였던지라, 나는 잘됐다 싶어 2부 시작 전에 참석자들을 대상으로 빅마우스와 관련한 간단한 서베이를 해보기로 했다.

우선 조직 내 빅마우스의 존재 여부에 대한 질문을 던져보았다. 참석한 58명 중에 3분의 2에 해당하는 38명이 '존재한다'에 체크를 해주었고, 12명이 '모르겠다', 8명이 '존재하지 않는다'에 표기를 해주었다. 결과적으로 조직 내 빅마우스는 거의 대부분의 회사에 존재하고 있다는 사실을 입증한 셈이다.

이어지는 질문은 빅마우스가 존재한다고 응답한 38명에 대해서만 던져보았다. '조직 내 빅마우스는 어떤 성향의 직원입니까?'라는 질문에 '매우 부정적인 직원' 15명(39%), '부정적인 직원' 10명(26%), '모르겠다' 8명(21%), '긍정적인 직원' 3명(8%), '매우 긍정적인 직원' 2명(5%) 순으로 나타났다. 역시나 서두에서 언급한 '악화가 양화를 구축한다'는 절대 불변의 법칙이 조직에서도 그대로 적용되고 있음이 여실히 드러난 것이다.

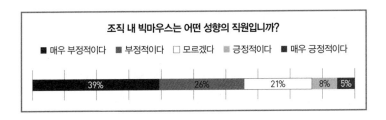

그렇다면 조직에 존재하는 빅마우스를 어떻게 다루면 좋을까? 이는 조직이 처한 상황이나 빅마우스의 영향력에 따라 수백 가지 경우의 수가 있다는 전제하에 일반적인 접근법을 소개

하자면 다음과 같다.

어글리빅마우스에 대한 봉인 조치와 함께 긍정 바이러스를 퍼트리는 해피빅마우스를 양성하는 방법이다. 어글리빅마우스를 봉인하는 조치란 더 이상 주변에 부정 바이러스가 퍼지지 않도록 그들을 격리한다는 의미로써, 일하는 장소를 가급적 핵심 부서에서 멀어지게 하는 방법과 함께 강력한 경고의 시그널을 보내는 듀얼 작전을 의미한다. 동시에 이들 어글리빅마우스를 대신하여 사내에 긍정 바이러스를 퍼트릴 수 있는 해피빅마우스를 좀 더 적극적으로 양성해야 한다.

혹시나 어느 쪽에 더 무게중심을 두어야 하는지 질문을 받는다면, 개인적인 경험을 바탕으로 어글리빅마우스의 봉인 쪽이 더 시급한 과제라고 말하고 싶다. 물론 심정적으로는 해피빅마우스의 양성 쪽에 좀 더 무게를 갖고 접근해보기를 권장하고 싶은 마음이 굴뚝같다.

하지만 글의 서두에서도 언급했듯이 좋은 것보다는 안 좋은 것의 전파 속도가 3배는 더 강하기 때문에 부정적인 전이를 차단하는 쪽에 좀 더 무게중심을 두어야 한다는 취지에서 부정 바이러스의 봉인 조치에 더 신경 쓰라고 조언하는 것이다. 동시에 조직은 미래지향적이어야 하기 때문에 해피빅마우스의 양성 또한 결코 게을리해서는 안 된다는 점을 강조하고 싶다.

10
침묵은
아무것도 해결할 수 없다

    사람의 능력은 모두 같지 않다. 지금은 사라지고 없지만 예전에는 초등학교에 입학하면 지능지수 검사를 하곤 했었다. 결과지를 받아본 선생님들은 우수한 학생들에게는 기대치를 담은 눈빛을 보내고 반대로 나온 학생의 경우는 공부 잘하는 아이를 방해하지 말라는 경고의 시그널을 보내곤 하셨다. 지능지수로 갈라진 우등생과 열등생 대접은 중학교와 고등학교에 들어가서는 학교에서 실시한 시험 결과에 따라 다시 나눠지게 된다. 그리고 이들이 자신들의 성적에 맞춰 대학에 입학한 뒤로는 다시 대학별 서열화로 이어지게 된다. 심지어는 같은 대학 내에서조차 학과나 학점에 따라 개인별 능력의 편차가 다양하게 나뉘지고 있는 것이 사실이다.

조직도 마찬가지다. 어느 조직이든 모두 A급 인재들로만 구성된 조직은 없다. 아무 생각 없이 일하는 사람, 말도 안 되는 논리로 자기주장만 앞세우는 사람, 언어폭력으로 동료들을 함부로 대하는 사람, 가정교육을 배웠는지 의심될 정도로 기본 매너를 전혀 갖추지 못한 사람, 오로지 자신만 생각하는 이기주의로 똘똘 뭉친 사람, 입만 열면 거짓말하고 변명만 늘어놓는 사람 등등 어느 조직이든 앞에서 열거한 직원 1~2명쯤 안고 있지 않은 회사는 없을 것이다. 모두가 문제라고 생각하는 이런 직원들을 왜 조직은 그냥 안고 가는 것일까? 해답은 '양들의 침묵'에 있다. 일명 조직의 '썩은 사과'로 분류되는 이런 사람들에 대해 대다수의 직원들이 침묵으로 일관하고 있기 때문이다.

2011년 11월, 미첼 쿠지와 엘리자베스 홀로웨이라는 조직개발 컨설턴트 2명이 흥미로운 책을 하나 발간했다. 『당신과 조직을 미치게 만드는 썩은 사과』라는 책에서 두 컨설턴트는 조직에 해악을 끼치는 직원을 가리켜 '썩은 사과'라고 칭하면서, 이를 그대로 방치할 경우 100년 기업도 무너질 수 있다고 경고했다.

잘나가는 기업이 순식간에 무너지는 현상을 목격하면서 조직 내 썩은 사과가 끼치는 영향이 생각보다 심각하다는 사실을 인식한 그들은 썩은 사과 때문에 큰 곤란을 겪은 적이 있다고 응답한 회사의 주요 임원과 관리자들의 인터뷰 내용을 담아 조직이 썩은 사과를 제거하지 못하는 현상에 대해 "많은 사람이 썩은 사과에 대해 가지고 있는 통념을 하나 짚고 넘어갈까 한다. 대다수가 사람들은 썩은 사과들을 용인하지 못한다고 생각하는 것과 달리, 실제로는 많은 사람이 그들의 행동을 받아들이며 그것도 아주 오랜 기간 참고 견딘다는 것이다. 우리 연구에 참가한 응답자들 역시 아무도 썩은 사과에 맞서거나 그를 해고하지 않았으며, 그 상태로 몇 달 혹은 몇 년이 그냥 지나갔다고 한다"고 말했다.

두 저자는 "보통 사람들은 쓸데없이 분란을 만들거나 변화를 일으키는 행동을 피하려는 경향이 있기 때문이다"라는 말로 조직의 썩은 사과가 아무런 제재를 받지 않고 활개 치는 현상을 설명했다. 이런 현상의 사례로 지나친 침묵 때문에 필요 없는 감정 소비와 시간 낭비를 하고 있는 어느 IT기업과 관련된 이야기를 꺼내볼까 한다.

의료장비에 들어가는 첨단 IT기술에 독보적인 기술력을 갖춘 A기업에서 있었던 일이다. A기업은 ASIC, 즉 주문형 집적회로 분야에서 높은 기술력을 가지고 있던 엔지니어를 한 명 영입했는데, 조직보다 자기 자신을 우선시 여기는 심각한 이기주의 때문에 골머리를 앓게 되었다.

"작년에 기술력이 상당히 출중한 엔지니어 한 명을 부서장으로 영입했는데, 이 친구가 자신만 생각하는 경향이 강해서 걱정이 큽니다. 자신이 맡은 부서의 위상이 작지 않은데, 회사보다는 자신만 챙기는 현상이 심하네요. 팀원들은 해결하지 못한 과제 때문에 저녁 늦게까지 남아서 끙끙대고 있는데, 부서장이라는 사람은 6시만 넘으면 누가 보든 말든 칼같이 퇴근해버립니다. 아무리 급해도 일과 시간 외에 일하는 모습은 절대 볼 수없고요. 틈만 나면 휴가를 내서 여행을 가버립니다. 물론 법적으로 보장된 거라 당연하긴 합니다만, 부서장이 지나치게 그런 것을 챙기니까 보기에는 좋지가 않습니다. 이런 경우는 어떻게 하면 좋겠습니까?"

이렇게 하소연을 하는 박인성 대표(가명)의 목소리를 6개월 전에 들었다.

얼마 전, 4차 산업과 관련된 주제로 열린 어느 세미나 룸에서 오랜만에 박 대표의 얼굴을 보았다. 문득 하소연의 주인공이 생각나서 "그때 그 친구 어떻게 되었나요? 지나치게 자신만 챙긴다는 그 부서장 말입니다"라는 말로 오래전, 우리 대화에서 화제가 되었던 실력 있는 엔지니어의 근황을 물어보았다.

"아, 그 친구요…. 휴가 내서 지금 제주도에 내려가 있습니다. TV에서 유명 연예인이 제주도살이를 권장한 후부터 직장인들 사이에 제주도에서 살아보기가 유행이라면서 본인도 한번 해보고 싶다고 하더니 내려갔어요. 근데 참 이것도 그래요. 지금 우리 회사가 정말 중요한 시기인데, 고급 간부가 회사 생각은 안중에도 없다는 것이 도저히 이해가 안 가네요. 뭐라 하고 싶어도 회사 때려치우고 나간다고 할까 봐 조심스럽게 눈치만 보고 있는 상황입니다. 그 친구의 그런 행동을 혹시 나만 이렇게 불편하게 생각하는 건 아닌지, 다른 직원들은 아무렇지도 않게 생각하는 것 같기도 하고 해서 벙어리 냉가슴 앓고 있는 중입니다."

여기서도 나타났지만, 박 대표의 행동 특징 중 하나는 지나치게 주변을 의식한다는 점이다. 내가 이렇게 행동했을 때, 남들은 어떻게 생각할까? 그리고 우리 직원들은 어떻게 생각할까? 등등. 좋게 보면 타인에 대한 배려심이 많다고 볼 수 있으나, 반대로 주관성이 없는 소심한 리더로 보여질 수도 있다. 이런 점은 조직을 이끌어가야 하는 리더에게는 큰 약점이라고 말할 수 있다. 특히나 중소기업의 대표는 어느 정도는 자신의 의지대로 조직을 이끌어가는 카리스마가 필요하다. 설사 직원들의 의견과 배치되는 상황에 놓여도 자신의 의지를 관철해가는 분들이 결국은 조직을 더 위대하게 만들어가는 모습을 많이 보아왔다. 그래서인지는 몰라도 어느 정도는 주변 상황을 눈치 보지 않는 뚜렷한 주관이 필요한 자리가 CEO의 자리라고 생각한다.

그렇다면 실력 있는 엔지니어에 대한 다른 직원들의 생각은 어떨까? 다른 직원들은 아무렇지도 않게 생각하는데 박 대표만 불만이 가득한 것일까? '군중 심리론'으로 유명한 프랑스의 유명한 사회심리학자 귀스타브 르 봉은 다음의 말로 침묵하는 대중의 심리를 묘사했다.

> 대중은 침묵한다. 그렇다고 그들이 생각이 없는 것은 아니다. 단지 남들이 어떻게 생각할지 몰라 주변의 눈치를 보며 조용히 있는 것뿐이다.

르 봉의 말처럼 박 대표가 의식하고 있는 일반 직원들도, '쓸데없는 분란을 만들고 싶지 않아서 그저 침묵 속에서 눈치만 보고 있는 것은 아닐까?' 하는 생각이 들었다. 마침 그 회사에 아는 지인이 있어 수화기를 들고 '제주도에 내려가 있는 그 엔지니어'에 대한 감상을 들어보기로 했다.

"실력은 있는 분인데요. 너무 자기만 챙기니까 좀 보기가 안 좋을 때가 있지요. 부서장이면 부서장답게 솔선수범하면서 조직을 위해 희생하는 것이 제가 알고 있는 리더의 모습인데, 그분은 그런 모습이 없어요. 같이 일하는 팀원들 챙겨주는 모습도 전혀 없고, 회식이나 회사 행사 때는 볼일 있다면서 항상 사라지고 없고요. 팀원들은 안중에 두지 않고 본인의 생활만 즐기는 분이라 내부에서도 불만이 많은 걸로 알고 있습니다."

다른 이들을 대상으로 추가 질문을 던지지는 않았지만 아마도 모두가 이런 생각들을 가지고 있지 않을까? 문제라고 생각하고는 있지만 나만 그렇게 생각하고 있지는 않은지, 괜한 분란을 만드는 건 아닌지에 대한 우려 때문에 침묵을 지키고 있는 경우가 조직에는 의외로 많기 때문이다.

프랑스의 저명한 경제학자 마야 보발레는 『인센티브와 무임승차』에서 눈치를 보며 자신의 목소리를 내지 못하는 이들을 '양 떼'에 비유하면서 "늑대가 가까이서 양들을 노리고 있다. 그렇다면 양들은 늑대의 위치를 파악해서 최대한 멀리 달아나려고 하는 게 정상이다. 그러나 실제로 일어나는 일은 그렇지 않다. 늑대를 피해 어디로 도망가야 할지 알기 위해서는 다른 양들이 어느 방향으로 도망칠까 추측하려 할 것이 아니라 각자 늑대의 단서를 찾을 수 있도록 격려하고 지지하는 제도가 필요하다"고 말했다.

어찌 됐든 조직을 병들게 하는 썩은 사과도 문제지만, 이렇게 남들의 눈치를 보며 자신의 의견이나 생각을 닫아버리는 양들의 침묵도 큰 문제라고 할 수 있다. 이런 행동은 조직의 혁신이나 개혁에 커다란 장애물로 작용한다. 또한 썩은 사과로 인해 병들어가는 조직을 걱정하는 사람들에 대해서도 '조직은 썩은 사과의 행동을 전혀 문제라고 생각하지 않는다'는 잘못된 시그널을 보낼 가능성도 있다. 무엇보다도 더 늦기 전에 썩은 부위를 도려내지 않으면 조직이라는 사과 상자 안에 들어 있는 다른 사과들이 같이 썩어갈 위험이 크다.

이제 양들의 침묵이 무엇을 의미하는지, 침묵의 이면에 깔린 진실을 볼 수 있는 눈이 박 대표에게 필요한 시점이 온 것 같다. 더 나아가 다른 양들의 행동을 보기보다는 늑대의 움직임을 관찰하는 지혜도 가져줬으면 하는 바람을 품어본다.

11
업의 가치를
진지하게 생각하라

일본에서 학교를 졸업한 뒤로 당연히 영업부서에 지원했다. 우리가 취급하고 있는 상품에 대해서 더 많이 이해하려면 영업부서가 당연히 최고라고 생각한 점도 있었지만, 무엇보다도 고객과의 접점에서 그들과 커뮤니케이션하는 것이 사회 활동을 하는 데 빠져서는 안 되는 필수요소라고 생각했기 때문이다.

이런 생각을 나만 가지고 있었던 건 아니다. 업종은 달랐지만 주변 친구들 대부분이 우선은 영업직을 지원했다. 간혹 연구직이나 기술직을 지망하는 친구들도 있긴 했지만 그들조차 처음 1~2년간은 영업부서에서 생활하는 것을 당연하게 받아들였다. 이러한 정책은 내가 다니던 회사의 모 기업이었던 RMS도 마찬가지였다. 어느 부서가 되었든 입사하고 1년은 무조건 영업 부서에서 근무해야 했다. 계열사가 180개, 근무하는 직원의 숫자가 10만 명이 넘는 공룡 기업이지만 어느 계열사, 어느 직무가 되었든, 우선은 영업부서 생활을 경험해야 하는 원칙을 1960년 설립한 이래 아직까지 고수하고 있다. 이유는 우리가 취급하는 상품에 대해 고객의 관점에서 생각할 수 있는 현장감을 갖게 하기 위해서다.

그러나 한국은 달랐다. 내가 한국으로 돌아와서 놀랐던 몇 가지 사건 중 하나가 영업을 바라보는 인식이 그리 좋지 않다는 것이다. 그래서인지 한국의 대학생들은 영업직을 기피한다. 왜 그런 힘든 일을 해야 하느냐고 불평하는 이도 많다. 특히 영업이 아닌 부서의 직원들에게 영업 일을 시키기라도 하면, 그 원성이나 불만이 봇물 터지듯 튀어나온다.

얼마 전에 24시간 편의점을 운영하는 기업의 본사를 방문한 적이 있다. 물론 우리가 주로 상대하는 사람들은 거의 HR 쪽에 있는 사람들인지라 그날 미팅의 상대도 교육 담당자였는데, 예정된 미팅 시간이 한참이 지났는데도 나타나질 않는 것이다. 예정된 시간을 30분이나 넘기고 나서야 나타난 담당자는 늦어서 미안하다는 말을 연신 내뱉으며 이번에 들어온 신입사원 중에 퇴사자가 한 무리 발생해서 보스에게 꾸지람을 듣는 바람에 늦었다고 한바탕 하소연을 토해내기 시작했다.

그의 말에 따르면, 연간 채용하는 신입 직원이 100여 명 가까이 되는데, 입사하고 1년간은 의무적으로 직영 편의점에서 일을 해야 한다고 한다. 이 회사는 대략 10% 정도의 점포를 본사 직영으로 운영하고 있는데 가장 큰 이유가 고객의 트렌드를 실시간으로 파악하기 위해서이고 다음은 직원들의 현장 교육에 활용하기 위한 것이 두 번째 이유라고 한다. 신입들이 들어오면 어떤 직무가 되었든 무조건 이 직영 점포에서 1년간 현장 근무를 해야 하는 의무가 지워지는데, 영업 직무가 아닌 신입들의 경우 현장 근무를 하다가 이탈하는 숫자가 적지 않다고 한다. "연구 개발을 위해 들어온 거지 영업하려고 들어온 거 아닙니다", "저는 회계 전공입니다. 영업은 적성에 맞지 않습니다" 등과 같은 불평을 늘어놓으며 사직서를 던지고 회사를 떠나는 젊은 직원들이 20~30%에 육박한다는 것이다. 올해는 유독 그 숫자가 많아서 위에서 뭐라고 크게 지적을 한 모양이다.

처음에는 믿기지가 않았다. 요즘처럼 취업이 어려운 시기에 어렵게 들어온 이런 대기업을 영업을 시킨다는 이유로 그렇게 쉽게 떠날 수가 있을까 하는 의구심이 들었다. 이런 이야기를 대학교를 막 마치고 사회에 입문한 조카에게 했더니, 이런 코멘트가 돌아왔다.

"당연하죠. 삼촌, 좋은 학교 나와서 폼 나는 양복 입고 쾌적한 사무실에서 편하게 근무하고 싶지 누가 밖에서 굽실거리며 손님들 상대하고 싶겠어요. 나라도 그런 생활을 1년 하라고 하면 여기 계속 다녀야 하나 하고 심각하게 고민할 것 같은데요."

사실 이런 생각을 갖고 있는 건 내 조카뿐만이 아니었다. 취업 포털 잡코리아가 2017년 1~9월 자사 사이트를 통해 구직 활동을 한 구직자 중 취업 희망직무를 공개한 210만 건의 이력서를 분석한 결과, 20~30대 구직자의 취업 희망직무 1위는 사무 보조(6.1%), 2위는 사무·총무·법무(5.6%), 3위는 생산·공정·품질관리(4.4%), 4위는 경리·회계(4.3%), 5위는 기획·경영전략(4.2%) 순으로 나타났다.

통계에서도 드러나듯이 우리나라 젊은이들 거의 대부분은 사무직을 선호하고 있다. 물론 젊은 친구들이 사무실 근무를 선호한다고 해서 뭐라 탓할 일은 절대 아니다.

다만 내가 크게 놀랐던 것은 조카가 '굽실거리며'라는 표현을 썼다는 것이다. 영업직에 있는 사람들에 대한 인식이 어떤지를 확연히 드러내는 대목이라 할 수 있다. 그 표현은 어떻게든 상대방이 우리 물건을 구매하게끔 아쉬운 소리를 해가면서 애원하고 있는 듯한 인상을 풍긴다. 하지만 이건 잘못된 인식이다. 나는 신입 시절 '영업은 절대 물건을 파는 것이 아니다. 고객에게 도움이 되는 가치를 제공하는 것이다'라고 배웠고, 지금도 이런 생각에는 추호의 변함이 없다.

　내가 아는 인물 중에 '강매하는 영업'이 싫다며 시골로 내려가 '찾아오는 고객'을 창출한 분이 있다. 바로 개그맨 '전유성' 씨다. 대학로를 주름잡던 그가 서울 생활을 청산하고 잘 알려져 있지 않은 '청도 성곡리'라는 동네로 이사를 했다. 도저히 이해할 수 없다는 표정을 짓고 있는 나에게 그가 던진 말이다.

　"대학로에 가면 극장 앞에서 호객행위하는 아이들을 많이 볼 겁니다. 전부 개그맨 지망생들이에요. 한창 연습할 시간에 호객행위하고 있는 거예요. 안타깝더라고요. 그래서 결심했죠. 티켓 파는 걱정 없이 연습에만 전념하게 하자! 재미만 있다면 장소는 중요치 않다. 재미만 있다면 산속이라도 고객은 찾아온다."

　전유성 씨의 말에 따르면, 거기서 공연하는 개그맨들 전원이 영업사원이라고 한다. 무슨 말인지 몰라서 어리둥절해하는 나에게 그는 또 이렇게 말한다.

　"우리 공연을 홍보하거나 티켓을 팔기 위해 돌아다니는 사람은 따로 없습니다. 여기 있는 개그맨들 모두가 홍보맨이고 세일즈맨이라고 스스로들 생각하고 있습니다. 우리를 불러주는 곳이라면 어디든 달려가서 즉석으로 스탠딩개그를 선보입니다. 하지만 그들에게 표를 사달라고 구걸하지는 않습니다. '어떻게 하면 사람들을 웃길 수 있을까?'만 생각하며 그저 자신들이 좋아하는 일에 몰두합니다. 그런 우리를 사람들은 좋아하고 즐거워하고 SNS에 글을 올리고 홍보를 해줍니다."

"절대로 표를 구걸하지 않습니다. 우리를 알아주고 우리를 필요로 하는 곳이면 어디든지 달려갑니다. 그리고 그들은 어떻게 하면 고객이 즐거워하는지를 압니다. 스스로 생각하고 스스로 움직이게끔만 해주면 됩니다. 억지로 시키게 되면 몸에서 거부 반응이 일어나고 의욕도 떨어집니다. 보십시오. 여기 '청도'는 사방이 산으로 둘러싸여 있습니다. 억지로 시켜서 여기 있으라고 하면 아마 3일도 못 버티고 사라지고 없을 겁니다. 제가 하는 일은 물이 있는 곳을 알려주는 것입니다. 어떤 방법으로 그곳에 도달할 수 있는지, 그리고 무엇을 이용해서 물을 마실지에 대해서는 그들 스스로가 고민하게끔 놔둬야 합니다."

이것이 바로 조직을 이끄는 리더의 자세라고 그는 덧붙였다.

전유성 대표의 말대로 철가방 극장의 개그맨들은 거의 대부분의 시간을 연습에 할애한다. 그리고 이런 자신의 모습을 찍어 SNS에 올리고 주변에도 알리면서 개인 PR에도 상당한 에너지를 쏟아붓는다. 대학로의 동료들이 전단지를 돌리고 호객행위를 할 시간에 고객에게 전해줄 가치를 높이기 위해 자신의 역량 개발에 몰입하고 있는 것이다. 무엇보다도 그러한 행위와 행동들을 유발시키게끔 하는 것이 리더의 자세라고 말하는 전유성 대표의 멘트에서 이분이 '개그계의 대부'로 불리는 이유를 어렴풋이 짐작할 수 있었다.

『어린 왕자』로 유명한 프랑스의 소설가 생텍쥐페리는 이런 말을 남겼다.

당신에게 보물섬 지도가 있다면 사람들에게 '산으로 가서 나무를 베어라, 배를 만들고 노를 저어라!'라고 외치지 말고, 보물섬에 다녀와서 누리게 될 가치에 대해 이야기하라. 그리하면 스스로 나무를 베고 노를 저을 것이다. 그것도 매우 열심히!

철가방 극장은 우리에게 많은 시사점을 던져준다. 무언가를 팔아야 한다는 강박관념에서 나오는 행동과, 고객에게 도움이 되는 가치를 전하기 위해 나오는 행동에는 큰 차이가 있다. 팔아야 한다는 의무감은 무엇보다도 재미가 없고, 중압감만 있을 뿐이다. 심지어 나의 이익을 위해 상대방을 속여야 한다는 죄책감마저 든다. 하지만 상대방에게 분명 도움이 되는 솔루션을 내가 가지고 있고, 그걸 전하고자 하는 내 행동이 '고객 제일'이라는 사명감의 실천이라는 사고로 전환이 일어나는 순간 고객을 상대하는 영업의 미션은 다른 각도로 보이게 될 것이다.

대학로에서 표를 구걸하던 개그맨들은 한때 내가 이러려고 서울까지 왔나 하는 자괴감에 괴로워했지만 철가방 극장에서는 스스로 고객을 발굴하고 찾기 위해 최선을 다했다. 자신이 제공하는 상품에 어떤 가치가 들어 있는지를 깨달았기 때문이다. 그런 사명감의 가치를 알고 그런 사명감을 불러일으켜준 전유성 대표 또한 똑같은 사명감을 매일같이 느끼고 있다고 말했다.

"한참 놀 나이에 시골까지 나를 찾아온 이 아이들의 눈을 보면서 내가 이 아이들의 꿈을 꼭 실현시켜줘야겠구나 하는 생각을 많이 해요. 고객에게 즐거움을 주기 위한 사명감으로 이 아이들이 무장되어 있다면, 저는 이 아이들의 꿈이 꼭 이루어지게끔 해야겠다는 사명감으로 이곳 청도 생활을 즐기고 있습니다."

그의 마지막 코멘트가 내게 큰 감동을 주었다. 사명감이나 책임감이 강한 위인에게서나 느낄 수 있는 범상치 않은 포스였다. 안타깝게도 철가방 극장은 경영난을 극복하지 못하고 개관 7년 만인 2018년 4월 말 문을 닫았다. 하지만 전유성 대표가 후배들에게 보여준 리더로서의 책임감과 사명감은 영원할 것이다. 철가방 극장의 부활을 진심으로 기대한다.

12
리더들에게
공통적으로 필요한 자질

누가 처음 말했는지는 모르겠지만 우리 입에 자주 오르내리는 서양 속담 중에 '로마에 가면 로마의 법을 따르라'는 말이 있다. 그 나라에 가면 그 나라의 풍습이나 생활습관을 따르라는 의미를 내포하고 있는 이 속담을 이번에는 조직문화, 그리고 조직행동의 관점에서 생각해보았다.

유명 프랜차이즈 기업에서 마케팅을 담당하고 있던 후배가 갑자기 태양식품(가명)이라는 중견기업으로 회사를 옮기게 되면서 생긴 에피소드가 배경이다. 이야기의 소스를 제공해준 그 후배는, 무슨 일이든 자신이 주도적으로 프로젝트를 이끌어가야 직성이 풀리는 매우 적극적인 성격의 소유자다. 그 후배가 속해 있는 내부 지인의 말에 따르면, 조직 내에서도 위아래로 두터운 신망을 얻고 있다고 하는데 무슨 연유에서인지 갑자기 식품회사로 이직을 한 것이다.

그리고 3개월이 지났다. "선배님, 제가 요즘 사춘기도 아니고, 오춘기가 찾아온 모양입니다." 그 후배가 어느 날 갑자기 찾아오더니 뜬금없이 이런 하소연을 했다. 그가 옮긴 태양식품은 이전 직장과 비교해서 훨씬 규모도 크고 직원들 복리후생도 잘 되어 있는 것으로 소문이 난 곳이라 근무환경 때문에 생긴 고민은 아닐 것이라고 생각했다. 그렇다면, 혹시 이성 문제인가 하는 쓸데없는 호기심을 품고 이야기를 더 들어보았다.

"이전 직장은 일이 참 재미있었거든요. 위에서 과제를 던져주면 제가 다 알아서 자료 정리하고, 문서 만들어서 위에 올리고, 승인받아서 현장 집행하고. 웬만큼 펑크내지 않는 한 별다른 터치도 없는 그야말로 담당자의 의사 결정에 따라 프로세스가 돌아가는 조직이었어요. 그런데 새로 옮긴 이곳은 하나부터 열까지 위에서 다 정해서 내려오네요. 뭔가 새로운 아이디어를 내려고 하면, 이미 정해진 일이니 쓸데없는데다 에너지 낭비하지 말고 시키는 일이나 잘 하라는 식으로 구박이나 주고…. 지금은 괜히 옮겼나 하는 생각이 들 정도로 고민이 많습니다." 이렇게 말하는 것이 아닌가.

그렇다고 후배가 다니는 태양식품의 조직문화가 형편없는 것은 아니다. 동종 업계 경쟁사와 비교해서 급여 수준도 높은 편이고, 직원 육성체계도 훌륭하게 짜인 회사다. 무엇보다 직원을 위하는 경영진의 마음이 업계에서도 소문이 자자할 정도로 부러움을 사고 있는 회사다. 그런 소문 때문에 후배도 회사를 옮기는 데 아무런 의심이 없었을 것이다. 다만, 의사 결정과 관련된 조직문화에 있어서는, 자수성가하여 큰 성공을 거둔 오너 회장의 막강한 입김에 오랫동안 익숙해져 있는 탓인지는 몰라도 톱다운식의 프로세스가 자연스럽게 조직 내에 흐르고 있었다.

오너의 입김이 강하게 작용하는 기업의 장점은 뭐니 뭐니 해도 스피드다. 빠른 의사 결정으로 인해 경쟁사보다 더 빠른 스피드로 시장 환경에 대응할 수 있었다. 지금처럼 소비자의 심리 변화가 급격하게 이루어지는 초스피드 시대에 속도 경영은 시대가 요구하는 파워 경쟁력 중 하나라고 말할 수 있다. 이런 문화에 적응해 있는 직원들 틈바구니에서 보텀업식 업무 처리에 익숙해져 있는 후배가 심각한 고뇌에 빠진 것은 어쩌면 당연한 일인지도 모르겠다.

가끔 이런 식의 톱다운 경영에 대해 부정적으로 생각하는 사람들을 만나곤 하는데, 그렇게 말하는 사람들 대부분은 "톱다운 경영은 현장의 의견이 무시되는 병폐를 낳는다"라고 주장하는 경향이 있다.

물론 그들의 주장대로 일방통행의 병폐가 있음을 부인할 수는 없지만, 오히려 풍부한 경험에 의한 정확한 판단력이 더 효과적으로 작용하여 경쟁사를 제압하고 시장을 석권한 경우도 많이 보아왔기 때문에 톱다운 경영이 반드시 나쁘다고 생각하지는 않는다. 대표 사례가 후배가 새로 둥지를 튼 태양식품의 케이스다. 오너 회장의 시장을 읽는 통찰력과 지배구조가 갖는 특성 때문에 스피드한 일처리가 가능했다. 이런 장점은 경쟁사들이 뭔가를 생각하고 망설이고 있는 사이에 발 빠르게 시장 상황에 대처할 수 있게끔 해주었고, 이는 다시 회사 성장의 큰 기폭제가 되었다.

아무튼 중요한 것은 지금 우리가 갖고 있는 조직문화에 어울리는 리더십과 팔로워십이 구축이 되어 있느냐에 대한 고찰이지 '톱다운의 조직문화이냐? 보텀업의 조직문화이냐?'는 별로 중요하지 않다.

태양식품의 경우, 이런 경영실적을 바탕으로 전반적인 조직문화는 모든 구성원을 가족이라고 생각하는 패밀리 문화가 확고히 자리 잡고 있다. 이런 모토 아래 그들은 위에서 아래를 보살펴주는 수직형 위계질서를 만들어놓았다. 상황이 이렇다 보니, 위에서는 솔선수범과 책임감을 강조하는 리더십이, 아래에서는 성실과 복종을 강조하는 팔로워십이 형성된 것이다.

반대로 후배가 이전에 있었던 직장의 조직문화는 철저한 평등주의 기업 문화였다. 직위에 상관없이 1인 1표를 행사하는 그 기업의 조직문화는 수평형 조직의 전형이었다. 사장은 오랜 유학생활을 마치고 돌아온 2세 경영자였는데, 평소 합리적이고 민주적인 의사 결정을 하는 사람으로 정평이 나 있는 스마트한 경영자였다. 어느 모임에 가든지 예의 바른 사람이었고, 이런 스타일은 조직 내부에서도 마찬가지였다. 아무리 부하직원이라 하더라도 항상 존댓말로 커뮤니케이션했고, 각자의 의견을 존중하며 그 누구 하나 회의에서 소외되는 법이 없도록 철저히 신경을 쓰는 스타일이었다.

이런 경영 스타일이다 보니 그 조직의 리더십은 평소의 카리스마보다는 중재자형 스타일이 더 어울렸던 것이다. 혁신적인 아이디어로 팀을 이끌어가는 "나를 따르라!" 식의 접근보다는, 모두의 입에서 다양한 목소리가 나오게끔 유도하는 배려형 리더십으로 더 진화한 것이다.

만일 이런 기업에 스티브 잡스 같은 혁신적 리더가 버티고 있었다면 엄청난 마찰이 생겨 조직을 끊임없이 괴롭혔을 것이다. 사실 후배가 처한 이런 상황은 문화가 다른 조직으로 이직하는 직장인들이 보편적으로 경험하는 문화충돌 현상 중 하나라고 볼 수 있다. 조직은 크게 수직적 위계질서를 강조하는 문화와 수평적 평등주의를 강조하는 문화로 이분화되어 있는데, 문화가 다른 상대방 영역의 회사로 건너갔을 때에 이런 문화적 충돌에 직면하게 되는 것이다.

수직적 위계질서를 강조하는 조직에서의 리더십은 앞에서도 언급했듯이 어느 정도 해결책을 가지고 조직원을 통솔하는 '선장형 리더십'이 요체다. 풍부한 해상 경험으로 바다 곳곳을 손바닥 보듯이 들여다보는 선장의 지혜는 모두가 그를 따르게 만드는 리더십의 원천이 됐다. 이런 조직의 리더는 아무 생각 없이 말을 던져서는 안 된다. 모두가 아하 하는 반응이 나올 수 있을 정도로 사전 준비에 많은 시간을 할애해야 한다.

이곳에서 일반 직원들에게 요구되는 팔로워십은 '참모형'이다. 비록 선장이 내리는 지시가 자신이 생각하고 있는 철학이나 아이디어와 맞지 않는다 하더라도 대놓고 면박을 줘서는 안 된다. 많은 사람이 모여 있는 자리에서 자신의 보스가 개진한 의견을 공개적으로 반대하는 행동은 무례하게 보일 뿐 아니라 권위에 대한 도전이라고 받아들여진다. 면전에서의 반박은 삼가고 대신 둘만의 시간을 가졌을 때 자신의 의견을 조용히 개진하는 것이 효율적이다. 상사도 이런 부하직원에 대해서는 참모의 의견이라고 생각하고 귀담아듣고 실행에 옮기는 경향이 강하다.

다음은 조직문화의 또 다른 축인 수평형 조직에서 필요로 하는 조직행동이다. 우선 수평형 조직에 어울리는 리더십 스타

338

일은 '추장형 리더십'이다. 여기서 추장은 아메리칸 인디언의 추장을 일컫는다. 인디언 추장은 구성원들 모두가 자신의 발언이 부족의 안녕과 질서 유지에 공헌하고 있다는 느낌이 들게끔 하기 위해 자신보다는 회의에 참여한 부족 사람들의 목소리에 더 신경을 쓴다고 해서 붙인 이름이다.

이런 조직에서 필요로 하는 팔로워십은 자신의 의견을 적극적으로 개진하는 조직행동이 바람직하다. 위에 있는 리더가 알아서 해주겠거니 생각했다가는 생각 없는 직원으로 낙인찍히기 쉽다. 경우에 따라서는 상사와 의견이 맞지 않을 수도 있다. 그런 경우에도 자신의 의견을 적극 어필하는 것이 중요하다. '침묵이 미덕이다'라는 생각은 절대로 해서는 안 된다.

수직형 조직문화가 되었든, 수평형 조직문화가 되었든 공통적으로 필요한 리더십이 있다. 바로 '솔선수범'이다. 리더는 조직의 상층부에 있는 사람이다. 위로 올라갈수록 조직을 위한 육체적인 활동량과 정신적인 고뇌는 비례해야 한다. 회사가 일반 직원들보다 리더들에게 더 많은 급여를 주는 이유가 바로 여기에 있다. 고뇌와 업무량이 많다고 불만을 토로한다면 리더의 자리에서 내려와야 한다.

이는 일반 직원들도 마찬가지다. 회사에 출근해서도 개인적인 일을 보느라 상당량의 시간을 보내는 사람들이 있다면, 조직이나 상사에 대한 미안함보다 옆에 앉아 있는 동료에게 먼저 미안한 마음을 가져야 한다. 현격한 입장 차를 가지고 있는 경영진이나 상사들에게 신경을 쓰지 않는 것은 이해할 수 있지만, 같은 입장에 처해 있는 동료들의 눈치를 보지 않는다는 것은 사람으로서 가져야 하는 기본 도리를 무시한 상식 이하의 행동이기 때문이다. 옆에 앉은 동료는 아이디어가 떠오르지 않아 머리를 싸매고 있는데, 자신은 일과 시간에 버젓이 게임을 한다든지, 주말에 볼 영화를 검색하느라 눈을 PC 화면에서 떼지 못하고 있다든지 하는 비상식적 행동들은 회사에 대한 죄의식을 느끼기이전에 같이 일하는 동료들에 대한 미안한 마음이 먼저 생겨야한다. 월급을 받고 회사를 다니는 이상 그에 상응하는 역할과 행동을 해야 하는 것은 당연한 것인데 이에 반하는 행동을 하고 있다는 것은 일종의 '직무 유기'라고 할 수 있다.

마지막으로 앞에서 언급한 조직행동과 관련하여, 어느 조직이든지 극단적으로 어느 한쪽에 치우치는 조직문화를 가진 조직은 없다. 따라서 수평형 조직에서 필요로 하는 조직행동과 수직형 조직에서 어울리는 조직행동의 적절한 혼합은 각각이 처한 상황에 맡길 수밖에 없음을 밝혀두는 바다. 그전에 선장과 추장의 성공 방정식이 무엇인지에 대한 연구와 고민이 먼저 이루어져야 할 것이다.

13
상사의 고충을
이해하라

약속 시간보다 일찍 도착하는 바람에 옆 건물에 있는 1층 커피숍에서 시간을 보내고 있는데, 바로 뒷자리에서 젊은 친구 둘이서 자신들의 상사에 대해 대화하는 내용이 귀에 들어왔다. 아무래도 내가 하고 있는 일이나 관심 갖는 것과 관련된 대화는 거리가 좀 떨어져 있어도 귀에 쏙쏙 들어오는데, 이번 건의 경우는 심지어 바로 뒷자리에서 오가는 대화였던지라 신경을 쓰지 않아도 자연스럽게 귀에 들리는 행운이 찾아온 것이다.

여기서 행운이라고 표현한 이유는 내가 만나는 사람들이 대부분 관리자급이나 경영진이다 보니 젊은 친구들의 이야기를 들을 기회가 좀처럼 찾아오지 않았기 때문이다. 설령 운이 좋아 그런 분위기가 조성된다 하더라도 허심탄회한 속내를 듣는 일은 거의 불가능에 가깝다. 이처럼 젊은 친구들이 속내를 거짓 없이 드러내는 대화는 어지간해서는 들을 수 없기 때문에 정말 하늘이 주신 기회라고 생각했다. 또한 이런 살아 있는 솔직한 대화는 조직이 안고 있는 문제를 해결하는 데 중요한 힌트를 제공하는 경우도 많다. 나오면서 감사한 마음에 힐끗 얼굴을 쳐다보니 대략 30대 초반의 사원 또는 대리급 주니어 사원들인 듯해 보였다. 아래에 내가 들었던 대화 일부를 옮겨본다.

"선배님, 우리 팀장님 올림픽공원 근처에 빌딩이 있다는 소문이 있던데 맞아요?"

"응, 맞아. 그래서 회사는 취미로 다니는 거야! 믿는 구석이 있으니까 위에서 뭐라고 해도 별로 긴장도 안 하고, 시키는 일도 대충 하는 척 흉내만 내는 거 같아. 그런 팀장이랑 일하는 게 행운인 것 같아? 아니면 불행인 것 같아?"

"글쎄요. 실적 안 나온다고 쪼는 일은 없으니까 회사생활이 편하기는 한데 그래도 아직은 이 분야에 대해서 더 많이 알고 싶고 선배들한테 많이 배우고 싶고 해서요. 지금은 왠지 모르게 계속 그 자리인 것 같아서 조금은 불안해요. 저 부서 바꿔달라고 하면 이상한 놈 취급당할까요?"

"물론 인사팀에서 바꿔는주겠지만 소문이 별로 좋게 나지는 않을 거야. 뭔가 명분을 만들어서 움직이려고 해봐. 나는 어차피 지금처럼 적당히 회사생활하는 게 편해서 그런 생각은 안 해봤지만 다른 부서로 이동하는 게 쉽지는 않을 거야."

"영업 3팀은 어때요?"

"거기 팀장은 실력은 좋은데 인성이 거지 같다고 소문났잖아. 자기 일만 열심히 하는 스타일이라 애들 관리는 전혀 신경 안 쓴대. 근데 인맥은 좋아서 실적은 꽤 나오나 봐."

"그럼 인천 사업장은요?"

"거기 팀장은 또 반대로 실적은 없는데 밑에 있는 애들을 엄청 잘 챙겨주는 것으로 소문나 있지. 거기 있는 강 대리 알지? 내 입사 동기잖아! 그 친구 말에 의하면 팀장이 실력은 없어도 인간적인 면은 끝내준다고 하더라고!"

그 외에도 이런저런 조직이 안고 있는 갈등이나 고민을 서로 공유하는 시간이 한참이나 이어졌다. 약속시간이 다가오는 바람에 아쉽지만 중간에 듣는 것을 끊고 그곳을 빠져나올 수밖에 없었다. 그들이 어느 회사에서 일하는지는 모른다. 중요한 건 밖에서 자사에 대한 좋지 않은 이야기를 하면서 주변 시선을 의식하지 않는 그들의 태도였다. 이렇게 살아 있는 현장 이야기를 들려줘서 무척이나 고맙긴 했지만, 그래도 회사 근처에서 같이 근무하는 사람들 뒷담화를 할 때는 주위를 한번 살펴보는 기본

예의는 있었으면 좋겠다는 아쉬움이 들었다. 바로 뒤에서 누군가 듣고 있는데, 아랑곳하지 않고 자신들의 상사에 대한 치부를 드러내는 건 매너가 아니라고 생각하기 때문이다. 아무튼 그들의 이야기를 들으면서 상사에 대한 이야기를 한번 해야겠다는 생각이 들었다. 상사와 나의 궁합은 조직생활에서 가장 중요한 성공의 열쇠이기 때문이다.

그전에 직원들을 구분하는 일반 분류법에 대해 소개해보고자 한다. 관리자들을 대상으로 강연할 때 자주 사용하는 질문인데 여러분도 한번 생각해보기 바란다.

"조직에는 4가지 부류의 직원이 있다고 합니다. ① 인간성도 훌륭하고 실력도 있는 직원, ② 인간성이 훌륭한데 실력이 조금 떨어지는 직원, ③ 인간성은 떨어지는데 실력은 좋은 직원, ④ 인간성이 별로인데 심지어 실력까지 안 되는 직원입니다. 당신이 팀장이라면 이 가운데 누구를 택해서 함께 일하시겠습니까?"

이런 질문을 던지면 모두 예상한 대로 ①번을 꼽는다. 그리고 다시 질문을 던진다. "또 한 명의 직원을 고르라고 한다면 누구를 택하시겠습니까?" 여기서 다소 고민하는 흔적들이 보이기 시작한다. 그 누구도 ④번은 고르지 않는다. ②번과 ③번 사이에 약간 고민하는 것 같다. 지금까지 수백 수천 명의 관리자들을 상대로 질문을 해서 얻은 결과에 따르면, 9:1의 비율로 ②

번을 택했다. 이유를 물어보면, 대부분 이렇게 답했다.

"실력 없는 놈은 두드려 패서라도 데리고 갈 수 있지만, 인성에 문제가 있는 놈은 두드려 팬다고 해결될 문제가 아니기 때문입니다. 그런 친구하고 같이 일해봐야 돌아오는 건 배신감입니다."

다들 한번쯤 경험이 있다는 듯 이 대목에서 격하게 공감했다.

자, 그렇다면 입장을 바꿔서 팀원들의 생각을 한번 들어보도록 하자. 팀원들의 생각은 어떨까? 팀원들이 만약 상사를 고르라고 한다면 어떤 상사를 고를까? 이 대목에서 한 가지 짚고 넘어갈 문제가 있다. 이 질문이 과연 실효성이 있는 질문이냐는 것이다. 팀원 선발이나 팀원 배치는 거의 팀장들의 의견을 반영해서 인사를 단행하기 때문에 그들의 의견이나 생각은 대단히 중요한 요소로 작용한다.

하지만 우리나라에서 팀원들이 팀장을 고를 수 있는 시스템을 갖추고 인사를 하는 회사가 과연 몇이나 될까? 전혀 없지는 않다. 간혹 가다 팀원들이 팀장을 선택하는 제도를 운영하는 벤처 기업을 발견하기도 하니까 말이다. 하지만 이건 매우 드문 케이스의 기업이다. 우리나라에서 팀원이 기존 팀장에게 이의를 제기하고 다른 팀장 밑으로 옮겨가는 경우는 거의 불가능에 가깝다. 따라서 앞에서 제시한 질문은 너무 비현실적인 것이다.

대신 이런 질문이 더 적합하다. "팀장이 나와 맞지 않을 때는 어떻게 하시겠습니까?" 팀원 입장에서 본다면, 상사의 종류는 ① 나와 코드가 맞는 상사, ② 나와 코드가 맞지 않는 상사, 이렇게 딱 2가지만 존재한다. 팀장 정도라면 기본적으로 어느 정도 실력은 갖추고 있다는 전제하에 고민을 할 수 있다. 업무 능력이 중간 이상은 하기 때문에 조직을 이끄는 관리자로 승진했을 것이다.

따라서 문제가 되는 것은 인성적인 면에 있어서 나와 코드가 맞느냐, 안 맞느냐의 문제만 해결되면 되는데 이것이 쉽지가 않다. 일반 직장인들을 대상으로 한 강연에서 "현재의 팀장과 그래도 코드가 잘 맞는 편이다"와 "잘 맞지 않는 것 같다"로 나누어 질문을 던져보면, 항상 대답이 5:5로 나온다. 팀 멤버들은 절반은 만족하고, 절반은 어떤 이유로든 만족스럽지 못한 마음을 가지고 조직생활을 하고 있는 것이다.

그렇다면 불편한 상사와는 어떻게 관계설정을 하면 좋을까? 조직에 큰 변화가 생기지 않는 한 어떻든 지금의 상사와 원만한 관계설정을 하지 않으면 안 되는데 과연 어떻게 하면 좋을까? 이 문제를 고민할 때는 무엇보다도 팀장 또는 본부장 같은 직책이 갖는 무게나 책임감에 대해 이해하는 것에서부터 시작되어야 한다. 보직을 맡게 되면 위로부터의 기대치를 전달받게 되는

데 사람들은 이에 엄청난 중압감을 느끼게 된다. 이는 책임감이 강한 사람일수록 더 심한데 이들이 느끼는 스트레스를 일반 직원들은 잘 알지도 못할뿐더러 알려고도 하지 않는다.

팀장이 되고 난 후 처음에는 '우리 팀원들은 이런 스트레스를 알아주겠지' 하는 기대감을 갖지만, 이런 기대는 얼마 안 있어 실망으로 변하고 심하면 분노로 바뀌게 된다. '나는 이렇게 죽어라 일하는데 왜 멤버들은 희희낙락하며 주말에 놀러 갈 생각만 하는 거지? 팀 실적에 대한 고민을 왜 나만 해야 하는 거지?'와 같은 실망과 분노를 느끼며 미친 듯이 자기 일에만 매달리는 행동 패턴이 나타나기 시작한다.

이런 상황에서 "팀장님, 스트레스 많이 받으시죠? 제가 조금이나마 보탬이 되고 싶은데 뭘 도와드리면 좋을까요?"라고 위로 섞인 말을 건넨다면, 아마도 팀장의 눈에는 눈물이 고일 것이다. 이런 상황이라면, 지금까지 코드가 맞지 않아 불편했던 관계는 봄눈 녹듯이 녹아 없어질 것이니 꼭 실천해보기 바란다.

다음으로는 나 자신을 한번 돌아보는 것이다. 내 경험에 따르면 자신의 상사와 관계가 불편했던 사람들을 보면 대개 그 사람 자신에게 문제가 있었던 경우가 많았다. 조직에 잘 융화되지 못하는 사람들에게서 나타나는 특징이기도 하다.

예를 들면 팀 회식에 불참하거나, 무슨 일이라도 같이 할라

치면 항상 급한 일이 있어서 빠진다거나, 멤버들 경조사에 관심을 갖지 않는다거나 하는 일이 잦은 사람이다. 혹시나 나에게 이런 행동 특징이 있다고 생각한다면 팀장과의 불편한 관계는 자신에게서 나온 거라고 생각해주기 바란다. 잘못된 행동을 인정하고, 그것이 무엇인지 파악하고, 그것을 고친다면 좋은 관계를 회복할 수 있을 것이다.

그리고 팀장이 자주 찾는 동료의 행동 특징도 유심히 관찰할 필요가 있다. 같은 팀에서 일하는 동료들 중에서도 팀장이 중요한 프로젝트가 생기면 일을 맡긴다든지, 같이 해보지 않을래 하는 식으로 특별히 신뢰를 보내는 동료가 있을 것이다. 이런 친구들은 어떻게 행동하는지 한번 유심히 관찰해보기 바란다. "그 친구는 그 친구고, 나는 나만의 스타일이 있는데요!"라는 반응을 보인다면 조직과 팀장에게서 인정받기를 포기한 것이나 마찬가지다. 이런 마음가짐이라면 말해봐야 소용없는 일이지만, 적어도 상사에게서 인정받는 부하직원이 되고자 하는 마음이 있다면 인정받는 동료가 왜 인정을 받는지 알아보는 것이 기본자세일 것이다.

마지막으로 이렇게 해서도 해결의 실마리가 보이지 않는다면 조용히 이력서를 준비해서 취업 사이트나 헤드헌터에게 보내두기 바란다. 물론 담당 임원이나 경영진과의 면담을 통해 부서를 옮기는 일도 생각해볼 일이다. 하지만 이런 경우는 정말 신중히 고려해야 하는데, 부서를 옮기기 위해서는 현재의 팀장과 나 사이에 무엇이 문제인지에 대한 구체적인 기록을 아주 소상히 작성해서 경영진과 인사팀에 제출해야 하기 때문이다. 팀장과의 불화로 부서를 옮기면 사내에 순식간에 소문이 퍼질 것이고 사람들이 그 이유를 궁금해할 것이기 때문에 문서로 제출한 나의 모든 기록도 초미의 관심사가 될 것이다. 이는 주홍글씨처럼 영원히 지워지지 않는 족쇄가 되어 나의 커리어를 방해하는 부메랑으로 돌아올 가능성이 높으므로 팀장을 비난하는 내부 고발자가 되는 것은 가급적 삼가는 것이 좋다.

그렇다고 "그냥 코드가 안 맞아서요"라고 한다면 나만 이상한 사람이 되는 것이다. 그러니 조용히 다음 커리어를 위한 준비 작업을 해 나가는 것이 좋다.

그리고 이직은 최대한 현재의 직장에서 준비하는 것이 좋다. 가끔 퇴사를 하고 직장을 알아보는 후배들을 보게 되는데 별로 현명하지 못한 행동이다. 일단 퇴사를 하고 다른 직장을 알아본다는 것은 심리적으로 불안감을 유발하여 원치 않은 결과로 이어질 가능성이 크기 때문이다.

이상으로 불편한 상사와 어떻게 관계 개선을 할 것인지에 대해 알아보았다. 여러 조언을 하긴 했으나 그중에서 가장 중요한 건 공감의 마음을 갖는 것이다. 상사의 직책에 대한 공감, 상사의 스트레스에 대한 공감을 하다 보면 자연스레 그 마음이 이해가 되면서 조금 더 잘해주고 싶은 마음이 생길 것이다. 그러면서 불편한 마음도 점점 사라지지는 내면의 모습을 발견하게 될 것이다. 팀을 이끄는 팀장의 리더십도 중요하지만 그를 따르는 멤버들의 마음가짐도 결코 가볍지가 않다고 생각해서 이렇게 적어보았다.

에필로그

나는 지속 성장을 위해 필요한 전제조건으로, ① 변화의 수
용 ② 방향의 공유 ③ 리더의 사명이라는 3가지 키워드를 제시
했다. 주로 내가 직접 겪은 현장의 이야기를 다뤘기에 글이 가
볍게 보이거나 작자의 개인적인 견해로 보이는 것을 피하기 위
해 본인이 소속된 회사에서 수년간 실시한 각종 서베이 결과와
유관 기관에서 실시한 각종 통계 자료를 군데군데 삽입했다.

아울러 나의 생각을 뒷받침하는 이론적 근거를 찾는 데에도
상당한 시간을 할애했다. 이론적 근거는 주로 인사 조직의 다
양한 주제를 가지고 여러 석학이 논문을 게재하는《HBR》이나
《SMR_{Sloan Management Review}》을 많이 탐독했고, 일본의 경우는 본인
의 모회사인 RMS의 RMS조직행동연구소가 발간하고 있는《월
간조직동향》을 상당 부분 참조하였다.

이 글을 쓰는 동안에도 상당히 많은 현장을 방문했다. 직업

의 특성인지는 몰라도 내가 만나는 기업인들은 극과 극의 상황에 놓여 있는 경우가 많았다. '아주 잘나가거나, 아니면 방향을 잃고 헤매고 있는' 상황에 처한 기업이 많았다.

그런데 이상하게도 그 중간에 있는 기업들과 만나는 일은 상대적으로 많지 않았다. 기업을 방문할 때마다 항상 느끼는 것은 잘나가는 기업들이 공통의 특징을 갖고 있듯이 불황의 늪에서 벗어나지 못하고 있는 기업들도 공통적인 특징이 있다는 점이었다.

잘나가는 기업들이 가지고 있는 특징은 다음과 같다.

첫째, CEO가 바라보는 목적지를 구성원 모두가 같이 보고 있다는 점이다.

둘째, 조직의 상층부에 속한 사람들의 책임감이 매우 높다는 점이다.

셋째, 현재는 물론 미래를 위해서도 끊임없이 준비하고 노력하고 있다는 점이다.

그들은 절대 현재에 안주하지 않았다. 미래를 위해 안테나를 높이 세우고 관련 산업의 동향을 철저히 살피는 노력을 게을리하지 않았다. 관리자들은 말이 아닌 행동으로 보여주는 특징을 가지고 있었다. 말이 아닌 행동으로 멤버들을 이끌기 위해 다양한 아이디어를 서로 간에 공유했으며 또 다른 좋은 노하우가 없는지 물어보는 일에도 주저함이 없었다.

가장 인상적인 특징은 조직을 이끄는 최고책임자들이 한결같이 확실한 비전을 가지고 있었다는 점이다. '어디로 가야 할지', '어떤 방법으로 어떻게 가야 할지' 말하는 과정에서 막힘이 없었다. 그들 모두에게는 한결같은 목적의식과 소명의식이 강하게 내재되어 있음을 느낄 수 있었다.

반면 정체의 늪에서 벗어나지 못해 괴로워하는 조직의 CEO에게서는 이런 당당한 맛을 느낄 수가 없었다. 오히려 잘나가는 조직이 가지고 있는 특징들과는 반대되는 분위기만 감지될 따름이었다.

사장은 목적지를 찾지 못해 헤매고 있는 듯한 인상을 강하게 받았으며, 관리자들은 자기 한 몸 챙기기에 급급했고, 현장에서는 회사를 욕하고 동료를 욕하는 등 조직생활에서 가장 근본 요소라고 일컬어지는 '동료 의식'조차 발견하기 어려운 참담한 풍경을 연출하고 있었다. 이 책에서 성장하는 조직의 조건으로 제시한 3가지 요소는 눈을 씻고 찾아보려 해도 찾기 힘든 안타까운 모습을 하고 있었다.

이 책은 그런 이들을 위해 썼다고 해도 과언이 아니다. 잘나가는 조직은 뭘 시도해도 잘하고, 그냥 내버려둬도 아무런 문제가 없다. 하지만 못하는 조직은 더 늦기 전에 뭔가 조치를 취하지 않으면 망하게 되어 있다. 그런 것에서 벗어나려는 시작이 바로 '자각과 시도'이다. 자신의 조직에 뭔가 문제가 감지되는 경영자나 관리자들을 위해 더 늦기 전에 '자각'이 일어나고 그 자리에서 다시 신발끈을 묶고 일어서는 '시도'를 하기 위한 마중물이 되었으면 하는 바람으로 관련된 경험담을 책으로 엮었다.

이 책을 계기로 우리 조직에는 3가지 요소가 얼마나 흐르고 있는지 자가 진단하는 시도가 이루어졌으면 하는 바람을 가져본다. 마지막으로 지속 성장을 위한 3가지 전제조건인 ① 변화의 수용, ② 방향의 공유, ③ 리더의 사명을 다시 한번 강조하면서, 지금까지 이 글을 읽어준 여러분께 진심으로 감사의 인사를 전한다.

KI신서 7552

그들은 무엇에 집중하는가

1판 1쇄 인쇄 2018년 7월 25일
1판 1쇄 발행 2018년 7월 30일

지은이 신경수
펴낸이 김영곤 박선영 **펴낸곳** (주)북이십일 21세기북스

정보개발본부장 정지은
정보개발3팀장 문여울 **편집** 윤경선 송치헌
출판영업팀 최상호 한충희 최명열
출판마케팅팀 김홍선 최성환 배상현 이정인 신혜진 나은경
홍보기획팀 이혜연 최수아 박혜림 문소라 전효은 염진아 김선아
표지디자인 (주)올컨텐츠그룹 **본문디자인** 제이알컴
제작팀 이영민

출판등록 2000년 5월 6일 제406-2003-061호
주소 (10881) 경기도 파주시 회동길 201(문발동)
대표전화 031-955-2100 **팩스** 031-955-2151 **이메일** book21@book21.co.kr

(주)북이십일 경계를 허무는 콘텐츠 리더

21세기북스 채널에서 도서 정보와 다양한 영상자료, 이벤트를 만나세요!
페이스북 facebook.com/jiinpill21 **포스트** post.naver.com/21c_editors
인스타그램 instagram.com/jiinpill21 **홈페이지** www.book21.com

•서울대 가지 않아도 들을 수 있는 명강의! 〈서가명강〉
네이버 오디오클립, 팟빵, 팟캐스트에서 '서가명강'을 검색해보세요!

ⓒ 신경수, 2018
ISBN 978-89-509-7599-9 03320